Les profils émotionnels

Pr RICHARD DAVIDSON

Avec Sharon Begley

Les profils émotionnels

Apprendre à les connaître
et mieux vivre avec

Traduit de l'anglais (États-Unis)
par Laurent Bury

TITRE ORIGINAL
The Emotional Life of your Brain.
How its Unique Patterns Affect the Way You Think,
Feel, And Live – and How Tou Can Change Them

© Richard J. Davidson and Sharon Begley, 2012

Cette édition a été publiée avec l'autorisation d'Avery,
une marque de Penguin Publishing Group,
filiale de Penguin Random House LLC.

Pour la traduction française
© Les Arènes, 2018

Le Code de la propriété intellectuelle interdit les copies ou reproductions destinées à une utilisation collective. Toute représentation ou reproduction intégrale ou partielle faite par quelque procédé que ce soit, sans le consentement de l'auteur ou de ses ayants droit ou ayants cause, est illicite et constitue une contrefaçon sanctionnée par les articles L335-2 et suivants du Code de la propriété intellectuelle.

INTRODUCTION

Nous n'avons pas tous les mêmes réactions émotionnelles face aux aléas de la vie. Ce livre raconte le parcours personnel et professionnel que j'ai suivi afin de comprendre pourquoi. Dans cette quête, j'ai toujours été guidé par le désir d'aider les gens à mener une vie plus saine et plus épanouissante. Deux fils s'entrecroisent dans cette tapisserie : le fil « professionnel » décrit l'évolution de cette discipline hybride que l'on appelle « neurosciences affectives », soit l'étude des mécanismes cérébraux qui sous-tendent nos émotions et la recherche des moyens d'augmenter le bien-être et de développer les qualités positives de l'esprit humain. Le fil « personnel » raconte mon histoire. Poussé par la conviction que, pour reprendre les mots de Hamlet à Horatio, « il y a plus de choses dans le ciel et sur la terre que n'en rêve[nt] » la psychologie et la neuroscience dominantes, je me suis aventuré hors des limites de ces disciplines. S'il m'est arrivé de perdre courage, je pense avoir finalement atteint en partie le but que je m'étais fixé : montrer, *via* une méthode de recherche rigoureuse, que les émotions, loin d'être les futiles ornements neurologiques que la science a longtemps décrits, sont cruciales pour le fonctionnement du cerveau et pour la vie de l'esprit.

Au cours de trente années de recherches en neurosciences affectives[1], j'ai fait une foule de découvertes : sur les mécanismes cérébraux de l'empathie, sur les spécificités du cerveau autiste ou encore sur la manière dont la partie rationnelle du cerveau peut nous plonger dans l'abîme émotionnel de la dépression. Autant de résultats qui, je l'espère, ont contribué à une meilleure compréhension de l'humain et de notre vie affective. Mais, peu à peu, j'ai pris du recul par rapport à l'activité quotidienne de mon laboratoire à l'université du Wisconsin, à Madison, qui a fini, au fil des ans, par ressembler à une vraie petite entreprise. Alors que j'écris ces pages, au printemps 2011, j'ai onze étudiants de troisième cycle, dix doctorants, quatre programmeurs informatiques, une équipe de chercheurs et d'administratifs de vingt et une personnes, et un budget de près de vingt millions de dollars, versés entre autres par les National Institutes of Health.

Depuis mai 2010, je suis également directeur du Center for Investigating Healthy Minds[2], qui étudie comment les qualités mentales prisées par l'homme depuis l'aube de la civilisation – compassion, bien-être, charité, altruisme, générosité, amour, etc. – se forment dans le cerveau et comment on peut les encourager. La recherche n'est pas l'unique vocation du Centre : nous tenons aussi à ce que nos résultats soient diffusés partout dans le monde et à ce qu'ils contribuent à faire réellement changer la vie des gens. Dans cette perspective, nous avons élaboré un programme destiné aux écoles maternelles et élémentaires visant à cultiver la bienveillance et la pleine conscience – programme dont nous évaluons l'influence sur la réussite scolaire ainsi que sur l'attention, l'empathie et la coopération. Un autre projet cherche à déterminer si la pratique de la méditation et de la respiration consciente est susceptible d'aider les soldats revenant d'Afghanistan ou d'Irak à gérer leur stress.

Ces activités me passionnent, aussi bien la recherche fondamentale que ses prolongements dans le monde réel. Mais il est trop facile de se laisser accaparer (je dis souvent pour plaisanter que j'ai plusieurs emplois à plein temps, entre la supervision des demandes de bourse et les négociations avec le comité de bioéthique de l'université pour pouvoir tester des volontaires dans le cadre de ma recherche). Et ce n'était pas ce que je souhaitais.

Il y a environ dix ans, j'ai donc commencé à faire le bilan de mes recherches et de celles d'autres labos spécialisés en neurosciences affectives. Sans me focaliser sur tel ou tel résultat particulier, j'ai tâché de dresser un tableau général. Et j'ai constaté que ces décennies de travail avaient révélé quelque chose d'essentiel quant à la vie émotionnelle du cerveau : chacun de nous est caractérisé par ce que j'appelle son style émotionnel.

Avant de définir plus précisément le style émotionnel, j'aimerais d'abord situer cette notion par rapport aux autres systèmes de classification qui tentent d'éclairer l'immense diversité de l'humain : les états émotionnels, les traits émotionnels, la personnalité et le tempérament[3].

La plus petite et la plus fugitive des unités d'émotion est l'*état émotionnel*. En général, il ne dure que quelques secondes et est déclenché par une expérience : c'est l'éclair de joie que vous ressentez quand votre enfant vous offre un collier de nouilles pour la fête des Mères, le sentiment de réussite que vous éprouvez après avoir rendu un gros travail scolaire, la colère d'avoir dû travailler pendant les trois jours d'un long week-end, la tristesse qui vous atteint quand votre enfant est le seul de sa classe à ne pas être invité à une fête. Les états émotionnels peuvent aussi naître d'une activité purement mentale, comme la rêverie, l'introspection ou la projection dans l'avenir. Mais qu'ils soient le fruit d'expériences concrètes ou d'expériences mentales, les états émotionnels tendent à se dissiper rapidement, se succédant les uns aux autres.

Une émotion qui persiste, demeure en vous pendant plusieurs minutes, heures ou même jours, est une *humeur*, comme dans l'expression : « Il est de mauvaise humeur. » Et une émotion qui s'attache à vous non pas pendant des jours mais pendant des années est un *trait émotionnel*. Nous qualifions ainsi de grincheux celui qui semble constamment agacé, et de colérique celui qui a toujours l'air d'en vouloir à la terre entière. Un trait émotionnel (par exemple l'irascibilité, le fait d'être toujours prêt à exploser de colère) vous rend plus susceptible de connaître un état émotionnel particulier (la fureur) parce qu'il abaisse le seuil à franchir pour entrer dans cet état émotionnel.

Le *style émotionnel* est une manière récurrente de réagir aux expériences vécues[4]. Il est régi par des circuits cérébraux précis et identifiables, et peut être scientifiquement et objectivement mesuré. Le style émotionnel vous rend davantage sujet à certains états émotionnels, à certains traits émotionnels et à certaines humeurs. Comme les styles émotionnels sont bien plus proches des systèmes cérébraux sous-jacents que les états ou les traits émotionnels, ils peuvent être considérés comme les atomes de notre vie émotionnelle, comme leurs composantes essentielles.

Par opposition, la *personnalité*, terme plus ordinairement employé pour décrire les gens, n'est ni aussi fondamentale ni aussi ancrée dans des mécanismes neurologiques identifiables. La personnalité se compose d'un ensemble de grandes qualités incluant des traits et des styles émotionnels particuliers. Prenons, par exemple, l'amabilité, un trait de personnalité très étudié. Les personnes extrêmement aimables, selon les tests psychologiques standard (mais aussi selon leur propre avis et celui de leurs proches), sont pleines d'empathie et d'attention, se montrent cordiales, généreuses et serviables. Mais chacun de ces traits émotionnels est en soi le produit de différents aspects du style émotionnel. Contrairement à la personnalité, le style émotionnel renvoie à une signature cérébrale spécifique. Pour comprendre le fondement cérébral de l'amabilité, il nous faut explorer plus en profondeur les styles émotionnels sous-jacents dont elle est une composante.

Depuis quelque temps, la psychologie ne cesse de produire toutes sortes de classifications : il existerait quatre grandes formes de tempérament, cinq composantes de la personnalité et Dieu sait combien de types de caractères. Ces modèles sont en général intéressants, voire amusants – la presse magazine s'en donne à cœur joie pour imaginer les types de caractères les plus compatibles au sein d'un couple, ceux qui font les meilleurs chefs d'entreprise ou encore les pires psychopathes –, mais ils manquent de validité scientifique, n'étant pas fondés sur une analyse rigoureuse des mécanismes cérébraux qui les déterminent. Tout ce qui touche au comportement humain, aux émotions et aux modes de pensée vient du cerveau, donc toute classification sérieuse doit aussi se fonder sur les mécanismes cérébraux. Ce qui me ramène au style émotionnel.

Le style émotionnel comporte six dimensions. Et il ne s'agit là ni des aspects ordinaires de la personnalité ni de simples traits émotionnels ou humeurs, et encore moins de critères permettant de diagnostiquer des pathologies mentales. Ces six dimensions ont été établies grâce à la recherche actuelle en neurosciences. Les voici :
- la *Résilience* : la vitesse à laquelle vous surmontez les difficultés ;
- la *Perspective* : la persistance de vos émotions positives ;
- l'*Intuition sociale* : la capacité à repérer les signaux sociaux envoyés par votre entourage ;
- la *Conscience de soi* : la faculté de percevoir les sensations corporelles qui reflètent les émotions ;
- la *Sensibilité au contexte* : l'art d'adapter vos réactions émotionnelles au contexte ;
- l'*Attention* : la capacité de se concentrer avec clarté et précision.

Ce ne sont probablement pas les six dimensions qui vous viendraient à l'esprit si vous tentiez de cerner vos émotions ou de déterminer en quoi elles diffèrent de celles d'autrui. De la même manière, le modèle de l'atome selon Niels Bohr n'est sans doute pas celui auquel vous songeriez si vous réfléchissiez à la structure de la matière. Je ne prétends pas comparer mon travail à celui des fondateurs de la physique moderne, mais seulement pointer du doigt cette généralité : il est rare que l'esprit humain saisisse les vérités de la nature, ou même de l'homme, par intuition ou simple observation. C'est pourquoi nous avons la science. C'est seulement à la faveur d'expériences méthodiques, rigoureuses et nombreuses que nous parvenons à comprendre comment le monde fonctionne – et comment nous fonctionnons nous-mêmes.

Ces six dimensions sont ainsi le fruit de mes recherches en neurosciences affectives, complété et renforcé par les découvertes de collègues du monde entier. Elles reflètent des propriétés du cerveau et des schémas cérébraux, condition *sine qua non* pour tout modèle des émotions et du comportement humains. Si ces six dimensions ne correspondent pas à l'image que vous avez de vous-même ou de vos proches, c'est sans doute parce que plusieurs d'entre elles opèrent à des niveaux pas toujours immédiatement apparents. Par exemple, nous avons souvent du mal à nous situer en matière de Résilience. À de rares exceptions près, nous ne prêtons pas attention au temps qu'il nous faut pour surmonter un événement stressant (parmi les exceptions, il pourrait y avoir les événements extrêmement traumatiques, comme la mort d'un enfant ; en ce cas, nous savons tous fort bien que l'on reste hébété des mois et des mois). Mais nous en connaissons les conséquences. Par exemple, si vous vous disputez un matin avec votre partenaire, il se peut que vous restiez irritable toute la journée, sans comprendre que si vous êtes cassant, grognon et désagréable, c'est parce que vous n'avez pas retrouvé votre équilibre émotionnel, ce qui est un signe du style « lent à récupérer ». Au chapitre 3, nous verrons que vous pouvez prendre conscience de votre style émotionnel ; c'est la première étape, et la plus importante, que ce soit pour vous accepter tel que vous êtes ou pour vous transformer.

Une règle fondamentale en science veut que toute nouvelle théorie qui espère supplanter les précédentes doit expliquer, outre les phénomènes déjà décrits par les anciennes théories, de nouveaux phénomènes. Pour que sa théorie générale de la relativité soit acceptée comme plus exacte et plus large que la théorie qu'avait élaborée Isaac Newton après avoir vu (ou non) une pomme tomber d'un arbre, Albert Einstein dut expliquer tous les phénomènes gravitationnels analysés par Newton, comme l'orbite des planètes autour du soleil et la vitesse des objets en chute libre, mais aussi des phénomènes nouveaux, comme la courbure de la lumière céleste à proximité d'une grosse étoile. Pour ma part, je voudrais montrer que le style émotionnel peut expliquer des traits de personnalité et des types de tempérament bien établis ; ensuite, notamment au chapitre 4, nous verrons qu'il possède un solide fondement cérébral, contrairement aux autres classifications.

Je pense que toute personnalité ou tout tempérament peut s'interpréter comme une combinaison particulière des six dimensions du style émotionnel. Prenons les « cinq grands » traits de personnalité (*big five*) selon un

modèle désormais classique en psychologie : ouverture aux expériences nouvelles, consciencosité (capacité à contrôler ses impulsions), extraversion, amabilité et négativité (instabilité émotionnelle) :
- une personne très ouverte aux expériences nouvelles possède une forte Intuition sociale. Elle est aussi très consciente de soi et tend à avoir une Attention très concentrée ;
- une personne dotée d'une forte capacité de contrôle possède une Intuition sociale développée, une Attention concentrée et une vive Sensibilité au contexte ;
- une personne extravertie est réactive face à l'adversité, et donc « rapide à récupérer » en termes de Résilience. Elle garde une Perspective positive ;
- une personne aimable a une très fine Sensibilité au contexte et une forte Résilience ; elle tend aussi à conserver une Perspective positive ;
- une personne négative, émotionnellement instable est lente à récupérer face à l'adversité. Elle a une Perspective sombre, négative, est relativement insensible au contexte, et dotée d'une Attention peu concentrée.

Les combinaisons de styles émotionnels formant chacun des cinq grands traits de personnalité sont généralement avérées, mais il y a toujours des exceptions. On ne retrouvera pas toujours, pour telle personnalité donnée, toutes les dimensions du style émotionnel que je décris, mais au moins une sera présente.

Au-delà de ces « *big five* », n'importe quel trait de personnalité, parmi ceux que nous utilisons couramment pour nous décrire nous-mêmes ou décrire nos proches, peut également être considéré comme la combinaison de différentes dimensions du style émotionnel. Là encore, tout le monde ne possède pas l'ensemble de ces dimensions. Mais la majorité des gens en présentent la plupart. Prenons quelques exemples :

– impulsif : combinaison d'une Attention non concentrée et d'une faible Conscience de soi ;

– patient : combinaison d'une forte Conscience de soi et d'une vive Sensibilité au contexte. Savoir que, quand le contexte change, d'autres choses changent aussi, aide à se montrer patient ;

– timide : combinaison d'une lenteur à récupérer (Résilience limitée) et d'une faible Sensibilité au contexte. À cause de cette insensibilité au contexte, timidité et méfiance persistent en dehors des situations où elles pourraient sembler normales ;

– anxieux : combinaison de la lenteur à récupérer, de la Perspective négative, d'un haut degré de Conscience de soi et d'un manque de focalisation, en termes d'Attention ;

– optimiste : combinaison de la rapidité à récupérer et de la Perspective positive ;

– malheureux chronique : combinaison de la lenteur à récupérer et d'une Perspective négative. L'individu peut éprouver des émotions positives mais, après un revers, rester prisonnier d'émotions négatives.

Comme vous le voyez, ces traits courants peuvent se décrire comme différents assemblages de styles émotionnels. Une formulation qui renvoie aux probables fondements cérébraux de ces types de personnalité.

Quand on lit de vrais articles scientifiques, on a parfois l'impression que les chercheurs ont soulevé une question, conçu une expérience astucieuse pour y répondre, et mené toute leur étude quasiment sans rencontrer le moindre obstacle. La réalité est fort différente. Comme vous l'aurez deviné, ce qu'on ignore souvent, même quand on est un grand lecteur d'articles de vulgarisation, c'est qu'il est très difficile de défier les paradigmes dominants. Or, c'est la posture dans laquelle je me suis trouvé au début des années 1980. À l'époque, la recherche universitaire reléguait l'étude des émotions à la psychologie sociale et à la psychologie de la personnalité au lieu de la confier à la neurobiologie ; très peu de chercheurs s'intéressaient à la base cérébrale des émotions. Et le peu d'intérêt suscité par le sujet soutenait la recherche sur les « centres d'émotion » du cerveau, que l'on pensait alors exclusivement situés dans le système limbique. Je voyais les choses tout à fait autrement : pour moi, les fonctions corticales supérieures, notamment celles du cortex préfrontal, l'une des zones du cerveau qui s'est le plus développée au cours de l'évolution, jouaient un rôle majeur dans l'apparition de nos émotions.

Quand j'ai suggéré que le cortex préfrontal était impliqué dans l'émotion, je me suis heurté à un mur de scepticisme. Le cortex préfrontal, me répliquait-on, est le siège de la raison, soit l'antithèse de l'émotion. Il ne pouvait en aucun cas jouer un rôle en la matière. Je me suis senti très seul et j'ai dû bâtir ma carrière scientifique à contre-courant. Parce que je recherchais les bases de l'émotion dans le siège de la raison, je passais pour une sorte de don Quichotte, un hurluberlu parti chasser l'éléphant en Alaska. Plus d'une fois, surtout lorsque je peinais à trouver mes premiers financements, ma remise en cause de la division classique entre pensée (dans le néocortex) et émotion (dans le système limbique subcortical) me parut plus propice à briser qu'à lancer une carrière scientifique.

Si mes convictions scientifiques risquaient de compromettre ma carrière, il en allait de même de mes projets personnels. Peu après m'être inscrit en doctorat à Harvard dans les années 1970, j'ai rencontré un formidable groupe de personnes pleines de bienveillance et de compassion, dont j'ai vite appris qu'elles avaient une chose en commun : elles pratiquaient toutes la méditation. Cette découverte a renforcé ma curiosité encore sommaire pour cette pratique, tant et si bien qu'après ma deuxième année de doctorat je suis allé passer trois mois en Inde et au Sri Lanka pour m'initier à cette tradition millénaire et explorer par moi-même les bienfaits de la méditation intensive. J'avais, bien entendu, une autre motivation : vérifier si la méditation pouvait constituer un sujet de recherche scientifique.

Étudier les émotions était déjà une idée assez controversée. Pratiquer la méditation relevait quasiment de l'hérésie, et en faire un objet d'étude était un suicide scientifique. Tout comme les neuroscientifiques et les psychologues universitaires pensaient qu'il existait une aire cérébrale pour la raison et une autre pour les émotions, absolument coupées l'une de l'autre, ils croyaient aussi qu'il existait, d'une part, la science empirique et rigoureuse, et d'autre part la méditation fumeuse. Si vous vous laissiez aller à cette dernière, vos capacités à pratiquer la première se voyaient sérieusement remises en cause.

C'était l'époque d'ouvrages comme *Le Tao de la physique* (1975) ou *La Danse des éléments* (1979), qui soutenaient l'idée d'une forte complémentarité entre la science occidentale moderne et les philosophies orientales antiques. La plupart des savants ne voyaient là que fariboles ; pratiquer la méditation dans ce cénacle n'était pas la voie la plus directe vers la réussite universitaire, c'est le moins que l'on puisse dire. Mon directeur de thèse me fit bien comprendre que, si je voulais réussir dans mon métier, étudier la méditation n'était pas un très bon point de départ. Aussi, dans un premier temps, y ai-je renoncé, quand j'ai mesuré l'ampleur des résistances. J'ai continué à pratiquer discrètement mais, après avoir obtenu un poste à l'université du Wisconsin, une fois mon CV enrichi d'une bonne liste de publications et de récompenses honorifiques, j'ai repris la méditation comme sujet d'étude scientifique.

Un des événements qui m'y a poussé fut un entretien décisif que j'eus en 1992 avec le dalaï-lama, et qui marqua un tournant radical dans ma vie professionnelle et personnelle. Comme je le raconte au chapitre 9, cette rencontre est l'étincelle qui m'a incité à ne plus dissimuler mon intérêt pour la méditation ou d'autres formes d'entraînement mental.

On a peine à imaginer à quel point les choses ont changé depuis que j'ai pris cette décision. En moins de vingt ans, la communauté scientifique et médicale est devenue beaucoup plus réceptive à la recherche sur l'entraînement mental. Chaque année, des milliers d'articles y sont consacrés dans les principales revues scientifiques (et je ne suis pas peu fier de pouvoir dire que le premier de cet ordre à être accueilli par l'honorable *Proceedings of the National Academy of Sciences* en 2004 était signé de mes collègues et de moi-même), et les National Institutes of Health offrent maintenant un financement substantiel à la recherche sur la méditation. Il y a une décennie, cela aurait été impensable.

Cette évolution, à mon sens, est une excellente chose, et pas parce que j'y trouve une gratification personnelle (même si, je l'avoue, il est très agréable de voir un sujet jadis banni être enfin traité avec le respect qu'il mérite). En 1992, j'ai fait deux promesses au dalaï-lama : j'étudierais personnellement la méditation et je tenterais d'amener la recherche en psychologie à se focaliser sur les émotions positives, tels le bien-être et la compassion, autant que sur les émotions négatives, qui ont longtemps concentré l'attention de la discipline.

Aujourd'hui, ces deux promesses se sont agrégées, rejointes aussi par ma certitude donquichottesque que le siège de la raison et des fonctions cognitives supérieures joue dans l'émotion un rôle aussi important que le système limbique. Ma recherche sur la méditation montre que l'entraînement mental peut modifier les schémas d'activité du cerveau pour renforcer l'empathie, la compassion, l'optimisme et une sensation de bien-être – accomplissement s'il en est de ma promesse d'étudier la méditation ainsi que les émotions positives. Parallèlement, ma recherche en neurosciences affectives montre que c'est bien le siège du raisonnement supérieur qui détient la clef permettant de modifier ces schémas d'activité cérébrale.

Donc, tout en vous contant l'histoire de ma transformation personnelle et scientifique, ce livre sera également, je l'espère, un guide pour votre propre transformation. En sanskrit, le mot *méditation* signifie aussi « familiarisation ». Se familiariser avec son style émotionnel est la première étape, la plus importante, pour le transformer. Si ce livre vous rend déjà plus conscient de votre style émotionnel et de celui de vos proches, j'aurai atteint mon but.

I

ON N'A PAS TOUS LE MÊME CERVEAU

Si l'on en croit les manuels de développement personnel, les revues de psychologie grand public ou les thérapeutes qui interviennent à la télévision, la manière dont les gens réagissent aux grands événements de la vie serait assez prévisible. Selon ces « experts », nous serions pour la plupart affectés de la même façon par une expérience donnée : il existerait *un seul* processus de deuil universel, *un seul* phénomène amoureux, *une seule* attitude standard quand on est quitté par son conjoint, et toute personne normalement constituée réagirait de la même manière à la naissance d'un enfant, au manque de reconnaissance, à une surcharge de travail, à la tâche difficile d'élever des adolescents ou aux changements inéluctables liés au vieillissement. Ces mêmes experts recommandent avec aplomb à tout un chacun de suivre les mêmes étapes pour reprendre pied sur le plan émotionnel, digérer un échec amoureux ou professionnel, devenir plus (ou moins) sensible, mieux gérer le stress… et, de manière générale, devenir la personne qu'il rêve d'être.

Pour ma part, après une trentaine d'années de recherches, j'en suis venu à la conclusion que ce type de raisonnement, qui met tout le monde dans le même sac, fonctionne encore moins en matière d'émotions que sur le plan médical. Les scientifiques ayant découvert que notre ADN détermine notre réaction aux médicaments (entre autres choses), nous sommes à l'aube d'une médecine personnalisée. Pour une même maladie, le traitement prescrit à tel patient ne sera pas le même que celui prescrit à tel autre, et ce pour une raison fondamentale : nous n'avons pas les mêmes gènes (par exemple, la quantité de Warfarine qu'un patient peut prendre sans danger pour éviter les caillots de sang dépend de la vitesse à laquelle il métabolise cet anticoagulant)[1]. De même, lorsqu'il s'agit de notre façon de réagir aux épreuves de la vie, ou de développer notre capacité à éprouver de la joie, à former des relations aimantes, à résister aux échecs et, plus généralement, à mener une vie épanouie, la prescription doit être tout aussi personnalisée. Cette fois-ci, cela n'est pas seulement dû à nos différences génétiques — encore que l'ADN ait une influence indéniable sur nos traits émotionnels —, mais à nos modèles d'activité cérébrale. Tout comme la médecine de demain sera modelée par l'analyse de l'ADN des patients, la psychologie d'aujourd'hui suppose de comprendre les grands modèles d'activité cérébrale qui sous-tendent les traits et états émotionnels qui nous définissent.

Au cours de ma carrière de neuroscientifique, j'ai vu des milliers de personnes du même milieu réagir de mille manières différentes au même événement. Face au stress, par exemple, certains se montrent résilients, alors que d'autres s'écroulent. Ces derniers deviennent anxieux, déprimés, incapables de fonctionner lorsqu'ils se heurtent à l'adversité. Les résilients parviennent non seulement à tenir bon, mais même à tirer profit de certains événements stressants ; ils tournent l'épreuve à leur avantage. Telle est, en résumé, l'énigme qui a guidé ma recherche. Je voulais savoir ce qui détermine notre attitude face à un divorce, à la mort d'un être cher, à la perte d'un emploi, ou à tout autre revers ; et inversement, je voulais savoir ce qui détermine notre attitude face à un succès professionnel ou amoureux, au dévouement extrême d'un ami ou à toute autre source de bonheur. Pourquoi et en quoi sommes-nous tous si différents dans nos réactions émotionnelles aux aléas de la vie ?

La réponse à cette question résultant de mes travaux est que chacun a son propre style émotionnel. C'est-à-dire une constellation de réactions et de manières de faire face, qui diffèrent par leur nature, leur intensité et leur durée. Tout comme chaque individu a des empreintes digitales uniques et un visage unique, chacun de nous possède un profil émotionnel unique, tellement intégré à notre identité que nos proches sont souvent capables de prédire notre réaction à telle ou telle difficulté émotionnelle. En ce qui me concerne, je suis plutôt optimiste et positif, j'aime relever les défis, je rebondis vite, mais j'ai parfois tendance à m'inquiéter pour des choses qui échappent à mon contrôle (frappée par ce tempérament solaire, ma mère m'appelait son « petit joyeux »). C'est en raison de son style émotionnel qu'une personne récupère assez vite après un divorce douloureux, alors qu'une autre reste embourbée dans le désespoir et la culpabilité. C'est aussi pourquoi, au sein d'une fratrie, l'un se remet vite d'avoir perdu son emploi alors que l'autre se morfond pendant des années. Voilà pourquoi, face à une erreur d'arbitrage au cours d'une compétition sportive, tel père hausse les épaules et laisse passer alors que tel autre bondit de son siège et fait un scandale. C'est à cause de son style émotionnel que tel ami sera une source sûre de réconfort quand tel autre disparaît chaque fois que son entourage a besoin de sympathie et de soutien. Voilà pourquoi certaines personnes interprètent sans peine le langage corporel et le ton de la voix, alors qu'à d'autres ces signes non verbaux font l'effet d'une langue étrangère inconnue. Voilà aussi pourquoi certains ont de leur propre état d'esprit, de leur cœur et de leur corps une connaissance que les autres n'imaginent même pas possible.

Chaque jour offre d'innombrables occasions d'observer les styles émotionnels en action. Je passe beaucoup de temps dans les aéroports, et il est rare qu'un voyage ne me permette pas une petite enquête de terrain. Nous le savons, un vol peut dérailler de bien des manières : à cause du mauvais temps ou du retard d'un membre d'équipage, sans parler des problèmes techniques, des pannes affectant le poste de pilotage, etc. La liste est longue. J'ai donc très souvent pu observer la réaction des passagers – et la mienne ! – lorsque arrive, au moment prévu pour le décollage, l'annonce redoutée selon laquelle le vol est retardé d'une heure, de deux heures, d'une durée indéterminée, ou même annulé. En général, s'ensuit un grognement collectif. Mais, si vous regardez attentivement les uns et les autres, vous verrez une large gamme de réactions émotionnelles. Il y a l'étudiant en sweat à capuche, casque sur les oreilles, qui hoche la tête au son de la musique et lève à peine les yeux avant de se replonger dans son iPad. Il y a la jeune mère qui voyage seule avec son môme et qui marmonne « Super », avant de rattraper son gamin pour se diriger vers le café le plus proche. Il y a la femme d'affaires en tailleur qui s'approche de l'hôtesse pour exiger, d'un ton calme mais sans réplique, qu'on lui trouve immédiatement un vol, n'importe lequel, qui lui permette d'être à l'heure à sa réunion, quitte à passer par Katmandou ! Il y a le monsieur aux cheveux gris, vêtu d'un costume sur mesure, qui s'avance, furieux, et qui, d'une voix assez forte pour que tout le monde l'entende, demande à l'hôtesse si elle se rend compte à quel point il est important qu'il arrive à destination, qui demande à voir un responsable et qui, le visage empourpré, s'indigne d'une situation aussi intolérable.

Je veux bien admettre qu'un retard soit plus grave pour certains que pour d'autres. Arriver à temps au chevet de votre mère mourante est clairement une priorité, et rater une réunion professionnelle dont dépend la survie de l'entreprise fondée par votre grand-père a des conséquences plus graves qu'un retard d'une demi-journée pour un étudiant qui rentre passer ses vacances de Noël chez ses parents. Pourtant, je soupçonne fort que la différence de réaction à un retard exaspérant tient moins aux circonstances extérieures qu'au style émotionnel de chacun.

L'existence du style émotionnel pose toute une série de questions liées entre elles. La plus évidente est la suivante : quand ce style apparaît-il ? Au début de l'âge adulte, quand nous nous installons dans les modèles façonnant notre personnalité, ou bien avant la naissance, comme le soutiennent les déterministes, qui s'appuient sur la génétique ? Ces modèles de réponse émotionnelle restent-ils stables et constants tout au long de notre vie ? Question moins évidente, mais qui s'est posée au cours de ma recherche : le style émotionnel a-t-il un impact sur la santé physique ? (Les victimes de dépression clinique sont bien plus sujettes à certains troubles physiques, comme les crises cardiaques et l'asthme, que les gens n'ayant jamais traversé de dépression.) Plus fondamentalement, peut-être, comment le cerveau produit-il les différents styles émotionnels ; ceux-ci sont-ils inscrits dans nos circuits neuronaux ou pouvons-nous les modifier et ainsi changer notre façon de réagir aux plaisirs et aux vicissitudes de la vie ? Et s'il s'avère que nous pouvons modifier notre style émotionnel (au chapitre 11, je suggère qu'il existe des méthodes pour y parvenir), cela entraîne-t-il inversement des changements mesurables dans notre cerveau ?

LES SIX DIMENSIONS DU STYLE ÉMOTIONNEL

Pour ne pas faire durer plus longtemps le suspense, et afin de préciser ce que j'entends par style émotionnel, je vais vous en présenter les grandes lignes. Il existe six dimensions du style émotionnel. Leur existence ne m'a pas été révélée d'un coup, elle n'est pas apparue d'emblée dans ma recherche, et elle résulte encore moins d'une décision arbitraire, parce que six serait un joli chiffre. Elles sont en réalité le fruit d'études systématiques des bases neuronales de l'émotion. Chacune des six dimensions a sa « signature » neuronale spécifique et identifiable, ce qui indique bien qu'elles sont réelles et qu'il ne s'agit pas d'une invention théorique. Il n'est pas inconcevable qu'il en existe davantage que six, mais c'est peu probable : les principaux circuits de l'émotion dans le cerveau sont désormais bien compris, et si l'on admet que n'est scientifiquement valide que ce qui peut être rattaché à des événements cérébraux, alors ces six dimensions couvrent entièrement le style émotionnel.

Chaque dimension décrit un continuum, sur lequel chacun peut se positionner : à l'une ou l'autre extrémité, ou encore quelque part entre les deux. Prises ensemble, les positions que vous occupez sur le spectre de chacune des six dimensions donnent votre style émotionnel complet.

• **Votre style de Résilience** : parvenez-vous d'habitude à surmonter vos échecs ou bien vous effondrez-vous ? Face à un défi émotionnel ou à toute autre difficulté, trouvez-vous la ténacité et la volonté nécessaires pour avancer, ou bien vous sentez-vous tellement impuissant que vous capitulez ? Une dispute avec votre partenaire plombe-t-elle toute votre journée ou passez-vous rapidement à autre chose ? Quand vous êtes mis K.-O., vous relevez-vous rapidement pour retourner sur le ring ou vous abandonnez-vous au désespoir et à la résignation ? Réagissez-vous aux revers avec énergie et détermination ou vous laissez-vous abattre ? D'un côté du spectre de cette dimension se trouvent les personnes *rapides* *à récupérer* ; à l'autre extrémité, les personnes *lentes à récupérer*, terrassées par l'adversité.

- **Votre style de Perspective** : est-il rare que vous laissiez les nuages émotionnels assombrir votre vision radieuse de la vie ? Conservez-vous une bonne dose d'énergie et d'implication même quand les choses ne tournent pas comme vous l'espériez ? Ou bien avez-vous une tendance au cynisme et au pessimisme ; avez-vous du mal à voir les choses positivement ? À un bout du spectre, on trouve les individus *positifs* ; à l'autre bout, les *négatifs*.

- **Votre style d'Intuition sociale** : savez-vous déchiffrer le langage des corps et le ton des voix ? En déduire si votre interlocuteur veut vous parler ou rester seul, s'il est excessivement stressé ou au contraire très à l'aise ? Ou bien restez-vous perplexe, ou même aveugle, face aux signes extérieurs de l'état mental et émotionnel d'autrui ? À une extrémité du spectre se trouvent les individus *socialement intuitifs* ; à l'autre extrémité, les individus *perplexes*.

- **Votre style de Conscience de soi** : êtes-vous conscient de vos propres pensées et sentiments, êtes-vous à l'écoute des messages que votre corps vous envoie ? Ou bien (ré)agissez-vous sans savoir pourquoi, parce que votre for intérieur est opaque pour votre esprit conscient ? Vos proches se demandent-ils pourquoi vous ne vous livrez jamais à l'introspection, pourquoi vous semblez ne pas en tenir compte quand vous êtes anxieux, jaloux, impatient ou menacé ? À une extrémité du spectre se trouvent les individus *conscients d'eux-mêmes* ; à l'autre extrémité, ceux qui sont *opaques à eux-mêmes*.

- **Votre style de Sensibilité au contexte** : êtes-vous assez au fait des normes sociales pour ne pas raconter à votre patron la même plaisanterie grivoise qu'à votre mari, ou pour éviter de draguer pendant un enterrement ? Ou bien êtes-vous le premier surpris quand on vous fait remarquer que votre comportement est incorrect ? Si vous vous situez à une extrémité du spectre, vous êtes *connecté* au contexte ; à l'autre, vous êtes *déconnecté*.

• **Votre style d'Attention :** êtes-vous capable d'écarter les interférences émotionnelles et autres distractions afin de rester concentré ? Êtes-vous fasciné par votre jeu vidéo au point de ne pas remarquer que le chien a besoin de sortir, jusqu'à ce qu'il fasse ses besoins dans la maison ? Vous arrive-t-il d'oublier ce que vous êtes en train de faire pour repenser à la dispute que vous avez eue le matin même avec votre conjoint, ou pour vous angoisser à l'idée de la présentation que vous allez bientôt devoir faire devant vos collègues ? À l'une des extrémités du spectre de l'Attention se trouvent les individus *concentrés* ; à l'autre, les *non-concentrés*.

En chacun de nous, les différentes dimensions du style émotionnel sont représentées. Il faut envisager ces six dimensions comme les ingrédients de la recette composant votre personnalité. Vous pouvez avoir une grosse dose de concentration, une pincée de connexion, et moins de Conscience de soi que vous ne le voudriez. Vous pouvez avoir une Perspective tellement positive qu'elle domine tout le reste en vous, même si votre manque de Résilience et votre perplexité en société se manifestent de temps en temps. Votre personnalité émotionnelle résulte du dosage de chacune de ces six composantes. Et comme il existe maintes manières de les combiner, il existe d'innombrables styles émotionnels ; chacun a le sien, qui est unique.

DES CAS PARTICULIERS

J'ai découvert les six dimensions du style émotionnel un peu par hasard, au cours de mes recherches en neurosciences affectives (centrées sur le fondement cérébral des émotions humaines). Je n'ai pas décidé un beau jour d'inventer différents styles émotionnels, puis de me livrer à des expériences pour prouver leur existence. En fait, comme je l'expliquerai plus en détail au chapitre suivant, j'ai toujours été fasciné par les différences individuelles.

Même si vous avez l'habitude de lire des articles scientifiques, notamment en psychologie et en neuroscience, je doute que vous ayez remarqué ceci : la conclusion de presque toutes ces études vaut seulement pour la moyenne des individus, ou pour une majorité de personnes concernées par la recherche en question. Et ce, quel que soit ce qu'il s'agit de montrer : qu'avoir trop de choix nuit à la prise de décision ; que les gens fondent leurs jugements moraux sur une base émotionnelle plutôt que rationnelle ; que, lorsqu'ils se lavent les mains, les gens se sentent moins mal à l'aise pour commettre un acte contraire à l'éthique ou avoir une pensée immorale ; ou encore qu'entre deux candidats politiques les électeurs préfèrent en général le plus grand au plus petit. Ce qui est rarement expliqué, c'est que la réponse moyenne intègre un large éventail de réactions, tout comme le « poids moyen » des adultes de votre quartier intègre des individus maigres et d'autres gros. Ne s'intéresser qu'à cette moyenne, c'est courir le risque de passer à côté de certains phénomènes très intéressants, à savoir les extrêmes – dans cet exemple précis, le cas d'individus atteints d'obésité ou d'anorexie, dont vous ne soupçonnerez pas même l'existence si vous vous en tenez au poids moyen de quatre-vingts kilos.

Il en va de même pour les réactions émotionnelles et psychologiques. Il y a presque toujours des cas particuliers : la personne qui *ne juge pas* les membres de son propre groupe ethnique ou national plus favorablement que les membres d'autres groupes, la personne qui *n'obéit pas* à l'ordre d'administrer un électrochoc à un individu placé derrière un paravent pour l'aider à « apprendre mieux ». J'ai toujours été attiré par les cas particuliers, convaincu que la recherche sur le comportement, la pensée et l'émotion chez les humains doit se frotter aux différences individuelles. Surtout, je suis parvenu depuis longtemps à la conclusion que l'existence de différences individuelles est *la* caractéristique la plus saillante de l'émotion.

J'ai compris cela très tôt. J'en ai eu la révélation en découvrant que le niveau d'activité du cortex préfrontal – activité associée au bonheur et au comportement d'approche, ou au contraire à la peur, au dégoût, à l'anxiété et l'évitement – pouvait varier d'un facteur trente selon les individus. Depuis, ma recherche s'est concentrée sur les différences individuelles, ce qui m'a conduit au concept de style émotionnel et aux dimensions qui le constituent.

Chacun de nous réagit différemment aux stimuli émotionnels, et il est tout à fait absurde de parler de « la plupart des gens » ou de « l'individu moyen ». Mieux comprendre la nature de cette variation permettrait à chacun de nous de respecter l'impératif classique : « Connais-toi toi-même. »

Sans compter les implications concrètes. Étudier les variations de nos réactions émotionnelles nous permettrait de prévoir quels individus sont les plus vulnérables à la maladie mentale, ou même, sans aller jusqu'à des états pathologiques, à l'angoisse et à la tristesse, et qui, inversement, est résilient face à l'adversité.

L'ESPRIT ET LE CERVEAU

Détail crucial, chaque dimension du style émotionnel s'ancre dans un modèle particulier d'activité cérébrale. L'imagerie du cerveau montre que ces dimensions n'ont pas été inventées de toutes pièces. Elles reflètent une activité biologique mesurable, surtout dans le cortex et le système limbique, représentés sur le schéma suivant :

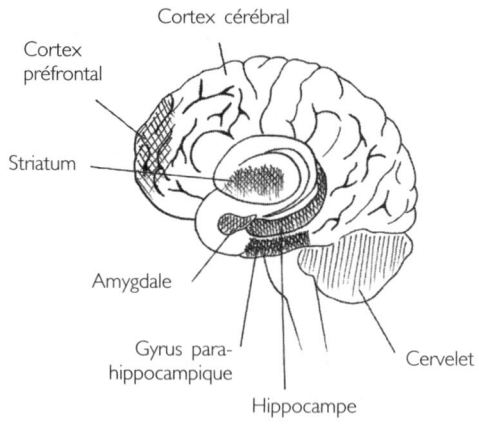

Bien que le système limbique – qui inclut l'amygdale et le striatum – ait longtemps été considéré comme le siège des émotions, le cortex détermine aussi nos humeurs et nos états émotionnels.

Comprendre le fondement neuronal des six dimensions du style émotionnel peut, selon moi, vous aider à identifier votre propre style. Ces modèles cérébraux feront l'objet du chapitre 4, mais je voudrais d'ores et déjà en donner un aperçu. Une certaine zone du cortex visuel, ce grand ensemble neuronal situé à l'arrière du cerveau, a pour spécialité, semble-t-il, d'identifier les individus au sein d'un groupe (humain ou non) déjà bien connu[2]. Par exemple, cette zone s'active lorsqu'un collectionneur de vieilles voitures examine une Nash Healey 1952 et une Shelby Cobra 1963, ou quand quelqu'un scrute un visage, puisque nous sommes tous experts en visages (en fait, ce gyrus fusiforme était à l'origine appelé « aire fusiforme des visages », car les scientifiques pensaient qu'il ne traitait que les visages, plutôt que, comme on l'a compris plus tard, tout élément relevant du domaine de compétence d'une personne[3]). Il s'avère que les gens incapables de deviner les émotions d'autrui – comme les enfants atteints de trouble du spectre de l'autisme, ou qui se situent à l'extrémité « perplexe » de la dimension Intuition sociale – ont une très faible activité du gyrus fusiforme. Comme je l'expliquerai au chapitre 7, nous avons découvert pourquoi, et nous savons désormais comment modifier les informations transmises au cerveau pour accroître l'activité du gyrus fusiforme, et donc pousser une personne vers l'autre extrémité de la dimension Intuition sociale.

Quand j'explique au public ou aux étudiants que chaque personne a son propre style émotionnel, qui reflète des modèles spécifiques d'activité cérébrale, les gens pensent souvent que ce style est donc fixé une fois pour toutes, en raison sans doute d'un fondement génétique. Pendant des décennies, les neuroscientifiques ont cru que le cerveau adulte était figé, dans sa forme comme dans ses fonctions. Nous savons maintenant que cette image d'un cerveau statique et immuable était erronée. Le cerveau possède une qualité appelée neuroplasticité : la capacité à modifier très largement sa structure et ses fonctions. Un tel changement peut s'opérer en réaction à des expériences vécues ou à des pensées. Dans le cerveau d'un virtuose du violon, par exemple, on verra une hausse très nette de la taille et de l'activité des zones qui contrôlent les doigts[4] ; le cerveau des chauffeurs de taxi londoniens, qui apprennent à se repérer dans un réseau de rues extraordinairement complexe (la ville en compte vingt-cinq mille !), montre un développement significatif de l'hippocampe, zone associée à la mémoire spatiale et contextuelle[5]. Jouer du violon et maîtriser le plan d'une ville sont deux exemples d'apprentissage sensoriel et cognitif intense et répété, prenant place dans le monde extérieur.

Cependant, le cerveau peut aussi changer en réponse à des messages internes – à nos pensées et à nos intentions. Ces changements incluent la modification des fonctions de certaines zones cérébrales, l'expansion ou la contraction du territoire neuronal dévolu à certaines tâches, le renforcement ou l'affaiblissement des connexions entre les différentes zones, la hausse ou la baisse du niveau d'activité de certains circuits cérébraux, et la modulation du service de messagerie neurochimique qui ne cesse de parcourir le cerveau.

Mon exemple préféré d'une « simple » pensée capable de transformer fondamentalement le cerveau est ce que j'appelle l'expérience du piano virtuel. Sous la houlette d'Alvaro Pascual-Leone, de Harvard, une équipe de chercheurs ont fait apprendre à un groupe de volontaires un morceau de piano très facile, pour cinq doigts, en les faisant répéter une semaine entière avec la main droite. Puis ils ont utilisé la neuro-imagerie pour déterminer à quel point le cortex moteur était responsable du mouvement des doigts : cet entraînement intense avait effectivement développé la zone concernée. Ce résultat n'avait rien de très surprenant, car d'autres expériences ont révélé que l'apprentissage de mouvements spécifiques provoque ce genre d'expansion. Mais les scientifiques avaient demandé à l'autre moitié de leur groupe d'imaginer seulement qu'ils jouaient ces notes, sans toucher le clavier. Puis les chercheurs ont procédé à des mesures pour voir si le cortex moteur s'en était aperçu. Réponse : oui, il s'en était aperçu. La région qui contrôle les doigts de la main droite s'était élargie chez les pianistes virtuels autant que chez ceux qui s'étaient entraînés sur le clavier. La pensée, et la pensée seule, avait accru la quantité d'espace dévolu par le cortex moteur à une fonction spécifique[6].

Puisque le style émotionnel est le produit de toutes ces fonctions cérébrales – connexions, circuits, relations structure/fonction et neurochimie –, la conséquence est indéniable : comme le cerveau contient les bases physiques du style émotionnel, comme il peut les modifier de façon fondamentale, le style émotionnel peut changer. Certes, notre style émotionnel est le résultat de circuits cérébraux établis dès notre plus jeune âge par les gènes hérités de nos parents et par nos expériences. Mais ces circuits ne sont pas fixés à tout jamais. Bien que le style émotionnel soit en général tout à fait stable sur la durée, il peut être altéré par des expériences imprévues ainsi que par un effort conscient et délibéré, à n'importe quel moment de la vie, en cultivant délibérément certaines qualités ou habitudes mentales.

Je ne dis pas qu'il est *théoriquement* possible de se déplacer dans l'un des continuums du style émotionnel, ni qu'un tel changement n'est possible qu'*en principe*. Au cours de mes recherches, j'ai découvert les moyens pratiques et efficaces d'y parvenir. Je m'expliquerai davantage au chapitre 11 ; contentons-nous pour l'instant de retenir que vous pouvez modifier votre style émotionnel pour améliorer votre Résilience, votre Intuition sociale, votre sensibilité à vos propres états physiologiques et émotionnels, vos mécanismes de défense, votre Attention et votre sensation de bien-être. Le plus stupéfiant est que, par la seule activité mentale, nous pouvons délibérément modifier notre cerveau. L'activité mentale, que ce soit *via* la méditation ou la thérapie cognitivo-comportementale, peut modifier la fonction de certains circuits cérébraux, pour vous faire prendre conscience d'une plus large gamme de signaux sociaux, vous rendre plus sensibles à vos propres sentiments et sensations corporelles, et vous donner une Perspective plus positive. Bref, par l'entraînement mental, vous pouvez modifier vos modèles d'activité cérébrale et la structure même de votre cerveau, d'une manière qui transformera votre style émotionnel et qui améliorera votre vie. C'est là, pour moi, le sommet de l'interaction du corps et de l'esprit.

VOUS ÊTES PARFAIT : MAINTENANT, CHANGEZ !

Il n'existe pas de style émotionnel idéal ni de position optimale sur les divers continuums décrivant les six dimensions du profil émotionnel. La civilisation ne pourrait prospérer sans les différents types émotionnels, y compris les plus extrêmes : les comptables que leur cortex préfrontal et leur striatum aident à naviguer dans les déclarations d'impôts tout en bloquant sans effort les messages parasites émis par les centres émotionnels du cerveau, ou les génies de la mécanique, plus à l'aise avec les machines qu'avec les humains parce que le circuit chargé de la cognition sociale est chez eux sous-employé, ce qui réduit à leurs yeux l'importance des interactions sociales. Même si la société qualifie le comptable d'obsessionnel et le mécanicien d'asocial, le monde serait moins riche sans eux. Nous avons besoin de tous les types émotionnels.

Cela dit, je ne suis pas de ceux qui pensent que tous les styles psychologiques se valent et sont également désirables. Vous avez peut-être remarqué, dans la description des six dimensions du style émotionnel, que certains extrêmes paraissent dysfonctionnels, comme lorsqu'un manque total de Résilience rend une personne si lente à surmonter l'adversité qu'elle risque la dépression. Même quand votre style émotionnel ne vous rend pas vulnérable à la maladie mentale, il est indéniable que, tout du moins dans notre culture occidentale du XXIe siècle, certains styles émotionnels compliquent la tâche pour être un membre productif de la société, forger des relations saines et atteindre le bien-être. Dans certains cas, il peut être bon d'être perplexe plutôt que socialement intuitif, opaque à soi-même plutôt que très conscient de soi, et déconnecté en matière de Sensibilité au contexte ; quelques-unes des plus grandes œuvres d'art mondiales et des plus grandes réussites en mathématiques ou autres sciences sont sorties de l'esprit torturé d'inadaptés sociaux. Mais hormis de rares exceptions, comme Tolstoï, Hemingway ou Van Gogh, il est tout simplement plus difficile de mener une vie épanouie et productive avec certains styles émotionnels qu'avec d'autres.

Pour moi, ce devrait être le critère déterminant. Ne laissez personne vous dire que vous devez devenir plus socialement intuitif, par exemple, ou que vous devez changer votre style d'Attention pour devenir plus concentré (enfin, si votre partenaire vous fait cette suggestion, peut-être faudra-t-il tout de même y réfléchir un peu). C'est seulement si votre style émotionnel nuit à votre quotidien et limite votre bonheur, s'il vous empêche d'atteindre vos objectifs ou vous plonge dans le désarroi, qu'il faut songer à en changer. Mais si vous prenez cette décision, ma recherche a prouvé qu'il existe des moyens spécifiques et efficaces pour cela, des formes d'entraînement mental susceptibles de faire évoluer les modèles d'activité cérébrale, afin de vous déplacer dans telle ou telle dimension du style émotionnel.

N'allons pas trop vite. Je dois d'abord vous expliquer comment j'ai, pour la première fois, entraperçu ce qui allait devenir le style émotionnel.

2

LA DÉCOUVERTE DU STYLE ÉMOTIONNEL

Dire qu'étudier les émotions n'était pas très en vogue quand je me suis inscrit en doctorat de psychologie à Harvard en 1972, c'est comme dire que le Sahara est un peu sec. Pratiquement aucun scientifique n'abordait cette question. Les années 1970 virent l'essor de la psychologie cognitive (expression forgée en 1965 seulement). Cette branche de la psychologie, qui s'interroge sur la façon dont les gens perçoivent, mémorisent, parlent, résolvent des problèmes, etc., prenait terriblement au sérieux l'ordinateur comme métaphore de l'esprit humain. Or, les ordinateurs font leurs calculs sans émotions, bien sûr, donc les psychologues cognitifs voyaient les émotions comme une sorte d'électricité statique gênant leur étude des processus mentaux.

Quelques-uns des plus éminents chercheurs en psychologie affirmaient ainsi que l'émotion perturbait la fonction cognitive[1]. Parmi les psychologues cognitifs, les plus charitables voyaient l'émotion comme une « interruption » : elle apparaissait quand un comportement devait être interrompu pour que l'organisme prête attention à une information essentielle et modifie ce comportement. Ainsi, nous ressentons de la peur en croisant un serpent, parce que la peur nous oblige à nous concentrer sur la menace pour nous tirer d'affaire. Ou bien nous éprouvons de la colère quand quelqu'un nous insulte, parce que la colère nous oblige à nous concentrer sur cet ennemi et à nous défendre. Cette vision opposait l'émotion à la cognition, avec l'émotion dans le rôle de la force perturbatrice (bien que parfois utile). Somme toute, il n'y avait guère de place pour les émotions dans les froids calculs de la psychologie cognitive, qui les jugeait carrément suspectes. Le fait que cette racaille occupe le même cerveau qui donnait naissance à la cognition ne leur inspirait que mépris. L'idée que les émotions puissent être bénéfiques, ou avoir une autre fonction que d'interrompre notre comportement, allait à l'encontre de leur conception, qui ne voyait en elles que des perturbations mentales.

Presque toute la recherche sur le cerveau et l'émotion s'effectuait alors sur des rats de laboratoire. Les études montraient que la peur, la curiosité, le « comportement d'approche » (lorsqu'un animal est attiré par de la nourriture ou par un(e) partenaire, attitude considérée comme la plus proche d'émotions humaines telles que le bonheur ou le désir) et l'anxiété reflétaient une activité dans la région limbique et dans le tronc cérébral, en particulier l'hypothalamus. Cette petite structure située juste au-dessus du tronc cérébral adresse des signes au corps pour générer la plupart des changements viscéraux et hormonaux qui accompagnent fréquemment l'émotion. Dans une étude classique, l'expérimentateur détruisait une partie de l'hypothalamus d'un rat et observait que l'animal ne manifestait plus aucune peur à la vue d'un chat, par exemple. En détruisant une autre partie de l'hypothalamus, on supprimait chez le rat tout intérêt pour le sexe, la nourriture ou le combat. On a pensé alors que tous ces comportements exigeaient une sorte de pulsion, de motivation de la part de l'animal, d'où l'idée que l'hypothalamus est la source de la motivation et, avec elle, peut-être aussi d'autres émotions. (Par la suite, les scientifiques devaient découvrir que l'hypothalamus n'est en fait pas directement impliqué dans l'apparition des motivations, mais n'est qu'une voie de passage pour des signaux venant d'ailleurs dans le cerveau.)

L'hypothalamus se situant en dessous du cortex, partie la plus récente du cerveau du point de vue de l'évolution, il faisait l'objet d'un certain mépris. Ce que j'appelle du « snobisme cortical » : si une fonction résultait de l'activité d'une région autre que le fameux cortex, elle devait être primitive et donc contraire à la cognition. Ce genre de raisonnement souleva une vive controverse en psychologie, qui atteignit son apogée dans les années 1980, opposant la cognition à l'émotion comme deux systèmes distincts et antagonistes de l'esprit et du cerveau.

Outre l'idée que les émotions ne jouaient aucun rôle dans cette machine à penser qu'est l'esprit humain, l'autre obstacle à l'étude des émotions était alors que la psychologie sortait à peine de la longue nuit noire qui avait vu l'hégémonie du behaviorisme – un courant qui ne s'intéresse qu'au comportement externe en ignorant tout le reste. Le *comportement* émotionnel intéresse les behavioristes, mais comme les émotions elles-mêmes sont internes, elles sont suspectes à leurs yeux, indignes de la compagnie raffinée des « vrais » phénomènes psychologiques. Par conséquent, les seules recherches importantes sur les émotions humaines s'articulaient autour des observations faites par Charles Darwin au milieu du XIXe siècle. Même si ce dernier est surtout connu pour avoir découvert la sélection naturelle comme moteur de l'évolution, Darwin se pencha aussi sur l'émotion humaine et animale, étudiant en particulier les expressions faciales qui traduisent ce que l'on ressent[2]. Dans les années 1970, une poignée de psychologues s'inscrivaient dans cette tradition, réduisant les expressions faciales à leurs plus petites unités possibles, aux différents muscles produisant une moue, un sourire ou quelque autre expression[3]. Les expressions du visage, au moins, étaient un comportement observable et donc acceptable pour le paradigme behavioriste. Mais le travail sur ces expressions ne faisait aucune référence au cerveau... dont le mystérieux fonctionnement était considéré par le behaviorisme comme excédant les limites de la recherche empirique rigoureuse.

FAITES DE BEAUX RÊVES !

Malgré tout, dès les années 1970, j'avais constaté que les phénomènes internes, cachés, pouvaient être exposés au grand jour. Alors que j'étais lycéen à Brooklyn, je m'étais porté volontaire pour une étude sur le sommeil, dans un labo du Maimonides Medical Center, l'hôpital où j'étais né. Les participants devaient venir le soir et, après qu'un des chercheurs leur avait expliqué qu'ils allaient dormir normalement – ou aussi normalement qu'on peut le faire dans une chambre inconnue, sur un lit inconnu, avec des inconnus qui vont et viennent et une forêt de câbles collés au crâne –, ils se retiraient dans une chambre personnelle. Chuck, l'un des chercheurs, collait des électrodes sur toute la tête du volontaire. Les électrodes fixées au cuir chevelu captaient les ondes cérébrales. Les électrodes fixées autour des yeux détectaient les mouvements oculaires rapides pendant les rêves. Les électrodes placées ailleurs sur le visage mesuraient l'activité musculaire (une nuit, regardez donc votre partenaire dormir, et vous verrez que les muscles des joues, des lèvres et du front sont le siège d'une intense activité pendant certaines phases du sommeil). Chuck s'assurait que l'électronique fonctionnait, il souhaitait aux volontaires de faire de beaux rêves, et il lançait le « polygraphe », énorme machine dont les trente-deux stylos enregistraient toutes les mesures physiologiques sur un rouleau de papier qui avançait à raison d'environ deux centimètres par seconde. C'est là que j'intervenais. Mon auguste emploi était de veiller à ce que les stylos aient de l'encre et écrivent bien. Pour ma défense, je précise que ce n'était pas aussi facile que cela en a l'air : les stylos se bouchaient souvent, et je devais glisser un fil de fer dedans pour que l'encre coule à nouveau. Voilà comment j'ai découvert la méthodologie scientifique…

En général, les participants s'endormaient au bout de quelques minutes, et leur électroencéphalogramme commençait à apparaître dans la salle de contrôle. J'adorais voir ces lignes correspondant aux ondes cérébrales, qui indiquaient que la personne avait sombré dans le sommeil paradoxal. Quand j'eus maîtrisé le système d'entretien des stylos, on me récompensa en me chargeant de réveiller les endormis : je les appelais par leur nom dans l'interphone et je leur demandais ce qu'ils avaient en tête juste avant de se réveiller. J'étais intrigué par la connexion entre d'une part les pics et les zigzags de l'électroencéphalogramme et d'autre part les images fantastiques et les récits bizarres des rêves. Je ne me souviens d'aucun en détail, mais je me rappelle très bien avoir été frappé par le fait que presque tous ces rêves incluaient une vive émotion importante – joie ou terreur, colère, tristesse, haine ou jalousie. Cette expérience m'a aussi montré qu'un bon moyen de comprendre l'esprit était d'étudier le cerveau. Même pour l'adolescent de 15 ans que j'étais alors, le message était clair : les processus mentaux purement internes (les ondes cérébrales et le contenu émotionnel des rêves), dépourvus de toute manifestation externe, sont réels et peuvent être étudiés en laboratoire. Contrairement aux allégations des behavioristes, il ne doit pas forcément y avoir un comportement – au sens d'une action observable par un tiers – pour qu'il y ait un phénomène psychologique digne de ce nom.

Ce soupçon s'est renforcé durant mes premières années d'études à l'université de New York, où j'étais inscrit en psychologie et où je participais à un petit cursus interdisciplinaire, le Metropolitan Leadership Program, qui privilégiait les séminaires en petits groupes par rapport aux cours en amphi. C'est à cette époque que ma certitude juvénile (la psychologie devait étudier et expliquer les processus mentaux internes pour être une vraie science de l'esprit) s'est heurtée de plein fouet au mur de l'Autorité.

Le président du département de psychologie était alors Charles Catania, un behavioriste pur et dur. Catania dirigeait l'un des séminaires que je suivais, et, après les cours, nous nous querellions souvent sur l'essence de la psychologie. Catania affirmait que seuls les comportements observables par un tiers constituaient des données scientifiques et donc un vrai sujet d'étude dans cette discipline. De mon côté, non sans aplomb, je soutenais que les behavioristes n'étudiaient qu'un infime fragment de la réalité psychologique. Comment pouvaient-ils ignorer ce que les gens *ressentaient* ? Et que dire de ce manuel que je lisais pour un cours de psychopathologie où, dans le plus pur style behavioriste, les troubles psychiatriques étaient considérés comme la conséquence de mauvaises « contingences de renforcement » ? Autrement dit, des maladies mentales graves comme la dépression, les troubles bipolaires et la schizophrénie étaient attribuées à un système aberrant de récompenses et de punitions : les gens qui entendent des voix, ont des sautes d'humeur ou envisagent le suicide tellement ils sont désespérés, agissent ainsi parce qu'ils sont récompensés pour être ainsi ou punis pour être « normaux ». Comme je le disais à Catania, non seulement cet argument est abominable sur le plan moral, mais en plus il ignore la biologie, en particulier celle du cerveau ! Je n'ai évidemment pas réussi à détourner Catania du behaviorisme (même si j'ai abandonné le cours de psychopathologie au bout d'une semaine). Néanmoins, ces échanges ont contribué à affiner mon point de vue et m'ont convaincu que la recherche psychologique pouvait viser bien plus loin que le comportement manifeste.

Ce que la science avait jusque-là découvert en matière de vie interne du cerveau était assez peu impressionnant, comme je l'ai appris en préparant un devoir sur la personnalité. C'était la première fois que je prenais connaissance de la littérature scientifique existante sur les émotions. La plupart des études avaient été menées par des spécialistes de psychologie sociale, pour qui l'émotion a deux composantes fondamentales[4]. La première est l'excitation physiologique : votre cœur bat plus vite quand vous avez peur, vous rougissez quand vous êtes en colère, etc. L'excitation physiologique est censée fournir son énergie à l'émotion, que vous soyez légèrement agacé ou prêt à tuer, vaguement envieux ou atteint de jalousie meurtrière. Le second ingrédient est l'évaluation cognitive. Comme son nom l'indique, c'est le processus qui consiste à observer le cœur qui bat ou le visage empourpré, et à penser : Ah, ah, je crois que j'ai peur (ou que je suis en colère). L'excitation physiologique est non spécifique et indifférenciée ; la sensation du bonheur ne se distingue pas de la sensation de la colère, de la surprise, de la terreur ou de la jalousie. Seule l'interprétation cognitive de cette excitation vous apprend ce que vous ressentez.

Présenté ainsi — et j'exagère à peine —, ce modèle paraît évidemment ridicule. L'idée qu'il n'existe fondamentalement aucune différence physiologique qualitative entre les émotions, entre la sensation du bonheur, de la colère ou de la jalousie, et qu'une émotion se distingue d'une autre uniquement par les pensées ou interprétations cognitives que les gens ont au sujet de leur excitation interne, cette idée, donc, me semblait erronée, par conviction personnelle comme sur le plan scientifique. Mécontent de ce modèle, j'ai enquêté pour savoir si les psychologues avaient toujours pensé ainsi. Je me suis mis à lire le chapitre que William James avait consacré à l'émotion dans son ouvrage pionnier paru en 1890, *Les Principes de la psychologie*. Il y suggère que l'émotion est la perception d'un changement corporel. Selon son modèle, la peur, par exemple, vient essentiellement de la perception que notre cœur bat plus vite et/ou que nous sommes pétrifiés, incapables de bouger. Les changements corporels internes sont provoqués par l'environnement – dans cet exemple, une silhouette floue sur le seuil d'une porte – et l'émotion réside dans la perception de ces changements. Pour James, donc, les différentes émotions ont *différentes* signatures physiologiques ; elles ne pouvaient tout simplement pas être cette excitation physiologique indifférenciée dont parlait le modèle dominant.

Autre source d'inspiration pour l'intérêt naissant que m'inspirait la science de l'émotion : le frisson que j'ai ressenti en apprenant que Darwin avait consacré en 1872 un livre entier à l'émotion, *L'Expression des émotions chez l'homme et les animaux* (la version originale peut être téléchargée gratuitement, car elle est dans le domaine public). En mettant l'accent sur les signes distinctifs de l'émotion, en particulier les expressions du visage, Darwin renforçait mon idée qu'il fallait associer aux différentes émotions des profils physiologiques distincts. Après avoir lu Darwin, j'étais convaincu de trois choses : l'émotion est centrale pour comprendre les qualités importantes de l'être humain ; l'approche dominante de l'émotion en psychologie humaine se fourvoyait gravement ; et c'est sur le cerveau que toute étude de l'émotion devait se focaliser. Il me semblait impossible de comprendre entièrement l'esprit sans comprendre entièrement l'émotion. Si la science ne pouvait comprendre l'émotion, jamais elle ne pourrait comprendre la personnalité, le tempérament, des maladies commes les troubles d'anxiété ou la dépression, ni même peut-être la cognition. J'étais également certain que la clef des merveilleux mystères de l'émotion humaine résidait dans le cerveau.

En dépit de mon hérésie, j'obtins mon diplôme de psychologie. Je voulais poursuivre en doctorat, mais il n'était pas facile de trouver le bon directeur de thèse, à cause de mon iconoclasme, en particulier de ma volonté d'introduire le cerveau dans l'étude de l'émotion. Comme j'étais attiré par Stanford, je suis allé visiter cette université. C'est alors que j'ai rencontré le professeur Ernest – dit « Jack » – Hilgard, personnage célèbre et fascinant (il avait d'abord fait des études de théologie avant de basculer en psychologie), qui s'était illustré par ses contributions à la théorie de l'apprentissage, avant de s'intéresser à l'hypnose et à son usage pour contrôler la douleur. J'aurais aimé étudier avec Hilgard, mais il m'a dissuadé d'aller à Stanford : au département de psychologie, personne ne faisait de recherche biologique sur les humains. J'ai donc envoyé une candidature à la City University of New York, où j'aurais sans doute été très bien, et je me suis également présenté à Harvard.

Lors de l'entretien préalable dans ce dernier établissement, j'ai eu une formidable discussion avec Gary

Schwartz, qui étudiait la psychophysiologie. Cela me rapprochait déjà du cerveau : la partie « physiologie » de cette discipline étudiait des changements corporels comme le rythme cardiaque et la pression sanguine. J'eus aussi un entretien avec David McClelland, professeur de psychologie connu sur le campus pour son implication dans l'affaire Ram Dass une décennie auparavant. David avait été directeur du Centre de recherche sur la personnalité qui avait encouragé les travaux d'un jeune enseignant nommé Richard Alpert, travaux qui supposaient notamment de distribuer aux étudiants des drogues psychédéliques comme la psilocybine (Timothy Leary, partisan notoire des bienfaits du LSD, collaborait avec Alpert). Harvard finit par voir le projet d'un mauvais œil, d'autant plus qu'Alpert était lui-même grand consommateur de la drogue en question – selon ses adversaires, cela rendait difficile pour lui d'en observer précisément les effets sur les volontaires – et plus encore quand quelques étudiants échouèrent en hôpital psychiatrique. En 1963, l'université renvoya Alpert, qui décida plus tard, après un séjour en Inde, de se faire appeler Ram Dass.

J'étais vaguement au courant de tout cela. Mais cela ne faisait qu'augmenter ma curiosité à l'endroit de McClelland et m'incita à aborder un sujet qui, si je l'avais évoqué avec n'importe quel autre éminent chercheur en psychologie, m'aurait privé de toute chance d'être admis. Je venais de lire l'autobiographie de Carl Jung, *Ma vie : souvenirs, rêves et pensées*, qui m'avait fortement impressionné. Je savais que la psychologie dominante évitait Jung à cause de ses idées peu conventionnelles sur l'inconscient collectif ou la théorie des archétypes, entre autres, mais je trouvais certaines de ces observations très éclairantes, en particulier sur les différences individuelles. Jung avait en fait été le premier psychologue à parler de l'introversion et de l'extraversion comme de traits, et à s'interroger sur les différences psychologiques et physiologiques entre personnes d'un même type. Au cours de ma conversation avec McClelland, nous en vînmes à évoquer Jung. Je fus frappé de constater qu'un professeur réputé était ouvert à de telles idées, et cela me conforta dans l'idée que Harvard était pour moi le bon endroit. Je repartis, résolu à me lancer dans la recherche sur le cerveau et les émotions. Je n'allais pas me laisser dissuader par la crainte de m'engager sur une voie de garage (mon sujet, pas Harvard).

EN ROUTE POUR HARVARD

Quand je déclarai à mon directeur de recherche, Gary Schwartz, que j'espérais étudier la base cérébrale de l'émotion, il fut sceptique. Comme la plupart des chercheurs en psychologie à cette époque, Gary n'y connaissait pas grand-chose en physiologie du cerveau (avant mon arrivée, il n'avait jamais fait d'électroencéphalogramme, ce procédé qui permet de mesurer l'activité électrique cérébrale de base). Je trouvais bizarre que la recherche psychologique dominante – ce behaviorisme qu'incarnait Harvard – s'intéresse si peu à la façon dont le cerveau génère l'émotion. Après tout, tant que personne n'aura pu prouver que, disons, l'appendice produit et traite les émotions, le cerveau reste par excellence l'organe de l'émotion. Pourtant, le peu de recherches psychologiques sur l'émotion qui existait alors se fondait sur l'étude des expressions du visage (behaviorisme classique !) ou sur les réponses à des questionnaires : ni les unes ni les autres ne permettraient selon moi d'atteindre l'essence de l'émotion. Fait incroyable : il n'était jamais question du cerveau, dans ces études. Le manque d'intérêt de la part des universitaires pour le rôle et la fonction du cerveau dans les émotions me semblait aussi bizarre que si j'étais entré dans un département de néphrologie où personne ne s'intéressait aux reins. Plus étrange encore, William James, considéré comme le fondateur de la psychologie comme science (et qui, accessoirement, a donné son nom à l'immeuble de quinze étages qui abrite le département de psycho de Harvard), explique dans la préface de ses *Principes de la psychologie* que le cerveau est l'organe corporel qui sous-tend toutes les opérations mentales. Il énonce ensuite cette affirmation profonde : le reste des *Principes* – soit 1 328 pages – n'est qu'une note de bas de page par rapport à ce postulat initial. Les chercheurs en psychologie à Harvard n'en avaient apparemment pas été informés.

Je fis l'expérience directe du paradigme behavioriste qui serrait dans son étau le département de psycho de Harvard lorsque, dès ma première semaine, j'empruntai l'un des ascenseurs du William James Hall. S'y trouvait déjà B. F. Skinner, père fondateur du behaviorisme, avec son mètre quatre-vingt-cinq et sa fameuse crinière blanche. Intimidé, j'appuyai sur le bouton de mon étage pour m'apercevoir immédiatement que je m'étais trompé. Marmonnant : « J'ai changé d'avis », j'appuyai sur un autre bouton. À quoi Skinner répliqua : « Fiston, tu n'as pas changé d'avis, tu as changé de comportement. »

Le désintérêt de la psychologie pour la base cérébrale de l'émotion avait néanmoins un avantage. Quand j'entrepris d'étudier le rôle du cerveau dans la vie émotionnelle des humains, la quantité de littérature scientifique existant sur la question n'avait rien de bien insurmontable. Contrairement aux nombreux doctorants qui ont du mal à trouver un sujet original pour leur thèse (avec tout le respect que je dois aux spécialistes de littérature, reste-t-il quoi que ce soit d'original et d'important à dire sur *Le Roi Lear* ?), je ne rencontrerais pas ce problème. J'avais la possibilité de définir mon propre champ d'étude, et aucune autorité ne pourrait me reprocher de ne pas adhérer au paradigme en vigueur ; il n'y avait *pas* de paradigme en vigueur pour ce qui était des bases neuronales de l'émotion. Le défi était inverse : parmi la masse de questions sans réponses (ni personne pour y répondre) qui se présentaient à moi, laquelle allais-je choisir ?

Il existait deux sources, que je pouvais exploiter. L'une était la recherche sur les animaux. Dans ces études, les scientifiques choisissaient une zone du cerveau, qu'ils détruisaient ou stimulaient (avec des électrodes) pour voir lesquelles étaient liées aux émotions (ou à ce qui passe pour de l'émotion chez les animaux : nous croyons savoir quand un animal exprime de la peur, de la colère ou de la satisfaction, et nous supposons qu'il ressent cette émotion au moins en partie comme les humains). La plupart de ces travaux, qui remontaient au XIXe siècle, se concentraient sur le rôle de l'hypothalamus, comme je l'ai dit plus haut.

L'autre source de savoir sur les émotions était l'étude de patients dont le cerveau avait subi des dommages spécifiques et localisés, ce qui avait eu un effet sur leur vie émotionnelle. L'exemple le plus connu était sans doute celui de Phineas Gage[5]. Contremaître dans les chemins de fer, Gage dirigeait une équipe en 1848, durant la construction de la voie Rutland-Burlington, près de Cavendish, dans le Vermont. Pour déblayer le terrain où ils devaient poser des rails, les ouvriers perçaient des trous dans les rochers, ils les remplissaient de dynamite, y inséraient une mèche, puis utilisaient une barre de bourrage pour boucher le trou avec du sable, afin que la force de l'explosion soit dirigée vers le rocher. Malheureusement, alors que Gage utilisait cet outil, une étincelle alluma la dynamite. L'explosion projeta dans la tête de Gage, sous sa pommette gauche exactement, la barre de bourrage, longue d'un mètre dix et pesant six kilos. L'objet lui traversa le cerveau, ressortit au sommet du crâne et atterrit trente mètres plus loin.

Bien que la barre métallique ait empalé ses lobes frontaux, non seulement Gage survécut mais, après une minute de convulsions, il se redressa et demanda à ses hommes le journal où il notait leurs heures de travail. Il put même marcher jusqu'à une carriole, qui le ramena à sa pension ; un médecin pansa ses blessures, retira les esquilles et remit en place les fragments de crâne emportés par la barre de bourrage. Gage parut se rétablir, mais l'incident l'avait transformé. Sa femme et ses amis commencèrent à remarquer que leur Phineas, doux, fiable, pudique et calme, était devenu imprévisible, nerveux et sujet à des colères sans motif où il lâchait juron sur juron, « d'une ténacité opiniâtre, et pourtant capricieuse et vacillante », nota son médecin. Jadis « le plus efficace et le plus capable des contremaîtres », Gage ne pouvait plus « supporter la contrainte ou les conseils lorsqu'ils étaient en conflit avec ses désirs, […] concevant mille projets, abandonnés sitôt qu'ils prenaient forme […] Ses amis et ses connaissances disaient que "ce n'était plus Gage". » La raison de tout cela finit par apparaître : la région préfrontale du cerveau, traversée par la barre de fer, est le site du contrôle émotionnel et d'autres fonctions cognitives supérieures. Le cerveau de Phineas Gage offrait pour la première fois aux neuroscientifiques la preuve que des structures cérébrales spécifiques contrôlent des fonctions mentales spécifiques, et suggérait que le cortex préfrontal jouait un rôle-clef dans la régulation des émotions.

Si les résultats de la recherche sur les animaux et de l'étude des accidents chez les humains étaient intéressants et importants, ils n'étaient pas directement associés aux mécanismes cérébraux impliqués dans les émotions *normales* des humains.

QUAND VIENT L'INSPIRATION

Dans les années 1970, les scientifiques passaient beaucoup de temps en bibliothèque, puisque les revues n'existaient que sous la forme de volumes imprimés, et non en version électronique dans une boîte posée sur votre bureau (ou dans un gadget à la Flash Gordon qui tient dans votre poche). Je passais chaque semaine plusieurs soirées à la bibliothèque Countway de la faculté de médecine de Harvard, à Boston, de l'autre côté de la Charles River par rapport au campus principal situé à Cambridge. J'y étais si souvent que j'avais un bureau attitré sur place, et je photocopiais des articles par centaines, tandis que je dévorais la littérature scientifique. J'adorais découvrir par hasard une revue que je n'aurais jamais feuilletée délibérément, mais qui était en évidence sur les rayonnages et m'invitait à la parcourir : The Anatomical Record, American Journal of Physical Anthropology, Radiology… Je puisais dans des volumes vieux d'un siècle, dont l'odeur de moisi me transportait vers la science d'une autre époque.

C'est en première année de doctorat, pendant l'une de mes excursions nocturnes dans le sous-sol de la bibliothèque, que je mis la main sur le numéro d'août 1972 de la revue Cortex. J'y trouvai un article d'un neurologue italien de l'université de Pérouse, nommé Guido Gainotti[6]. Il étudiait des patients ayant subi un dommage localisé dans l'hémisphère droit ou gauche du cerveau, et examinait en particulier comment cela affectait leurs émotions. Il identifiait des « rires et pleurs pathologiques », « pathologique » signifiant ici inadapté, puisque les patients ne réagissaient pas à ce que nous aurions trouvé drôle (une excellente plaisanterie) ou déchirant (être quitté par l'être aimé). Ils éclataient de rire ou fondaient en larmes de manière totalement aléatoire et souvent malvenue. Gainotti montrait que les patients ayant subi des lésions du côté gauche de l'avant du cerveau, en général à la suite d'une crise cardiaque, souffraient de pleurs pathologiques, et de certains symptômes de la dépression, comme le manque d'énergie ou l'incapacité à se fixer des objectifs et à persévérer pour les atteindre. Par contraste, les patients ayant subi une blessure dans la région frontale droite étaient atteints de rire pathologique.

Cette étude me captiva parce qu'elle suggérait la possibilité de prouver que des zones et réseaux spécifiques du cerveau suscitaient des émotions spécifiques. Dès que je l'ai lue, j'ai senti que j'avais trouvé le passage secret menant à un royaume enchanté. Si les dommages subis par la région frontale gauche se traduisaient par des pleurs pathologiques et des symptômes de dépression, cette région était-elle responsable d'une qualité émotionnelle (comme l'optimisme ou la résilience) absente dans la dépression ? Ce raisonnement n'avait pas alors l'évidence qu'il semble posséder aujourd'hui, où nous sommes habitués à associer les fonctions cérébrales aux états émotionnels et mentaux. En fait, Gainotti interprétait son travail différemment. Il pensait que les dommages dans l'hémisphère droit empêchaient le patient de comprendre sa condition neurologique, et que cela produisait une émotion positive inadéquate face à une grave blessure neurologique. Cependant, pour le doctorant de première année que j'étais, le scientifique qui avait découvert ce phénomène – les lésions d'une zone cérébrale entraînent un changement émotionnel spécifique – déméritait au moment de saisir les conséquences de ses propres observations. À mes yeux, la région préfrontale gauche pouvait être le siège des émotions positives, et les dommages qu'elle subissait se traduisaient alors par un état dépressif.

GAUCHE, DROITE, GAUCHE, DROITE

J'aimerais pouvoir dire que cette idée m'inspira immédiatement un projet de recherche expérimentale sur le fondement cérébral de l'émotion humaine, mais ce ne fut pas le cas. Malgré tout, je parvins à faire mes armes. Avec la bénédiction de Gary, je conçus une expérience qui combinait, de façon très primitive, les idées de latéralité et d'émotion qu'avait abordées Gainotti. L'une des rares observations avancées par les psychologues en matière de latéralité était la suivante : quand on pose à quelqu'un une question qui exige réflexion, le mouvement de ses yeux nous indique lequel des hémisphères du cerveau cherche la réponse. Si le cerveau gauche y travaille tandis que le droit se prélasse (comme cela arrive en général si c'est une affaire de capacité verbale), les yeux ont tendance à se diriger vers la droite. Si c'est le cerveau droit qui s'active (quand il s'agit de raisonnement dans l'espace), les yeux se dirigent vers la gauche. (Essayez donc chez vous. Veillez simplement à poser une question qui n'entraîne pas une réponse automatique mais qui suppose un peu de réflexion. J'ai obtenu de bons résultats avec « Trouvez trois synonymes pour têtu » et « Combien y a-t-il d'angles dans un cube ? ».)

Pour cette expérience rudimentaire, je posais aux participants une série de questions, les unes censées déclencher une émotion (« Quand vous êtes-vous mis en colère pour la dernière fois ? »), les autres neutres (« Qu'avez-vous pris ce matin pour votre petit déjeuner ? »). Quand ils répondaient, je notais dans quelle direction leurs yeux se dirigeaient. Confrontés à une question émotionnelle, les participants regardaient plutôt vers la gauche – signe d'activation de l'hémisphère droit. Il se trouve néanmoins que mon test incluait plus de questions émotionnelles négatives que positives, donc quand je dis que les participants regardaient à gauche en réponse aux questions émotionnelles, je devrais plutôt dire qu'ils regardaient à gauche en réponse aux questions émotionnelles *négatives*. J'avais ainsi découvert l'un de nos premiers indices suggérant que l'hémisphère droit pouvait être davantage activé lors d'une émotion négative que positive. Avec Gary et un doctorant de Harvard nommé Foster Maer, j'écrivis un article qui fut publié dans la prestigieuse revue *Science*[7].

Une fois cette étude terminée, il était devenu clair que j'avais besoin de mesures plus précises de l'activité cérébrale localisée. Les mouvements oculaires nous indiquaient grossièrement lequel des hémisphères était le plus activé, mais n'offraient aucune information sur les zones concernées au sein de cet hémisphère. Il était difficile d'obtenir de meilleures mesures. Dans les années 1970, très peu d'outils scientifiques étaient disponibles pour sonder le cerveau humain de manière non invasive, c'est-à-dire sans ouvrir le crâne pour planter des choses dedans. C'est avec cette méthode que Wilder Penfield avait cartographié le cerveau de patients épileptiques, en enlevant une partie du crâne pour révéler le cerveau et appliquer d'infimes décharges électriques à différents endroits pour voir comment le patient réagissait. Une décharge à tel endroit, et le patient se rappelait soudain un neveu qui remettait son chapeau et son manteau après lui avoir rendu visite ; à un autre endroit, et il avait l'impression qu'on lui touchait le bras droit, ou bien un bras, une jambe ou un doigt se soulevait comme si le patient était une marionnette. (Je reviendrai sur la cartographie cérébrale de Penfield au chapitre 8.) Selon l'une de ses observations les plus intéressantes, lorsqu'il stimulait le lobe temporal antérieur, zone du cortex voisine de l'amygdale, les patients déclaraient souvent éprouver des émotions.

Comme je n'avais pas l'intention de devenir chirurgien du cerveau, fouiller le cortex pour trouver les sites associés aux émotions n'était pas exactement une option pour moi. Il me fallait une méthode moins invasive pour observer ce qui se passait dans le cerveau. Plusieurs décennies allaient s'écouler avant l'apparition de la neuro-imagerie – la tomographie, l'IRM –, source de ces scans multicolores qui ravissent le public (et les neuroscientifiques). La seule solution pour moi était donc de mesurer les signaux électriques du cerveau avec des capteurs fixés sur le cuir chevelu, comme pour les électroencéphalogrammes.

On pourrait croire que les signaux électriques parcourant le cerveau n'ont pas plus de chances d'être détectés à l'extérieur du crâne que les murmures de deux cambrioleurs dans la salle des coffres ne peuvent être entendus par un garde qui patrouille à l'autre bout de la banque. Pourtant, les électrodes externes peuvent servir d'antennes et capter le bavardage électrique du cerveau. Et vous n'avez pas à découper le crâne pour cela. Un autre avantage des électrodes collées sur la tête est qu'elles offrent une excellente résolution temporelle : même si un signal électrique cérébral ne dure qu'une infime fraction de seconde (pour être précis, il peut ne durer que cinquante millisecondes, ou millièmes de secondes), l'électrode le détecte. Puisque les émotions que je voulais susciter chez mes volontaires risquaient d'être très fugaces, une bonne résolution temporelle était essentielle.

Hélas, tout comme le principe d'incertitude de Heisenberg dit que si l'on veut mesurer précisément l'emplacement d'une particule, il faut se résigner à ne pas connaître sa vitesse, dans le cas de la neuro-imagerie, si vous voulez savoir précisément *quand* s'est produit un instant fugitif d'activité cérébrale, vous devez vous résigner à ne pas savoir *où* il s'est produit. (Et si vous voulez savoir précisément *où* cette activité a eu lieu, vous devez accepter de ne pas savoir précisément *quand* elle a eu lieu.) Donc, alors que je pouvais savoir à quelques millisecondes près quand mes volontaires ressentaient une émotion, je ne pouvais savoir qu'à plusieurs centimètres près où dans le cerveau les neurones généraient cette émotion. Quelques centimètres peuvent faire la différence entre le lobe temporal et le lobe frontal. (En fait, un calcul même approximatif de l'endroit d'où part l'activité électrique requiert des techniques mathématiques sophistiquées, que les physiciens élaboraient justement à l'époque où je cherchais de nouvelles méthodes de mesure.)

Comme le labo de Gary Schwartz n'avait encore jamais utilisé de mesures de l'activité électrique du cerveau pour la recherche, il fallut beaucoup de travail préparatoire pour prouver qu'on pouvait se fier à l'électroencéphalogramme afin de déterminer la source d'une activité cérébrale spécifique. Nous présentions à vingt participants des stimuli visuels et kinesthésiques simples – des lumières clignotantes, de petites tapes sur l'avant-bras – puis nous leur demandions d'imaginer ces stimuli. Pendant ce temps, nous enregistrions leur activité électrique cérébrale grâce à des électrodes sur le cuir chevelu. Dieu merci, nos électrodes détectèrent une activité dans le cortex visuel quand les participants imaginaient la lumière s'allumant, et une activité dans le cortex somatosensoriel quand ils imaginaient qu'on leur tapotait le bras. Autrement, il aurait fallu remettre notre ouvrage sur le métier[8].

Nous étions maintenant prêts à utiliser l'électro-encéphalogramme pour l'émotion. Mais comment ? Je proposai à Gary l'expérience suivante : demander aux étudiants (on en trouve très facilement sur un campus universitaire) de se rappeler deux types de souvenir émotionnel – de détente et de colère – tandis que nous enregistrions leur rythme cardiaque et leur électro-encéphalogramme. La mesure du rythme cardiaque nous dirait s'ils mentaient sur la nature du souvenir, pensions-nous, puisque le cœur bat plus vite quand les gens se rappellent une terrible dispute avec leur père et moins vite quand ils se souviennent des canetons du jardin public. Une fois encore, la fortune nous sourit : nous pûmes faire la différence entre émotion positive et émotion négative en utilisant la mesure de l'activité électrique du cerveau enregistrée par un électroencéphalogramme. Ce fut la première étude publiée où un électroencéphalogramme avait détecté des états émotionnels internes chez des humains[9].

J'avais maintenant à mon actif plusieurs publications substantielles, dont une sur la direction du regard et l'émotion, et de nombreux articles sur les changements causés par émotion et cognition sur l'électroencéphalogramme. Mais l'univers n'était pas impressionné. Alors que mon doctorat touchait à sa fin, je n'avais reçu que très peu de propositions d'emploi. Mes intérêts interdisciplinaires étaient tout simplement trop larges pour la plupart des universités, et je n'entrais pas dans le moule alors dominant du behaviorisme ou de la psychologie cognitive. On manifestait un intérêt poli pour mon travail, en paroles, du moins, mais on finissait toujours par me dire qu'il était trop physiologique pour le programme de psychologie cognitive ou trop cognitif pour le programme de psychologie physiologique. (En 1995, j'eus ma revanche quand Harvard tenta de me recruter comme professeur. L'offre était très attrayante mais, pour toutes sortes de raisons, j'y répondis par un refus courtois.) Par chance, je reçus cependant une proposition de l'université d'État de New York, à Purchase, à une quarantaine de kilomètres au nord de Manhattan. Ce campus alors nouveau s'annonçait comme le paradis de l'interdisciplinarité. J'acceptai.

EXCÉDRINE : CASSE-TÊTE CARABINÉ

Sur le campus de Purchase, le bâtiment des sciences naturelles venait d'être achevé, et il abritait un formidable matériel électronique : portes logiques, oscillateurs et autres merveilles dernier cri qui ne demandaient qu'à être utilisées dans un labo d'électrophysiologie. Comme j'avais déjà fort à faire avec mes nouvelles responsabilités de maître de conférences, il me fallait quelqu'un pour se charger de me créer un labo. C'est ici que Cliff Saron entre en scène.

Cliff était en deuxième année de biologie à Harvard quand j'y étais doctorant. Nous nous étions rencontrés à Québec en 1973, lors d'un colloque de l'Association for Humanistic Psychology, et le semestre suivant, Cliff avait suivi le cours de psychophysiologie de Gary Schwartz, qui incluait une formation à l'art de mesurer les fonctions cérébrales avec un électroencéphalogramme. Cliff s'intéressait beaucoup aux états altérés de conscience et à la façon dont la biologie fait naître la conscience, mais c'est son don pour l'électronique qui le distinguait vraiment. Lorsqu'il était adolescent, à New York, c'était un fou du téléphone (la version seventies du hacker : Cliff savait que si l'on diffuse dans un combiné téléphonique un sifflement d'une certaine fréquence [2 600 hertz, pour ceux qui voudraient essayer chez eux], on peut déconnecter un appel et se connecter à un autre) puis, au lycée et à l'université, il avait été ingénieur du son pour la radio et le théâtre. Cela faisait de lui le candidat idéal pour installer l'équipement dont nous avions besoin en électrophysiologie, afin d'enregistrer l'activité électrique du cerveau.

Cliff suivait aussi un cours sur la psychologie de la conscience, que j'assurais avec mon collègue Daniel Goleman. Entre autres choses, ce cours se distinguait surtout parce que, dans l'un des temps de discussion, étudiants et enseignants méditaient (j'en dirai plus au chapitre 9 sur les origines de mon intérêt pour la méditation et la conscience). Dan ferait ensuite une magnifique carrière au *New York Times* en tant qu'expert en psychologie, et il serait l'auteur du best-seller *L'Intelligence émotionnelle**. Cliff avait obtenu son diplôme à Harvard à peu près au moment où je soutenais ma thèse, et il était parti pour Purchase.

Par chance, Dan, qui était alors rédacteur pour le magazine *Psychology Today*, eut pitié de moi, qui recevais si peu d'offres d'emploi et n'arrivais pas à obtenir de bourse de recherche par les voies habituelles. Il réussit à persuader l'agence chargée de la communication de l'entreprise pharmaceutique Bristol-Myers Squibb de m'accorder une bourse afin d'évaluer les publicités pour l'excédrine. La firme voulait voir si les méthodes d'enregistrement de l'activité cérébrale pouvaient les renseigner sur l'efficacité de leurs spots télévisés. Par exemple, si le visionnage de leur publicité activait les circuits cérébraux associés au dégoût, ce serait un mauvais point, et un bon point si cela activait les circuits associés au désir. (L'agence était très en avance sur son temps : la mesure de ce type de réactions du cerveau a décollé au XXIe siècle et s'appelle aujourd'hui neuromarketing.)

Avec cette bourse de 75 000 dollars, somme alors considérable, je pus embaucher Cliff pour créer mon labo, en ajoutant aux merveilles du nouveau bâtiment des sciences naturelles un moyenneur de signal (appareil qui mesure les petits changements de l'activité électrique cérébrale suscitée par des stimuli externes, visuels ou sonores), qui m'avait été offert comme cadeau d'adieu par un ami de la faculté de médecine de Harvard. Accompagné de Cliff, je pris l'avion de Boston pour New York, avec l'objet en bagage cabine. Le moyen-

---

* J'ai lu, 2014

neur était gros comme un téléviseur et, si je voulais l'introduire à bord d'un avion aujourd'hui, ses câbles, ses cadrans et ses voyants lumineux me vaudraient un sérieux interrogatoire. Cliff était un peu le McGyver du labo, et moi j'étais l'assistant maladroit qu'il faut éloigner du matériel dangereux : un jour, pendant une expérience, j'avais déclenché un incendie dans mon labo du William James Hall (personne n'avait été blessé, mais l'équipement avait été détruit, et je n'avais aucune envie que cela se reproduise).

En gros, l'agence de publicité m'avait dit : « Si vous évaluez nos spots télé, vous pourrez avoir les émissions qui passent avant et après et en faire ce que vous voudrez » (on pense en général que les pubs interrompent les émissions, mais les publicitaires semblent considérer que ce sont les émissions qui interrompent leurs annonces). Bien sûr, nous procédions aux recherches pour lesquelles nous étions payés, mais ce qui nous intéressait bien davantage, c'était l'impact du contenu émotionnel des émissions. La bande qui nous avait été fournie incluait des épisodes du *Carol Burnett Show* et un reportage sur un accident dans une mine, avec épouses angoissées et enfant fuyant le square quand une sirène signalait la catastrophe souterraine. En d'autres termes, on nous avait donné des images idéales pour susciter la bonne humeur dans le premier cas, l'anxiété et la peur dans le second. C'était une excellente occasion de déterminer si les signaux électriques cérébraux, enregistrés sur le cuir chevelu, pouvaient distinguer entre émotions positives et négatives.

Cliff munissait les volontaires de capteurs sur le front et autour des yeux (là où des muscles font plisser le front ou le regard), et d'un bonnet contenant seize électrodes. Puis nous les installions confortablement devant un téléviseur qui diffusait le show comique et le reportage sur la mine ; nous pouvions compter sur le premier pour induire une émotion positive, contentement ou amusement, et sur le second pour induire une émotion négative, peur ou colère. J'avais déjà procédé à un test sur d'autres volontaires, en leur demandant quelle émotion chaque sujet leur inspirait. Si une émission suscitait de la colère chez certains et de l'amusement chez d'autres, ou si l'émotion suscitée était faible (« Oh, je me suis peut-être un peu inquiété pour les mineurs, mais pas vraiment »), on ne la gardait pas. Seules les émissions suscitant des émotions clairement et vigoureusement positives ou négatives avaient été retenues pour l'expérience.

Pendant que les participants visionnaient les vidéos, nous surveillions les signaux électriques que les électrodes du bonnet détectaient, pour être sûrs que tout fonctionnait. L'électroencéphalogramme passait par des filtres électroniques, puis vers une machine de Rube Goldberg qui, toutes les trente secondes, crachait des chiffres indiquant la quantité moyenne d'énergie dans les ondes cérébrales qui nous intéressaient (plus forte était l'énergie ou l'amplitude de l'onde, plus l'activité cérébrale était intense). Nous saisissions à la main ces chiffres sur des cartes perforées, que nous insérions dans un ordinateur occupant la moitié de la pièce. Cliff avait aussi installé un bouton sur lequel les volontaires pouvaient appuyer – fort quand ils éprouvaient une émotion forte, doucement si l'émotion était faible. Outre les mouvements du visage, cela nous permettait de nous concentrer sur l'activité cérébrale qui accompagnait les réactions émotionnelles conscientes, claires et puissantes.

Quand les volontaires visionnaient des émissions censées induire une émotion positive et agiter les muscles du sourire, l'activité devenait intense dans certaines zones du cortex préfrontal gauche. Regarder les images produisant de fortes émotions négatives, tout en affichant une expression de peur ou de dégoût, activait la région préfrontale droite. J'étais soulagé de constater que nos résultats coïncidaient avec ceux de Gainotti, pour qui une lésion au côté gauche du cerveau entraînait des pleurs pathologiques, tandis qu'une lésion au côté droit était cause de rire pathologique. Si les gens pleurent sans raison apparente parce qu'ils ont perdu la partie du cerveau chargée des émotions positives, l'étude de Gainotti montrait que le côté gauche est la source de ces émotions – comme nous le constations avec nos volontaires, dont la région préfrontale gauche était titillée par l'émission comique de Carol Burnett. De même, si des personnes souffrant de lésion du côté droit du cerveau sont sujettes au rire pathologique, alors les travaux de Gainotti indiquaient que l'hémisphère droit est la source d'émotions négatives comme la peur et le dégoût – comme chez nos volontaires, là aussi, dont la région préfrontale droite tremblait pour les mineurs.

Les résultats de notre expérience furent les premiers à montrer que les émotions positives et négatives se caractérisent par l'activation du cortex préfrontal gauche et droit, respectivement. Mais à dire vrai, je n'étais pas très content de ce que nous avions obtenu. J'ai proposé une version courte de nos résultats comme abstract pour un colloque scientifique, mais je n'ai jamais rédigé l'article proprement dit. Je sentais que je ne disposais pas d'une méthode rigoureuse pour mesurer de façon vraiment neutre l'émotion ressentie par les participants : nous supposions que les gens trouvaient Carol Burnett amusante et craignaient pour les mineurs, mais après tout, peut-être certains de nos volontaires trouvaient-ils cette actrice exaspérante, et d'autres étaient-ils indifférents au sort des victimes de la mine. Bon, j'exagère – je n'avais aucune raison d'imaginer que les réactions puissent être aussi hors normes – mais j'estimais quand même que mon expérience n'avait pas la rigueur attendue d'un article scientifique.

UN SOURIRE RÉVÉLATEUR

J'ai donc réitéré l'expérience en mesurant l'émotion de façon bien plus fine. Dans cette étude, qui allait s'avérer fondatrice, les volontaires se présentaient à mon laboratoire de Purchase. Je leur expliquais alors que, dans le cadre d'une recherche sur le cerveau et l'émotion, nous allions leur montrer de courts films, tout en mesurant l'activité électrique de leur cerveau. J'équipais chaque participant d'un bonnet contenant seize électrodes (on en utilise aujourd'hui 256) et je les installais devant un téléviseur. Nous leur diffusions quatre films, d'une durée de deux à trois minutes – deux dont il avait été prouvé qu'ils suscitaient des émotions positives comme l'amusement ou le bonheur (des chiots jouant avec des fleurs, des gorilles prenant un bain dans un zoo) et deux autres reconnus comme déclenchant des émotions négatives telles que la peur ou le dégoût (une amputation de la jambe, une personne atteinte de brûlures au troisième degré). Pendant que les participants visionnaient ces films, je surveillais les signaux émis par leur cerveau et captés par les électrodes.

À l'insu des participants, une caméra vidéo était cachée derrière ce qui ressemblait à un haut-parleur. C'est là qu'intervient l'un de mes principaux collaborateurs. Paul Ekman était psychologue à l'université de Californie à San Francisco, et sans doute le plus éminent spécialiste des émotions à l'époque. Paul fait partie du petit groupe de mentors et de collègues qui ont le plus influencé mon évolution professionnelle. Je l'ai rencontré en 1974 : encore doctorant, je devais prononcer une brève communication lors du congrès annuel de l'International Neuropsychological Society à San Francisco. Au cours des deux années précédentes, j'avais beaucoup lu les travaux pionniers de Paul, qui prouvaient que les expressions faciales sont communes à tous les humains pour certaines émotions fondamentales. Des individus issus de cultures aussi différentes que la Nouvelle-Guinée, Bornéo, le Japon, le Brésil (Paul s'était rendu dans tous ces pays) et les États-Unis présentaient les mêmes expressions du visage lorsqu'ils ressentaient six grandes émotions : joie, tristesse, colère, peur, dégoût et surprise. (Par pure coïncidence, les dimensions du style émotionnel sont aussi au nombre de six.) Un natif de Nouvelle-Guinée peut donc reconnaître la joie sur le visage d'un Inuit, et un Kung peut reconnaître la peur, la surprise, la tristesse ou la colère sur le visage d'un habitant de Tokyo.

À partir de ces découvertes, Paul – qui se trouve être l'une des personnes les plus expressives que je connaisse sur le plan émotionnel – a élaboré un système de codification très détaillé des mouvements musculaires constituant les signes faciaux de l'émotion. Il se fonde sur la mesure de quarante-quatre mouvements indépendants, dont les diverses combinaisons décrivent toutes les expressions faciales dont l'*Homo sapiens* est capable. Pour développer sa théorie, Paul a appris lui-même à activer chacun de ces muscles indépendamment des autres (Paul est non seulement un formidable savant, mais aussi, probablement, le meilleur athlète facial au monde !). Son système est utilisé par les agences de renseignements, les forces de l'ordre et d'autres organismes qui ont besoin de lire les émotions sur les visages, souvent pour des questions de vie ou de mort. Le travail de Paul s'est répandu dans la culture populaire lorsque a été lancé en janvier 2009 l'émission *Lie to Me* sur Fox Television, inspirée par ses recherches, et pour laquelle il était consultant.

Lors de notre rencontre à San Francisco, nous avons passé des heures à parler des émotions, de la possibilité de les étudier grâce à la neuroscience, et de l'état de la psychologie en général. Au début des années 1980, nous avons commencé à collaborer, avec l'expérience gorilles/amputation. Chaque participant, donc, était filmé à son insu, la caméra se concentrant sur le visage, tandis que l'activité électrique cérébrale était enregistrée grâce à des capteurs fixés sur le cuir chevelu. Paul codait le comportement facial des participants, en notant précisément quand différents signes d'émotion apparaissaient et quand ils s'estompaient. Ces expressions indiquaient quand un volontaire ressentait un pic d'émotion. Ensuite, d'après l'horodatage de l'électroencéphalogramme, nous déterminions quels signaux électriques correspondaient à quel exemple de comportement facial. Nous avons ainsi pu établir les corrélats neuronaux de la joie, de la peur et du dégoût, émotions primaires suscitées par ces vidéos.

L'expérience avait plutôt mal démarré. L'une des premières choses que nous regardions, puisque les chiots et les gorilles déclenchaient des sourires de manière fiable, était l'activité électrique accompagnant tous ces sourires. À ma grande consternation, l'activité électrique du cerveau durant les quelques secondes que dure un sourire ne différait pas tant que ça de l'activité basique, observée quand les participants regardaient un schéma de test ne provoquant aucune émotion. Comment l'activité cérébrale associée au bonheur, à l'amusement, à la joie ou à quelque autre émotion ressentie par les participants souriants se distinguait-elle de l'activité cérébrale n'accompagnant rien ? Je crus d'abord que notre méthode d'enregistrement sur le cuir chevelu était trop grossière. Ou que nos aînés cyniques, qui se méfiaient de notre approche, avaient raison ; peut-être était-il illusoire de vouloir scruter la machinerie émotionnelle du cerveau en plantant des électrodes dans le crâne des gens.

C'est alors que je me suis rappelé les recherches de Guillaume Benjamin Armand Duchenne de Boulogne, un anatomiste français du XIXe siècle. Duchenne avait remarqué que, dans un sourire de vrai bonheur, les muscles des yeux bougent, et pas seulement ceux de la bouche et des joues. Il en résulte un plissement au coin des yeux. (La prochaine fois que vous bavardez avec quelqu'un, prêtez une attention particulière à cet endroit. S'il ne se plisse pas quand la personne sourit, ce n'est pas un vrai sourire de joie mais un sourire social. Le plissement signifie que la personne est véritablement heureuse, joyeuse ou amusée, et ne simule pas. Ou, comme Duchenne le dit dans son chef-d'œuvre de 1862, *Mécanisme de la physionomie humaine*, « le muscle qui produit ce relief de la paupière inférieure n'obéit pas à la volonté ; il n'est mis en jeu que par une affection vraie ».)

Paul codait les sourires uniquement sur la base de l'activation des muscles de la joue (zygomatiques) qui tirent les coins des lèvres vers les oreilles. L'activité cérébrale qui accompagnait ces mouvements était très hétérogène. Chez certains participants, il y avait des pics d'activité dans la région préfrontale gauche lors d'authentiques sourires, mais chez d'autres, aucun modèle clair n'émergeait.

Comme Duchenne l'avait découvert, c'est dans les yeux et non dans les joues ou la bouche que s'expriment les véritables signes de la joie. Il fallut donc repasser les vidéos. Cette fois, Paul coda les sourires en s'appuyant sur les muscles des yeux en plus des zygomatiques, combinaison qui déboucha sur ce que nous devions appeler par la suite « le sourire Duchenne ». Gagné ! Les données se mirent à s'organiser et à faire sens. En comparant les expressions faciales et l'activité de l'électroencéphalogramme, nous avons vu que les participants affichant un sourire Duchenne avaient en parallèle une plus forte activation préfrontale gauche que ceux affichant des sourires non Duchenne ou ceux qui ne manifestaient aucune expression faciale particulière. Dans une étude de suivi, nous demandions aux participants de sourire (au lieu de nous fier pour cela à des films) en utilisant soit les seuls muscles des joues, soit ceux des joues et ceux des yeux. C'est seulement quand les deux groupes de muscles étaient mis en mouvement que l'on constatait une plus grande activation du côté gauche du cerveau[10]. Cette découverte confirme l'idée répandue selon laquelle si vous faites volontairement un sourire authentique, vous vous sentirez plus heureux. Nous avions maintenant des données pour le prouver.

Je me rappelle très bien l'enthousiasme ressenti quand j'ai vu les corrélats cérébraux des émotions positives et négatives. Le fait que l'activité se produise non pas dans le tronc cérébral et le système limbique – régions primitives qui ne jouent aucun rôle dans la cognition – mais dans le fameux cortex préfrontal m'indiquait que nous allions faire des vagues dans la communauté scientifique. Dans sa réflexion limitée sur le lien entre cerveau et émotions, la psychologie avait mis sur le devant de la scène l'hypothalamus et d'autres parties du système limbique (souvenez-vous de ces expériences où l'on anéantissait l'hypothalamus d'un rat, perturbant ainsi les émotions de l'animal). Et voilà que nous mettions le doigt sur le cortex préfrontal. Cette région était considérée comme le siège de la raison humaine, le lieu de la prévoyance, de la sagesse, de la rationalité et d'autres fonctions cognitives qui nous distinguent des animaux « inférieurs ». Nous, nous soutenions qu'elle dirigeait aussi nos émotions, et que la barricade dressée par la psychologie entre raison et émotion n'avait aucun fondement réel.

LA VÉRITÉ SORT DU CERVEAU DES ENFANTS

Je me demandai aussitôt si cette latéralité – le fait que la région préfrontale droite soutient les émotions négatives alors que la gauche soutient les émotions positives – se développait au fil des années ou si elle était présente dès le début de la vie. Pour l'apprendre, il faudrait étudier des enfants aussi jeunes que possible. Le hasard fit qu'en 1978, à Harvard, je croisai un ancien camarade de classe, Nathan Fox. Nathan avait fait son doctorat sous la direction de Jerome Kagan, l'un des plus éminents spécialistes de psychologie du développement, et il venait de s'installer à New York pour travailler au Roosevelt Hospital. Après avoir bavardé un peu, nous nous quittâmes avec l'intention de nous revoir à notre retour à New York. Nathan s'intéressait au tempérament des enfants et au développement de l'émotion, mais il n'avait jamais mené de recherche neurologique et il n'effectuait pas de mesures dans le cerveau, sous aucune forme que ce soit. De mon côté, je n'avais jamais travaillé sur les enfants. C'est alors que débuta notre collaboration.

Pour recruter dix bébés de dix mois, âge auquel ils savent reconnaître les visages, nous avons publié dans la presse new-yorkaise une annonce évoquant une étude sur la « psychophysiologie du développement émotionnel ». Je ne me fiais pas aux extraits de film pour susciter chez ces enfants les émotions souhaitées (il faut une sensibilité comique un peu plus développée pour trouver amusants des gorilles qui barbotent), et je décidai d'opter pour quelque chose de plus basique : la vidéo d'une actrice qui rit ou qui pleure. Comme dans mon étude initiale sur la latéralité des émotions, j'équipai chaque bébé d'un minuscule bonnet, contenant huit électrodes au lieu de seize. Après avoir expliqué à la mère que nous nous intéressions aux changements qui surviennent dans le cerveau en relation avec les émotions, je lui demandais de se mettre à l'aise devant le téléviseur et de tenir calmement le bébé sur ses genoux. Puis je diffusais la vidéo.

On pourrait croire qu'il est difficile de susciter une émotion particulière chez un bébé de dix mois ; les jeunes parents sont souvent eux-mêmes étonnés par ce qui fait rire ou pleurer leur enfant. Mais sur deux points importants, les bébés sont en réalité de meilleurs sujets d'expérience que les adultes. D'abord, ils sont très expressifs sur le plan émotionnel : ils gloussent, pleurent, se reculent sous l'effet de la peur ou du dégoût avec tant d'énergie qu'il n'y a aucun doute sur ce qu'ils ressentent. Par ailleurs, les bébés sont délicieusement ignorants des contraintes sociales. Un adulte pourrait tenter d'étouffer un éclat de rire s'il pense que l'humour d'une vidéo est un peu bête (bien qu'hilarant) et censurer une grimace dégoûtée s'il pense que cette manifestation est incorrecte. Les bébés, eux, ne cachent rien de leurs émotions.

Et ils ne nous ont pas déçus. Quand ils voyaient l'actrice rire, ils souriaient – et la région frontale gauche de leur cerveau crépitait d'activité électrique. Quand ils voyaient l'actrice pleurer, nous avions aussitôt des bébés tristes sur les bras (certains criaient même, suscitant la consternation des mères), et l'activité de leur région préfrontale droite grimpait en flèche. Il semblait évident que le modèle d'activité gauche-droite sous-tendant les réactions positives et négatives était présent dès le plus jeune âge. Notre étude fut publiée dans *Science*, et c'est ainsi que fut lancée la neuroscience affective, l'étude des fondements cérébraux de l'émotion[11].

Après avoir repéré ce fonctionnement chez les bébés de dix mois (gauche = émotions positives, droite = émotions négatives), nous nous sommes demandé s'il existait dès la naissance ou s'il se développait au cours des premiers mois. Pour résoudre ce mystère, il nous fallait tester des nouveau-nés. Par chance, le labo de Nathan au Roosevelt Hospital était à quelques pas des salles de travail et d'accouchement. Nous arpentions donc les couloirs pour attaquer les jeunes parents (poliment : je m'approchais d'un père qui venait rendre visite, ou d'une mère qui se dégourdissait les jambes et je demandais s'ils seraient prêts à participer à notre étude). À ma grande surprise, nous n'eûmes aucun mal à convaincre trente-trois familles.

Impossible de diffuser des vidéos à des nouveau-nés ; ni leurs yeux ni leur attention n'y étaient adaptés. Il fallait autre chose qui puisse provoquer une réponse émotionnelle clairement positive ou négative. C'est là que je me suis souvenu de Darwin. Dans son livre *L'Expression des émotions chez l'homme et les animaux*, il postule que le sens du dégoût a pour origine le rejet des substances désagréables dans la bouche. J'avais trouvé : nous devions utiliser le goût ! Quand un bébé venait d'être nourri à la pouponnière (c'était du temps où les nouveau-nés étaient réunis dans une pièce, derrière de grandes vitres) et qu'il était calme mais alerte, nous le prenions pour l'emporter dans le labo de Nathan. Nous lui mettions un bonnet à électrodes et nous placions sur sa petite langue quelques gouttes d'eau distillée, puis d'eau sucrée, et enfin de citron.

Les résultats étaient presque comiques. L'eau simple ne suscitait guère de réaction, mais l'eau sucrée faisait s'illuminer le visage des bébés et suscitait ce qui était peut-être leur tout premier sourire. Le jus de citron les faisait grimacer, ils plissaient les yeux et les commissures de leurs lèvres se baissaient. Et, à notre grande satisfaction, l'électroencéphalogramme coïncidait : une plus grande activation préfrontale à gauche en réponse à l'eau sucrée, et à droite en réponse au jus de citron. Même si le cortex préfrontal est encore très immature à la naissance, il montre d'emblée des différences fonctionnelles associées aux émotions positives et négatives[12].

On pourrait se demander si ces différents niveaux d'activité cérébrale – entre préfrontal droit et gauche chez une même personne, ou dans l'activité du préfrontal entre deux personnes différentes – correspondent au monde réel des comportements. Bonne question. En psychologie, chaque fois qu'on procède à une expérience en laboratoire, on redoute que la situation soit si artificielle qu'elle soit coupée de la réalité. On craint aussi que les volontaires comprennent ce qu'on cherche à mesurer et tentent de manipuler les résultats. Par exemple, s'ils croient que vous voulez identifier quels aspects de la personnalité influencent l'altruisme, ils peuvent se mettre à jouer les Mère Teresa. Ou bien ils vous mentent. Ils se disent inspirés quand vous leur montrez une vidéo du discours de Martin Luther King « I have a dream », et donc vous rattachez leur activité cérébrale au sentiment d'inspiration, alors qu'en fait ils ont trouvé ce film ennuyeux. À votre insu, ils ont découvert le corrélat neuronal de l'ennui et le font passer pour le corrélat neuronal de l'inspiration.

Heureusement, il y a les bébés ! Ils ne peuvent pas deviner le but de votre expérience et ils sont bien trop innocents pour mentir sur ce qu'ils ressentent. J'ai évoqué notre première étude sur des bébés, où nous avions relevé, Nathan Fox et moi-même, une forte activité préfrontale gauche quand ils voyaient une actrice sourire, et une forte activité préfrontale droite quand l'actrice pleurait. Il m'a semblé que les enfants étaient réellement heureux ou tristes. Mais, bien sûr, ils ne pouvaient pas nous le dire. Pour être sûr de ne pas me tromper, j'ai décidé d'examiner le *comportement* des bébés.

Comme je l'expliquerai bientôt, j'étais alors à l'université du Wisconsin à Madison, et ma recherche entrait dans une nouvelle phase. Au lieu de me concentrer sur les modèles généraux d'activité cérébrale accompagnant les émotions, je voulais désormais évaluer le fondement neuronal des différences individuelles. Jusqu'alors, j'avais recherché des modèles s'appliquant à tout le monde. Mais, comme je l'ai dit dans le premier chapitre, les gens sont très différents dans leur manière d'éprouver et d'exprimer les émotions.

Pour recruter des enfants de dix mois, nous avons eu recours à une liste des bébés nés dans la région, établie d'après les annonces publiées dans les journaux. Les sujets venaient à mon labo un par un, et après avoir tout expliqué à la mère, je posais le bonnet habituel sur le crâne de l'enfant et je mesurais son activité cérébrale de base. Puis je demandais à la mère d'asseoir son bébé sur une chaise haute et de prendre place à côté de lui. Je disais alors à la mère qu'au bout d'une dizaine de minutes, j'émettrais un signe (un éclair lumineux) qu'elle serait la seule à voir, pour lui indiquer qu'elle devait sortir de la pièce. C'est là que nous commencions à filmer le bébé abandonné. Je voulais voir si la mesure basique de l'activité cérébrale permettrait de prévoir la réaction de l'enfant à cette séparation.

Par chance pour nous, les bébés n'étaient pas franchement originaux dans leur réaction au départ de leur mère : soit ils se mettaient à geindre presque aussitôt, soit ils semblaient très curieux et regardaient autour d'eux sans manifester de détresse. La mesure de l'activité cérébrale de base laissait parfaitement prévoir ces réactions[13]. Les enfants inquiets, qui pleuraient, avait un niveau d'activité préfrontale droite plus élevé que ceux qui acceptaient cet abandon. Je fus ainsi convaincu que la mesure de l'activité cérébrale de base reflétait quelque chose d'assez réel pour se traduire par des différences comportementales.

UN CERVEAU DÉPRIMÉ

Vous vous souvenez peut-être de Gainotti et de ses patients ayant subi des lésions dans leur zone préfrontale gauche, qui souffraient de pleurs pathologiques et d'autres symptômes classiques de dépression. Il en découlait une question évidente : les patients atteints de dépression manifestent-ils une moindre activité du cortex préfrontal gauche ? Pour le savoir, j'ai mené ma première étude de ce qui allait être une longue série d'expériences sur la dépression et le cerveau. Quand j'étais encore à Purchase, au début des années 1980, j'ai recruté six personnes déprimées et neuf volontaires en parfaite santé pour une petite étude pilote. J'ai décidé d'enregistrer leur activité cérébrale basique (c'est-à-dire en l'absence de tout stimulus), à un moment où l'on ne demandait rien de particulier aux volontaires : pas de film à regarder, ils devaient simplement « se reposer », les yeux ouverts à certains moments, fermés à d'autres. Les personnes atteintes de symptômes dépressifs avaient une activation de la région frontale gauche bien moindre, comparées aux participants non dépressifs[14].

Une étude portant sur seulement quinze personnes a de quoi susciter la méfiance et, si les résultats surgissaient de nulle part sans faire sens sur le plan physiologique (par exemple, si l'on prétendait que les personnes dépressives ont une très faible activité du cortex visuel), ce scepticisme serait tout à fait justifié. Pourtant, malgré ses limites, cette étude était importante pour plusieurs raisons. D'abord, elle confirmait chez les personnes anatomiquement saines (sans lésions au cerveau) les découvertes faites sur des patients au cerveau endommagé (les patients de Gainotti) : à chaque fois, un faible niveau d'activité dans la région frontale gauche du cerveau était associé à la dépression ou aux pleurs pathologiques. Ensuite, elle suggérait que la région préfrontale gauche apporte quelque chose de spécifique à notre vie émotionnelle : l'émotion positive et la capacité d'avoir en tête un but désiré et de concevoir un plan d'action pour y parvenir. L'absence de ces deux composants est un symptôme notoire de la dépression. Beaucoup de patients signalent que l'absence de joie est encore plus douloureuse que la présence de tristesse, et l'incapacité de se donner des objectifs à atteindre compte parmi les manifestations les plus paralysantes de la maladie.

Récapitulons. Premièrement, quand des adultes sains ressentent des émotions positives ou négatives, le côté gauche ou droit, respectivement, de leur cortex préfrontal s'active. Deuxièmement, la même chose se produit chez les bébés. Troisièmement, les patients déprimés souffrent d'une baisse d'activité dans le cortex préfrontal gauche ou d'une hausse d'activité dans le préfrontal droit, ou des deux à la fois.

Ces résultats m'ont poussé à me demander si ces arbres ne cachaient pas une forêt. En particulier, je me demandais si ce que nous avions identifié dans le cortex préfrontal pouvait être les corrélats neuronaux d'émotions liées à l'approche et à l'évitement chez les humains. « Approche » et « évitement » semblent des termes banals, mais on peut avancer que toute émotion se range, au moins en partie, dans l'une ou l'autre de ces deux catégories. (En fait, c'est exactement ce qu'affirme T. C. Schneirla, grand spécialiste de psychologie comparée, que Jerry Kagan m'a présenté : s'approcher ou éviter est la décision psychologique fondamentale que prend un organisme en relation avec son environnement[15].) Pour revenir à notre exemple, les émotions positives dans lesquelles domine la démarche d'« approche », comme lorsqu'on attend que l'être cher sorte de l'avion pour courir l'embrasser, comme nous pouvions le faire avant le 11-Septembre et le renforcement des normes de sécurité, seraient associées à l'activation de la région préfrontale gauche. L'évitement, comme lorsque vous vous détournez d'un horrible accident ou lorsque vous tremblez en entendant les pas d'un intrus chez vous, serait associé à l'activation du préfrontal droit.

Pourquoi l'évolution aurait-elle séparé les fonctions d'approche et d'évitement dans des hémisphères différents ? Il s'agissait peut-être de limiter la concurrence ou la confusion entre les deux. Quand nous devons éviter un stimulus nuisible ou menaçant, par exemple une avalanche ou un ours, il est important que rien ne nous empêche de fuir. L'évolution aurait ainsi éloigné le comportement concurrent – l'approche – bien loin, de l'autre côté du cerveau, où il n'y a pratiquement aucune chance qu'il soit activé par erreur.

TOUS DIFFÉRENTS

Vous avez peut-être remarqué que, dans plusieurs des études qui m'ont lancé dans ma quête sur les bases cérébrales de l'émotion – des adultes sains qui imaginent une scène émotionnellement positive ou négative, des bébés qui regardent une actrice sourire ou pleurer, des nouveau-nés qui goûtent le sucré et l'acide –, je comparais deux états émotionnels ou davantage et que j'étudiais les différences neuronales les séparant. La première de ces expériences fut publiée en 1976. Mais c'est seulement en 1989, en réexaminant les données brutes de ces études pour écrire le chapitre d'un livre, que j'ai pris conscience d'être passé à côté d'un point très important[16]. Il y a toutes sortes de manières d'analyser des données, et pour le chapitre que je rédigeais, j'avais décidé de tracer un tableau montrant les différences d'activité cérébrale quand mes volontaires sains visionnaient des vidéos suscitant des émotions positives ou négatives. La première fois, je m'étais concentré sur le fait que, face à des images effrayantes ou dégoûtantes, l'activité du cortex préfrontal était plus grande à droite qu'à gauche, et que face à des images amusantes ou réconfortantes, l'activité était plus forte à gauche qu'à droite. Telle était la réponse moyenne pour plus de cent participants testés au cours des différentes études.

Imaginez à présent la réaction du participant à une vidéo amusante représentée par quelques points : un point tout en haut du graphique indiquant l'activité dans le préfrontal gauche et un point tout en bas pour une très faible activité dans le préfrontal droit. Maintenant, imaginez une ligne reliant ces deux points. J'avais tracé ce genre de lignes, de différentes couleurs, pour chacun des participants. Initialement, c'est l'écart entre le point du haut et celui du bas qui avait retenu mon attention, mais j'ai alors remarqué autre chose. Les points du haut ne se situaient pas tous à la même hauteur. Le niveau d'activité du cortex préfrontal gauche de telle personne face à une vidéo hilarante était bien plus élevé que celui de telle autre, face aux mêmes images.

Par ailleurs, le niveau d'activité du cortex préfrontal droit devant une vidéo dégoûtante était bien plus bas chez telle personne que chez telle autre. Face à une vidéo amusante, l'activité du cerveau gauche pouvait être de 30 % plus élevée que celle du cerveau droit (de la même personne), mais la différence *entre individus* pouvait aller jusqu'à 3 000 %. Certains participants étaient si heureux qu'ils sortaient du graphique, si nous définissons le bonheur en fonction de l'activité de la région préfrontale gauche.

3

QUEL EST VOTRE STYLE ÉMOTIONNEL ?

Dans l'introduction, j'ai présenté dans leurs grandes lignes les six éléments, ou dimensions, qui constituent le style émotionnel. Quand je vous ai demandé si vous êtes le genre de personne qui oublie rapidement une petite dispute avec son conjoint, qui comprend son état émotionnel, qui peut maintenir son attention concentrée, et ainsi de suite, j'imagine que vous avez tenté de vous positionner sur le spectre de chacune des dimensions du style émotionnel. Je souhaite maintenant me montrer plus méthodique, expliquer chaque dimension plus en profondeur et vous offrir le moyen d'évaluer votre propre style émotionnel. Pour certaines dimensions, il suffit d'être perspicace et honnête quant à votre comportement et à vos sentiments. D'autres ne se prêtent pas aussi aisément à l'auto-évaluation, mais plutôt que de vous envoyer dans un labo de psychologie et dans un centre de neuro-imagerie, je vous proposerai quelques solutions permettant de déterminer où vous vous situez dans ces dimensions plus difficiles à cerner. Cette même méthode peut vous servir à situer vos proches sur le spectre de ces dimensions ; mieux vous connaissez quelqu'un, plus votre évaluation a des chances d'être exacte. De même, après avoir répondu à chaque questionnaire sur vous-même, demandez à un proche comment il aurait répondu à votre sujet. Cela peut vous servir d'examen objectif : si quelqu'un qui vous connaît très bien formule des réponses très différentes (j'anticipe un peu) sur le temps pendant lequel vous restez déprimé après une querelle, par exemple, cela indique que vous n'avez peut-être pas répondu correctement ou sincèrement. Chaque fois, je commencerai par des questions ou l'évocation de situations de la vie quotidienne, pour vous donner à réfléchir.

RÉSILIENCE

Quand vous vous disputez avec un ami, cela plombe le reste de votre journée ? Quand vous apprenez, en arrivant à l'aéroport, que votre vol a été annulé, vous accablez l'hôtesse de noms d'oiseaux, vous êtes cassant avec votre conjoint, vous avez l'impression qu'il vous arrive toujours la même chose, et vous êtes incapable de reprendre votre calme avant plusieurs heures ? Quand un distributeur avale votre argent sans vous donner votre paquet de chips, vous martelez de coups de poing cette stupide machine, vous passez le reste de la journée à grommeler, et vous donnez discrètement un coup de pied au distributeur chaque fois que vous passez devant ? Quand un de vos proches meurt, vous ne ressentez pas seulement une tristesse normale, mais aussi un désespoir profond et prolongé, si paralysant qu'il faut plusieurs mois ou plusieurs années pour que vous retrouviez votre état normal ? Si vous vous reconnaissez dans l'une de ces propositions (ou dans toutes), vous êtes, en matière de Résilience, lent à récupérer. Cette partie du continuum est marquée par une difficulté à oublier la colère, la tristesse ou toute autre émotion négative après une perte, une contrariété, un échec ou autre événement bouleversant.

À l'inverse, vous parvenez en général à surmonter les revers, vous allez de l'avant quand il vous arrive quelque chose de désagréable ? Quand vous vous querellez avec votre conjoint avant de partir au travail, êtes-vous capable d'oublier cette dispute avec la certitude que tout s'arrangera ? Dans ce cas, vous êtes rapide à récupérer, ou résilient.

Chacun de ces extrêmes a ses inconvénients. Une personne extrêmement résiliente peut manquer de motivation pour relever les défis, et accepter n'importe quel échec en haussant les épaules, parce que « dans la vie faut pas s'en faire ». Au contraire, si vous êtes lent à récupérer, cela peut vous empêcher de passer à autre chose après un revers : vous continuez à vous énerver, vous êtes obsédé par ce qui appartient désormais au passé.

Pour chacun des exemples ci-dessus – des désagréments mineurs comme celui du distributeur jusqu'aux pertes graves comme la mort d'un conjoint –, il existe ce qu'on appelle un temps de récupération standard, soit la durée moyenne qu'il faut pour s'en remettre. Revenir à votre état émotionnel de base après un décès prend évidemment plus longtemps que retrouver l'équilibre émotionnel après qu'une machine a refusé de vous fournir un paquet de chips. Mais que l'adversité prenne une forme sérieuse ou dérisoire, il existe d'importantes différences dans la façon dont les gens récupèrent. Fait curieux, peut-être, nous ne sommes pas nécessairement conscients de la vitesse à laquelle nous rebondissons, même si les contrecoups d'un revers affectent notre humeur et notre niveau de stress. Après une dispute matinale avec un collègue, vous risquez d'être irritable toute la journée, sans vous rendre compte que cela est dû à votre lenteur à récupérer. (Cette capacité d'introspection, qui vous permet de comprendre vos propres émotions, est un aspect de la dimension Conscience de soi du style émotionnel, décrite plus bas.)

La vitesse à laquelle nous surmontons les revers infligés par la vie est en partie automatique. Quand vous êtes inondé d'émotions négatives, votre cerveau et votre corps activent aussitôt des mécanismes pour atténuer l'émotion et vous faire revenir à votre humeur de base. C'est également le cas avec les émotions positives : si le distributeur vous donne deux paquets de chips au lieu d'un, le petit frisson de plaisir finit par se dissiper. En fait, ce temps de récupération peut être mesuré en laboratoire. Une expérience classique consiste à montrer à des volontaires des images face auxquelles la plupart des gens ressentent de la tristesse, du dégoût, ou une autre émotion négative (une veuve et de jeunes enfants en larmes lors d'un enterrement, un blessé dans un horrible accident de voiture). Ou bien nous administrons un stimulus physiquement douloureux, par le biais d'une thermode, sorte de baguette remplie d'eau très chaude qui, en touchant la peau, produit la sensation d'une assiette brûlante mais sans causer aucun dommage.

Nous examinons ensuite ce qui se passe durant ce qui devrait être une « période de récupération », quand se dissipe le sentiment négatif ou la sensation de brûlure. Par exemple, nous mesurons le réflexe de clignement. C'est une version plus douce du réflexe de sursaut, causé par l'audition soudaine d'un bruit violent, comme un moteur qui pétarade ou un coup de feu. Avec un stimulus moins brutal – nous utilisons un « bruit blanc », comme l'électricité statique à la radio –, la plupart des gens se contentent de cligner de l'œil involontairement. En mesurant (avec des électrodes) la force de contraction du muscle qui produit le clignement, nous pouvons quantifier le réflexe. Le réflexe de clignement est lié à la récupération après un revers émotionnel : quand vous ressentez une émotion négative, comme le dégoût face à un corps broyé dans un accident de voiture, puis que vous entendez un bruit inattendu, le clignement devient plus fort[1].

Nous pouvons utiliser ce phénomène pour détecter ce qui se passe après qu'une personne a regardé des images déplaisantes[2]. En faisant entendre le bruit soudain dans les secondes qui suivent, puis à nouveau trente secondes après, et enfin une minute plus tard, et en mesurant chaque fois le réflexe de clignement, nous pouvons déceler à quelle vitesse la personne récupère après une émotion négative, en déterminant quand la force du réflexe revient à ce qu'elle était avant l'exposition aux images troublantes. Plus rapide est la récupération, plus la personne est résiliente face à l'adversité. Il s'avère que l'échelle temporelle très courte de l'expérience en laboratoire est proportionnelle à l'échelle beaucoup plus longue des événements réels : même si nous mesurons la période de récupération en secondes, cela peut se traduire en périodes équivalentes dans la vraie vie, qui durent des minutes, des heures ou davantage.

Je ne vous recommande pas de tenter l'expérience chez vous ; d'abord, l'équipement utilisé pour mesurer la force des muscles contractant l'œil ne s'achète pas à la quincaillerie du coin. Mais si vous voulez vous faire une idée de votre Résilience, le mieux est encore de vous poser les questions suivantes. Répondez à chacune par « vrai » ou « faux ». Si vous êtes tenté de réfléchir longtemps sur une question, ou si vous pensez qu'il y a trop de nuances et d'exceptions, résistez. C'est en jugeant très vite si une affirmation est vraie ou fausse pour vous que vous obtiendrez les résultats les plus justes. Si vous ne voulez pas écrire sur ce livre (ou si vous le lisez sous forme d'e-book, ou encore si vous en écoutez la version audio), attrapez un bout de papier, notez « Résilience » en haut, et inscrivez les chiffres de 1 à 10 sur le côté. Répondez « vrai » ou « faux » à chaque question. Je vous dirai comment faire le calcul de vos réponses à la fin du questionnaire. Vous pourrez faire de même pour chacun des cinq autres questionnaires.

1. Si j'ai un petit désaccord avec un ami ou avec mon conjoint (du genre : « Non, c'est à *toi* de faire la vaisselle » et pas « Tu m'as trompé(e) ?! »), je reste

en général sur les nerfs pendant des heures, voire davantage.

2. Si un automobiliste roule sur le talus pour doubler tous les autres dans une file d'attente, je hausse les épaules au lieu de m'énerver durablement.

3. Quand je ressens un profond chagrin, comme lors de la mort d'un proche, cela perturbe mon fonctionnement pendant plusieurs mois.

4. Si je commets une erreur au travail et qu'on m'en fait reproche, je suis capable de passer outre et d'y voir une occasion de progresser.

5. Si j'essaye un nouveau restaurant où le repas est infect et le service détestable, cela gâche toute ma soirée.

6. Après avoir été coincé(e) dans un embouteillage causé par un accident, j'accélère pour évacuer mon agacement dès que je peux enfin m'échapper, mais je continue à bouillonner intérieurement.

7. Si mon chauffe-eau tombe en panne, cela n'a pas grand effet sur mon humeur, car je sais qu'il suffit d'appeler un plombier pour le faire réparer.

8. Si je rencontre un homme/une femme formidable avec qui j'ai très envie de sortir, une réponse négative me met en général de mauvaise humeur pendant plusieurs heures, ou même plusieurs jours.

9. Si l'on pense à moi pour une promotion ou une importante récompense professionnelle, finalement accordée à quelqu'un qui me semble moins qualifié, je rebondis en général assez vite.

10. Lors d'une soirée, au cours d'une conversation avec un(e) passionnant(e) inconnu(e), si je garde le silence lorsqu'il/elle m'interroge à mon sujet, j'ai tendance à me rejouer mentalement tout l'entretien – en imaginant cette fois ce que *j'aurais dû* dire – pendant des heures et des heures, et même des jours entiers.

Comme vous l'avez peut-être remarqué, les questions couvrent une large gamme d'incidents, allant du trivial (la question 5, par exemple) au profond (la question 3). C'est volontaire. Mes recherches m'ont toujours prouvé que la récupération après les défis mineurs infligés pendant une expérience, comme la brûlure de la thermode ou l'apparition d'une image dérangeante, est directement liée à la manière de réagir à l'adversité de la vie en général, et en particulier à la vitesse de récupération. La Résilience face aux petites choses est donc un bon indicateur de la Résilience face aux grandes choses. S'il est vrai que certaines personnes aiment ressasser des échecs mineurs mais se montrent à la hauteur en cas de véritable urgence, leur Résilience a tout de même des chances d'être la même dans toutes les situations : s'ils surmontent rapidement les petits revers, ils se montrent résilients face aux grands, et s'ils se laissent paralyser ou obséder par les petites choses, ils ont tendance à rester longtemps terrassés par les grandes choses.

Pour les questions 1, 3, 5, 6, 8 et 10, comptez un point chaque fois que vous avez répondu « vrai », zéro point si vous avez répondu « faux ». Pour les questions 2, 4, 7 et 9, comptez un point chaque fois que vous avez répondu « faux » et zéro point si vous avez répondu « vrai ». Tout score supérieur à sept points indique que vous êtes *lent à récupérer*. Si vous avez fait moins de trois points, vous êtes *rapide à récupérer* et donc tout à fait résilient.

Pour mieux comprendre vos proches, vous pouvez tout à fait vous poser à leur sujet les questions ci-dessus. De même, vous pouvez proposer à quelqu'un qui vous connaît bien de répondre à ces questions à votre propos. Parfois, les autres nous voient plus clairement que nous ne nous voyons nous-mêmes. Lorsqu'on vous demande si un échec mineur est susceptible de vous tracasser toute une journée, vous pouvez répondre par un « non » franc et massif alors que votre conjoint ne partage peut-être pas votre avis.

PERSPECTIVE

Nous connaissons tous des gens comme ça. Unetelle est capable d'entrer dans une pièce où elle ne connaît personne et de se lier avec de parfaits inconnus. Untel ne laisse jamais le moindre nuage émotionnel obscurcir sa foi en un avenir radieux. Unetelle conserve toute son énergie et son entrain, même dans les circonstances les plus difficiles. Loin d'y voir une corvée, untel se réjouit de toutes ses obligations mondaines. Unetelle éprouve un sentiment d'interconnexion avec son entourage, social et familial. Untel tire un plaisir sincère d'une vie qui, objectivement, pourrait être une source de malheur et d'inquiétude. C'est le genre de personne qui voit toujours le bon côté des choses, et que nous avons parfois envie de secouer en hurlant : « Mais vous ne vous rendez pas compte de l'enfer que nous vivons ? » Bien sûr que non ; car le fonctionnement de leur cerveau leur fait voir partout ce qu'il y a de positif… et les empêche de voir les signaux d'alarme dans leur vie personnelle ou professionnelle. Ces gens-là habitent l'extrémité positive, optimiste, de la dimension Perspective. Ils ont l'art étrange de *conserver* leurs émotions positives. Cette « conservation » est la caractéristique-clef de cette dimension : elle ne mesure pas votre capacité à éprouver de la joie, mais à entretenir ce sentiment.

À l'autre bout du spectre se trouvent ceux pour qui la joie tend à fondre aussi vite que neige au soleil. Ce sont les cyniques et les pessimistes, qui ne peuvent faire durer l'instant initial de bonheur ou de fierté que leur inspire une rencontre ou une réussite. Parfois, cette incapacité à entretenir une émotion positive est si extrême qu'ils ne parviennent même pas à la ressentir. Les personnes situées au pôle négatif extrême de cette dimension ont donc du mal à éprouver du plaisir, si bref soit-il, et risquent l'addiction ou la dépression clinique. On peut les décrire comme des personnalités moroses, négatives.

La capacité à garder le moral et à conserver une émotion positive dans le temps est la principale mesure de la dimension Perspective de votre style émotionnel. On peut y voir un complément de la Résilience, qui reflète à quelle vitesse vous surmontez l'adversité. La Perspective décrit combien de temps vous parvenez à préserver les émotions positives, soit après qu'il vous est arrivé quelque chose de bien, soit quand vous pratiquez délibérément la réflexion émotionnellement positive, en pensant à quelqu'un que vous aimez, par exemple. La durabilité des sentiments positifs tend à influencer fortement la façon générale dont vous envisagez les choses, votre perspective d'ensemble (d'où le nom de cette dimension). Une personne dont l'humeur positive se prolonge a tendance à être optimiste, alors que celle dont les moments de joie ne se mesurent qu'en microsecondes est chroniquement abattue et pessimiste.

Au labo, nous mesurons la Perspective en observant combien de temps le circuit cérébral sous-tendant l'émotion positive reste actif lorsqu'on présente aux gens des images allumant ce circuit (une mère radieuse étreignant son bébé, un bon Samaritain qui rend service à une personne en détresse). Nous mesurons aussi combien de temps les muscles faciaux associés au sourire sont activés en réponse à ce genre de stimulus. Chez les individus situés à l'extrémité positive, les circuits cérébraux associés aux émotions positives restent actifs bien plus longtemps que chez ceux qui occupent l'extrémité négative ; leurs muscles du sourire restent également activés plus longtemps[3]. Là encore, ce n'est pas quelque chose à tenter chez vous, mais vous pouvez déterminer de quel côté de la dimension Perspective vous vous situez en répondant par « vrai » ou « faux » aux questions ci-dessous. Ne réfléchissez pas trop, n'envisagez pas toutes les exceptions et circonstances atténuantes ; suivez votre impression première.

1. Quand je suis invité(e) à rencontrer des gens que je ne connais pas, je suis enthousiaste car j'imagine qu'ils pourraient devenir des amis, plutôt que d'y voir une corvée à l'idée que ces gens ne m'intéresseront pas.
2. Quand j'évalue un collègue, je me focalise sur les détails sur lesquels il doit s'améliorer, plutôt que sur sa performance globalement positive.

3. Je pense que les dix années à venir seront meilleures pour moi que les dix années écoulées.
4. Confronté(e) à la possibilité de déménager, j'y vois un effrayant saut dans l'inconnu.
5. Quand il m'arrive le matin un petit événement inattendu mais positif – par exemple, si j'ai une conversation formidable avec un inconnu –, cette humeur positive se dissipe en quelques minutes.
6. Quand je suis invité(e) à une fête et que je me sens bien au départ, ce sentiment positif a tendance à durer toute la soirée.
7. L'impression suscitée par un beau paysage, par un superbe coucher de soleil, se dissipe vite et je m'ennuie facilement.
8. Quand je me réveille le matin, je pense à une activité agréable que j'ai prévue, et cela me met de bonne humeur pour toute la journée.
9. Quand je vais au musée ou au concert, les premières minutes sont vraiment agréables, mais cela ne dure pas.
10. Les jours où je suis très occupé(e), j'ai souvent le sentiment que je peux enchaîner les activités sans me fatiguer.

Si ces questions semblent renvoyer à votre attitude face à l'avenir et votre capacité à entretenir le sentiment positif inspiré par un événement passé, c'est normal, puisque la dimension Perspective de votre style émotionnel contient ces deux aspects. Et, comme pour la Résilience, votre Perspective sur les événements triviaux permet de prédire votre Perspective sur les événements importants. Même si les réponses dépendent des circonstances et de votre vie personnelle – quand on a

20 ans, il est plus facile de déménager que quand on en a 40, avec un conjoint et des enfants pour qui il faut trouver une nouvelle école –, les questions reflètent néanmoins l'essentiel de la dimension Perspective.

Pour les questions 1, 3, 6, 8 et 10, comptez un point chaque fois que vous avez répondu « vrai », zéro point si vous avez répondu « faux ». Pour les questions 2, 4, 5, 7 et 9, comptez un point chaque fois que vous avez répondu « faux », zéro point si vous avez répondu « vrai ». Plus votre score est élevé, plus vous êtes proche de l'extrémité positive. Tout score supérieur à sept points indique que vous êtes un *positif*, tandis qu'un score inférieur à trois points fait de vous un *négatif*.

INTUITION SOCIALE

Vous avez sans doute déjà vu ça : un homme et une femme bavardent, il détourne les yeux, se penche en arrière, recule d'un demi-pas… et elle ne se doute toujours pas qu'il ne s'intéresse pas du tout à elle. Ou bien un ami vous attrape alors que vous sortez en hâte, et se met à vous raconter longuement une affaire sur laquelle il sollicite vos conseils, alors que, pendant ce temps-là, vous vous dirigez vers votre voiture tout en consultant votre montre. Pourtant, il ne vous lâche pas. Les personnes situées à cette extrémité du spectre de l'Intuition sociale sont celles que j'appelle *perplexes*.

À l'autre extrémité, on trouve les personnes *socialement intuitives*. Elles ont le don de repérer les signes non verbaux les plus subtils, elles savent lire le langage du corps, l'intonation de la voix, les expressions du visage. Elles devinent quand quelqu'un veut parler de son chagrin ou quand il vaut mieux aborder des sujets légers. Quand un collègue se fait reprendre par un supérieur, elles voient s'il a besoin de conseils et de réconfort ou s'il préfère qu'on le laisse seul. Elles discernent quand un adolescent qui vit son premier chagrin d'amour voudrait être épaulé et quand il souhaite qu'on fasse semblant de rien.

Selon les personnes, l'attention accordée aux indices sociaux non verbaux diffère du tout au tout. L'insensibilité extrême à ces signaux caractérise les autistes, qui ont des difficultés à lire les expressions faciales et autres indices sociaux, mais des personnes ne souffrant d'aucune maladie peuvent également être socialement aveugles et sourdes, ce qui a des conséquences dévastatrices pour leurs relations personnelles et professionnelles. Inversement, une sensibilité aiguë à l'état émotionnel d'autrui est au cœur de l'empathie et de la compassion, puisqu'il faut d'abord décoder les signaux sociaux avant de pouvoir y répondre.

L'Intuition sociale est la marque de certains de nos plus grands enseignants, thérapeutes et spécialistes du bien-être des autres. Le dalaï-lama, par exemple, en est très largement doté. Il y a quelques années, il est venu en visite dans un centre de méditation du Massachusetts. Tout le monde était très excité, surtout la cofondatrice qui, une semaine auparavant, s'était cassé les jambes et marchait alors avec des béquilles. Tandis que plus de cent personnes se tenaient devant le bâtiment principal pour accueillir le dalaï-lama à son arrivée, elle se tenait à l'arrière, loin de la foule. Elle ne l'avait jamais rencontré et était très déçue à l'idée que sa jambe cassée l'en empêche. Quand le dalaï-lama descendit de voiture, il observa la scène et remarqua cette femme isolée. Déployant ses antennes sociales, il se fraya poliment un chemin à travers la foule pour aller directement lui demander : « Que vous est-il arrivé ? Vous allez bien ? » Il lui a fait sentir qu'elle était, à cet instant du moins, le centre de son univers.

J'ai eu la chance de bénéficier plus d'une fois de l'Intuition sociale du dalaï-lama. En 2010, à la fin d'une réunion qu'il avait organisée entre scientifiques et spécialistes du bouddhisme, il se tourna vers moi pour me dire au revoir et me donna tout à coup l'accolade. « Je sais que nous avons été ensemble dans une autre vie », dit-il, me faisant ainsi le plus beau compliment que l'on puisse imaginer de la part du chef spirituel du bouddhisme tibétain. Quelques mois auparavant, alors qu'il assistait à l'inauguration du Center for Investigating Healthy Minds, que je dirige à l'université du Wisconsin, un certain nombre de personnalités avaient été invitées à un déjeuner organisé par le président de l'université. Nous pensions que le dalaï-lama préférerait un repas tibétain avec les moines bouddhistes qui l'accompagnaient dans son voyage, mais quand il vit ce groupe restreint, il demanda : « Où sont tous les autres ? » Apprenant que le repas du président se tenait un peu plus loin, il déclara à Tenzin Takla, son secrétaire particulier : « Je voudrais aller là-bas. » Que le dalaï-lama se promène à sa guise aux États-Unis n'a rien de simple aujourd'hui, d'autant qu'en l'occurrence cela bouleversait le programme prévu. Alors qu'il se dirigeait vers la sortie dans l'intention de rejoindre le président, les mastodontes à oreillettes chargés de veiller sur lui – des membres du service de sécurité présidentielle fournis par le gouvernement américain – avaient l'air au bord de la crise cardiaque. Ils aboyèrent des ordres pour que soient repositionnés les snipers du FBI sur les toits environnants, et nous partîmes. Une fois que le dalaï-lama eut rejoint le président, je pensais l'installer à une table tranquille, où des serveurs lui auraient apporté son repas, mais il ne voulut pas en entendre parler. Drapé dans sa robe bordeaux, il partit vers le buffet, prit une assiette et fit la queue pour se servir comme tout le monde, ce qui lui valut bien des regards étonnés, mais surtout des sourires approbateurs : ce Prix Nobel, chef du gouvernement tibétain en exil, auteur de best-sellers et leader spirituel, attendait son tour comme tout le monde pour recevoir sa dose de saumon poché, de riz pilaf et de dessert ultra-calorique. C'est ce qui s'appelle l'Intuition sociale.

Au labo, nous évaluons l'Intuition sociale en mesurant les fonctions cérébrales et en observant les comportements[4]. Quand nous montrons à quelqu'un la photo d'un visage, par exemple, nous utilisons des lasers de poursuite oculaire pour mesurer ce qu'il regarde réellement. Quelqu'un qui regarde la région des yeux a tendance à avoir une plus forte Intuition sociale que celui qui regarde la bouche ; celui qui regarde encore ailleurs a plutôt tendance à manquer d'Intuition sociale. Si nous utilisons le laser durant un scan IRM du cerveau, nous pouvons mesurer en même temps l'activité cérébrale. Nous nous intéressons à l'activation du gyrus fusiforme, qui fait partie du cortex visuel, et de l'amygdale, structures essentielles d'un circuit important pour la cognition sociale. (Le cerveau a deux amygdales, petits organes en forme d'amande enfoncés dans les lobes temporaux, à droite et à gauche. J'utilise ici le substantif au singulier, « l'amygdale », pour désigner les deux.) Ces zones sont en général activées quand vous examinez le visage d'une personne, surtout quand vous regardez ses yeux, qui véhiculent une quantité considérable d'informations émotionnelles.

Pour estimer où vous vous situez sur le spectre de l'Intuition sociale, répondez par « vrai » ou « faux » à ces questions :

> 1. Quand je parle à des gens, je remarque souvent de subtils indices sociaux concernant leurs émotions – la gêne ou la colère, par exemple – avant qu'ils ne prennent eux-mêmes conscience de ces sentiments.
> 2. Je me surprends souvent à noter les expressions faciales et le langage du corps.
> 3. Peu m'importe que je parle aux gens au téléphone ou en face à face, puisque voir la personne à qui je parle m'apporte rarement des informations supplémentaires.
> 4. J'ai souvent l'impression d'en savoir plus que les gens sur leurs véritables sentiments.
> 5. Je suis souvent surpris(e) quand mon interlocuteur est énervé ou contrarié par ce que j'ai dit, sans raison apparente.
> 6. Au restaurant, je préfère m'asseoir à côté de la personne avec qui je parle, afin de ne pas voir son visage de face.
> 7. Je réagis souvent à l'inconfort ou au désarroi d'autrui sur la base d'une intuition plutôt que d'une discussion explicite.

8. Quand je suis dans un lieu public et que j'ai du temps à perdre, j'aime observer les gens qui m'entourent.
9. Je suis mal à l'aise quand quelqu'un que je connais à peine me regarde droit dans les yeux pendant une conversation.
10. Je peux souvent déterminer si une personne est gênée par quelque chose rien qu'en la regardant.

Pour les questions 1, 2, 4, 7, 8 et 10, comptez un point à chaque fois que vous avez répondu « vrai », zéro point si vous avez répondu « faux ». Pour les questions 3, 5, 6 et 9, comptez un point à chaque fois que vous avez répondu « faux », zéro point si vous avez répondu « vrai ». Plus votre score est élevé (huit points ou plus), plus vous êtes *socialement intuitif*. Un score faible (trois points ou moins) indique que vous êtes plutôt socialement *perplexe*.

CONSCIENCE DE SOI

Avez-vous des amis pour qui l'introspection est aussi exotique que l'ourdu ? Vous-même, agissez-vous et réagissez-vous sans savoir pourquoi, comme si votre moi intérieur était un mystère total, opaque pour votre conscience ? Vos proches vous demandent-ils parfois pourquoi vous avez l'air jaloux, furieux ou impatient, et êtes-vous surpris de ressentir cette émotion lorsqu'on attire votre attention dessus ? Nous connaissons tous des gens complètement aveugles et sourds à leurs propres émotions. Ils ne sont pas dans le déni ; ils sont simplement inconscients des indices émotionnels qui surgissent dans leur propre corps. Cela s'explique en partie par l'intensité, plus ou moins forte, de ces signaux. Mais cela renvoie aussi à une capacité plus ou moins grande à reconnaître et à interpréter ceux-ci, ainsi qu'à la sensibilité du sujet à ces indices (quelle intensité les signaux doivent avoir pour que vous les perceviez). Certaines personnes ont beaucoup de mal à « sentir » leurs sentiments : il leur faut parfois des jours pour reconnaître qu'elles sont en colère, tristes, jalouses ou effrayées. À cet extrémité de la dimension Conscience de soi se situent les gens *opaques à eux-mêmes*.

À l'autre extrémité, on trouve les gens *conscients d'eux-mêmes*, très au fait de leurs pensées et sentiments, à l'écoute des messages que leur envoie leur corps. Ils savent que, s'ils grondent leurs enfants, ce n'est pas parce que refuser de manger du chou est un crime, mais parce qu'un monstrueux embouteillage les a fait rentrer à la maison avec une heure de retard, ce qui a fait monter leur niveau de stress jusqu'au point de non-retour. Ils sont parfois ultra-sensibles aux messages transmis par leur corps, ils ressentent les effets physiques de leurs états émotionnels très intensément, au point parfois que cela les pénalise. Cette extrême sensibilité a bien des avantages. Elle joue un rôle crucial dans l'empathie (la capacité à ressentir ce que ressentent les autres) et, en vous permettant de comprendre votre propre état émotionnel, elle peut vous aider à éviter les malentendus avec votre partenaire : si vous avez conscience d'avoir été contrarié par un événement antérieur à votre retour à la maison, vous comprendrez mieux que la fureur que vous éprouvez soudain ne vient pas vraiment de ce que le dîner n'est pas encore prêt.

Une forte Conscience de soi peut aussi, cependant, avoir des inconvénients. Face à la souffrance d'autrui, une personne dotée d'antennes émotionnelles très sensibles à ses propres émotions ressentira l'anxiété ou la tristesse de l'autre dans son esprit et dans son corps, *via* une montée de l'hormone du stress appelée cortisol, ou encore une accélération du rythme cardiaque et une augmentation de la pression sanguine. Cette sensibilité extrême est sans doute un facteur du burn-out dont souffrent les infirmières, les avocats, les thérapeutes et les travailleurs sociaux.

Au labo, nous mesurons la sensibilité aux signaux physiologiques internes en déterminant à quel point les gens détectent leur propre pulsation cardiaque[5]. D'abord, nous mesurons le rythme cardiaque de la personne au repos. Puis nous utilisons l'informatique pour construire une série de dix notes parfaitement synchronisées avec ce rythme ; chaque note retentit exactement quand le cœur bat. Nous élaborons ensuite une deuxième séquence, un peu décalée, où les notes arrivent juste avant ou juste après chaque pulsation. Pour évaluer à quel point la personne est sensible à ses signaux internes, nous lui faisons entendre (dans des écouteurs) les deux suites de dix notes ; elle doit alors choisir laquelle correspond à son rythme cardiaque. Nous diffusons les deux séquences une centaine de fois chacune, en les alternant de manière aléatoire. Les individus conscients d'eux-mêmes se situent dans le quart supérieur en termes de résultats obtenus lors de ce test.

L'évaluation de la sensibilité aux signaux corporels se prête mal au genre de questionnaire que nous avons conçus pour les cinq autres dimensions du style émotionnel. Je vous propose ici à la fois des questions et un exercice simple que vous pourrez essayer de faire avec un partenaire.

1. Souvent, quand on me demande pourquoi je suis triste ou en colère, je réponds (ou je pense) : « Mais pas du tout ! »
2. Quand mes proches me demandent pourquoi j'ai traité quelqu'un de façon brusque ou méchante, je nie souvent m'être conduit ainsi.
3. Souvent – plusieurs fois par mois –, je m'aperçois que mon cœur bat très vite ou très fort, et je ne sais absolument pas pourquoi.
4. Quand j'observe quelqu'un qui souffre, je ressens sa douleur en moi, sur le plan physique et émotionnel.
5. En général, je sais de façon certaine ce que je ressens et je peux traduire mes émotions en mots.
6. Parfois, je remarque en moi des douleurs sans savoir d'où elles viennent.
7. J'aime passer du temps à ne rien faire, détendu(e), simplement pour ressentir ce qui se passe en moi.
8. Je crois que j'habite bien mon corps et je m'y sens chez moi, à l'aise.
9. Je suis fortement orienté(e) vers le monde extérieur et je remarque rarement ce qui se passe dans mon corps.
10. Quand je fais de l'exercice, je suis très sensible aux changements que cela produit dans mon corps.

Pour les questions 4, 5, 7, 8 et 10, comptez un point chaque fois que vous avez répondu « vrai », zéro point si vous avez répondu « faux ». Pour les questions 1, 2,

3, 6 et 9, comptez un point chaque fois que vous avez répondu « faux », zéro point si vous avez répondu « vrai ». Un score supérieur ou égal à huit signifie que vous êtes *conscient de vous-même* ; un score inférieur à trois points indique que vous êtes *opaque à vous-même*.

Pour ce qui est de l'exercice, demandez à un ami de prendre votre pouls pendant trente secondes pendant que vous tournez votre attention vers votre for intérieur et tentez de détecter votre propre rythme cardiaque. Concentrez-vous sur vos sensations corporelles internes, et efforcez-vous (sans toucher votre poignet ni aucune autre partie de votre corps) de sentir votre pulsation et de compter les battements. Répétez l'opération trois fois ; autrement dit, comptez quatre fois trente secondes. Comparez votre résultat à celui de l'ami qui réalise l'expérience avec vous. Plus les résultats sont proches, plus grande est votre Conscience de vous-même.

SENSIBILITÉ AU CONTEXTE

Vous est-il déjà arrivé de raconter à votre patron la même blague salace qu'à vos amis la veille au bistro ? À un enterrement, avez-vous déjà été horrifié de voir quelqu'un jouer sur son iPhone ? Ou encore à un mariage, lorsqu'une invitée régale les autres convives en racontant la liaison qu'elle a eue jadis avec le marié ? Êtes-vous surpris quand les gens vous disent que votre comportement est inadapté ?

En général, nous savons quand telle ou telle conversation est déplacée, eu égard aux circonstances. Les gens particulièrement sensibles à leur entourage social sont *connectés*, sur le spectre de la Sensibilité au contexte. Les personnes indifférentes à cet entourage occupent l'autre extrémité : elles sont indifférentes aux règles tacites qui régissent les interactions sociales et qui font qu'un comportement parfaitement acceptable dans tel contexte est insultant dans tel autre. Parce que la Sensibilité au contexte est intuitive plutôt que consciemment régulée, et parce que le contexte social et notre propre comportement ont souvent un sous-texte émotionnel (mariage : heureux, solennel ; liaison avec le marié : vulgaire), j'y vois une composante importante du style émotionnel.

Selon la personne avec qui nous interagissons et selon les circonstances, les attentes diffèrent : les interactions avec des amis proches n'obéissent pas aux mêmes règles que les échanges avec de simples connaissances, avec les membres de notre famille, avec nos collègues ou avec nos supérieurs. Cela ne vous vaudra rien de bon de traiter votre patron comme un enfant, le policier qui vient d'arrêter votre véhicule comme un pote, ou encore votre collègue comme une partenaire sexuelle. La sensibilité aux règles des relations sociales et la capacité à réguler ses émotions et son comportement varient énormément d'un individu à l'autre. On peut envisager la dimension Sensibilité au contexte comme une forme de Conscience de soi tournée vers l'extérieur : celle-ci reflète à quel point vous êtes à l'écoute de vos propres indices physiologiques et émotionnels, tandis que la Sensibilité au contexte signale à quel point vous êtes à l'écoute de l'environnement social.

En laboratoire, nous mesurons cette dimension en observant comment le comportement émotionnel varie en fonction du contexte social[6]. Par exemple, les très jeunes enfants sont souvent méfiants dans le cadre inconnu d'un labo, mais pas dans un environnement familier. L'enfant qui semble constamment méfiant chez lui est donc probablement insensible au contexte. Pour les adultes, nous testons la Sensibilité au contexte en réalisant une première série de tests dans une pièce, puis une seconde dans une autre. En repérant à quel point les réactions émotionnelles varient en fonction de l'environnement, nous pouvons en déduire à quel point une personne perçoit et ressent les effets du contexte. Nous procédons aussi à des mesures du cerveau : l'hippocampe semble jouer un rôle particulièrement important pour appréhender le contexte, donc nous mesurons la fonction et la structure hippocampique par IRM.

Pour savoir où vous vous placez sur le spectre de la Sensibilité au contexte, répondez à ces questions par « vrai » ou « faux » :

1. Un proche m'a dit que je suis en général insensible aux sentiments d'autrui.
2. On m'a parfois dit que je m'étais conduit(e) de manière socialement inadaptée, ce qui m'a surpris(e).
3. Il m'est arrivé de connaître un échec professionnel ou de me disputer avec un ami parce que je me montrais trop cordial(e) avec un supérieur ou trop jovial(e) avec un ami en détresse.
4. Quand je parle aux gens, ils reculent parfois pour accroître la distance entre nous.

5. Je me surprends souvent à me censurer parce que je sens que ce que j'allais dire aurait été malvenu étant donné la situation (par exemple, avant de répondre à la question : « Mon chéri, tu me trouves grosse dans ce pantalon ? »).

6. Quand je suis dans un lieu public comme un restaurant, je prends bien soin de parler moins fort.

7. En public, on me rappelle souvent de ne pas mentionner le nom de gens qui pourraient être présents.

8. Quand je suis déjà venu(e) dans un endroit donné, je m'en souviens presque toujours, même si c'est une autoroute par laquelle je suis passé(e) bien des années auparavant.

9. Quand quelqu'un a un comportement déplacé (trop désinvolte au travail, par exemple), je le remarque toujours.

10. Mes proches me disent que je me conduis toujours très bien avec les inconnus et dans les situations peu familières.

Pour les questions 1, 5, 6, 8, 9 et 10, comptez un point chaque fois que vous avez répondu « vrai », zéro point si vous avez répondu « faux ». Pour les questions 2, 3, 4 et 7, comptez un point chaque fois que vous avez répondu « faux », zéro point si vous avez répondu « vrai ». Si vous avez obtenu moins de trois points, vous vous situez parmi les personnes *déconnectées*, alors qu'un score supérieur ou égal à huit indique que vous êtes très *connecté* au contexte.

ATTENTION

Pouvez-vous faire abstraction des émotions parasites et rester concentré ? Ou bien vos pensées s'échappent-elles de ce que vous êtes en train de faire pour revenir à la dispute que vous avez eue avec votre conjoint le matin même, à l'angoisse que vous inspire cette présentation que vous allez bientôt devoir faire au travail, ou au rendez-vous médical qui vous attend le lendemain ? Si vous êtes en plein rush pour tenir un délai et que votre patron vient toutes les demi-heures voir où vous en êtes, vous faut-il plusieurs minutes après chacune de ses visites pour renouer le fil de vos pensées ? Et si votre ado vous appelle au sujet de ses problèmes d'inscription en fac ?

Il peut paraître étrange de faire de l'attention une dimension du style émotionnel, car la capacité de concentration est le plus souvent perçue comme un élément de la capacité cognitive. Si je l'inclus pourtant, c'est parce que des scènes ou des sons sont d'autant plus susceptibles de nous distraire qu'ils sont empreints d'émotion. Dans un restaurant bruyant, par exemple, si nous entendons des cris quelques tables plus loin, ou bien une voix forte et agitée suivie d'un bruit de verre cassé, il nous est plus difficile de rester concentrés sur notre conversation que si les bruits environnants sont moins chargés d'émotion.

Les indices émotionnels non seulement sont omni-présents dans notre vie et notre environnement, mais ce sont aussi des sources de distraction, qui viennent perturber notre capacité à accomplir des tâches et à rester sereins. Il s'avère que la capacité à écarter les émotions perturbatrices va de pair avec la capacité à écarter les distractions sensorielles. Une personne concentrée peut zoomer sur une conversation spécifique au cours d'une fête bruyante, alors qu'une personne non concentrée a sans cesse l'attention et les yeux attirés par le stimulus le plus puissant. Certains individus sont capables de « débrancher » même s'ils sont en plein émoi émotionnel ; ils se situent à l'extrémité du spectre de l'Attention dédiée aux individus *concentrés*. D'autres sont constamment distraits par des élans émotionnels qui n'ont rien à voir avec ce qu'ils sont en train de faire ; ils se situent à l'autre extrémité : celle des individus *non concentrés*. Les premiers peuvent se concentrer malgré les intrusions chargées d'émotion, ils filtrent l'atmosphère pour en exclure la surcharge d'anxiété, alors que les seconds ne le peuvent pas. Bref, attention et émotion vont de pair. Puisque les stimuli émotionnels accaparent une trop grande part de notre attention, préserver un équilibre interne pour se concentrer calmement et résister aux distractions est bien un aspect du style émotionnel.

À bien des égards, la capacité à repousser les distractions émotionnelles sert de socle à d'autres aspects de notre vie émotionnelle, car l'Attention focalisée joue aussi un rôle dans d'autres dimensions du style émotionnel : la Conscience de soi, par exemple, exige de prêter attention aux signaux émis par votre corps, et l'Intuition sociale exige de se focaliser sur les indices sociaux.

En laboratoire, nous mesurons l'Attention de plusieurs manières, car il existe plusieurs formes distinctes d'attention.

- L'une d'elles est l'**attention sélective**[7]. C'est la capacité, alors que vous êtes immergé dans un océan de stimuli incessants, à miraculeusement prêter attention à une seule chose. Je dis « miraculeusement » parce que la quantité d'informations à laquelle nous sommes exposés à chaque instant est stupéfiante. Alors même que vous lisez ces mots, votre vision périphérique perçoit vos mains qui tiennent le livre. Vos oreilles enregistrent des sons ; si vous pensez être dans une pièce silencieuse, cessez de lire et tendez l'oreille. Vos pieds reposent sur le sol, votre dos contre le dossier d'un siège ; là encore, cessez de lire et concentrez-vous sur ce que sent votre corps : vous voyez ce que je veux dire ? Si vous n'aviez jusque-là prêté attention à aucune de ces choses, félicitations pour ce soudain exploit méritoire. Pourtant, malgré tous les stimuli qui rivalisent pour capter votre attention, nous réussissons (souvent) à nous focaliser sur un seul et à ignorer les autres. Si nous n'y parvenions pas, nous serions désespérément ballottés sur le vaste océan de notre monde sensoriel. Si nous parvenons à nous concentrer, c'est grâce à deux moyens : en ouvrant plus largement le « canal » auquel nous voulons prêter attention (les mots de cette phrase, par exemple) et en limitant l'entrée d'information dans les canaux non prioritaires (ce que ressent votre postérieur, etc.).
- Une autre forme d'attention est la **conscience ouverte, sans jugement.** C'est la capacité à rester réceptif à tout ce qui se présente à votre esprit, à vos yeux, à vos oreilles, à vos sensations, et cela sans porter de jugement. Par exemple, si vous êtes conscient d'une légère douleur dans le bas de votre dos, et que vous parvenez à simplement en prendre note sans qu'elle confisque vos pensées, alors vous pratiquez la conscience ouverte et sans jugement. Si vous craignez d'être en retard à une réunion parce que

l'ascenseur est en panne, et que vous vous dites simplement : « Hum, je sens que je suis stressé », mais que vous ne paniquez pas en cherchant l'escalier, là encore vous pratiquez la conscience ouverte et sans jugement. L'individu qui possède cette compétence semble souvent avoir une sorte d'aimant interne qui maintient son attention là où il le désire, sans laisser les événements la tirer dans tous les sens. C'est le genre de conscience que cultivent de nombreuses formes de méditation, comme je l'expliquerai au chapitre 9. Elle génère une sensation de contentement et d'équilibre émotionnel (c'est aussi pourquoi l'Attention fait partie du style émotionnel) ; les gens dotés d'une Attention concentrée ont tendance à être imperturbables, ils ne passent pas par des hauts et des bas émotionnels. La conscience ouverte et sans jugement est également essentielle pour être à l'écoute de notre entourage ainsi que de nos pensées et émotions, et en tant que telle elle joue un rôle important dans la Conscience de soi et l'Intuition sociale. Sans cette attitude de non-jugement, nous risquons de manquer les signaux subtils venant de l'intérieur de notre corps et de notre esprit ainsi que les indices tout en nuances qui jalonnent notre environnement social.

Pour mesurer en laboratoire la conscience ouverte et sans jugement, nous partons du fait que si un stimulus accapare notre attention, nous ne remarquerons pas les autres qui apparaissent une fraction de seconde plus tard. Cette cécité (ou surdité) aux stimuli suivants est appelée clignement attentionnel, et peut être mesurée par un test simple[8]. Dans une première version de ce test, vous observez un défilé de lettres sur un écran, puis un autre, à raison de dix par seconde : C, P, Q, D, K, L, T, B, X, V, etc. Mais de temps à autre un chiffre apparaît : C, P, Q, D, 3, K, L, 7, T, B, X, V. La personne doit signaler quand un chiffre interrompt le flux de lettres. Si le deuxième chiffre arrive une demi-seconde après le premier, ou plus rapidement encore, la plupart des gens remarquent le premier (ici, le 3) mais ne voient pas le deuxième (le 7). Leur attention a cligné. Apparemment, c'est parce que les chiffres apparaissent rarement et parce qu'ils sont votre cible : quand l'un d'eux apparaît, vous ressentez un frisson d'enthousiasme ; il faut du temps pour que le cerveau retourne à un état où il peut percevoir l'objet visé. Plus votre clignement attentionnel est long – plus il vous faut de temps avant de pouvoir percevoir le chiffre suivant au sein du défilé de lettres –, plus votre cerveau a besoin de temps pour prêter attention au stimulus suivant, et plus vous manquez des informations dans le monde qui vous entoure.

Les clignements attentionnels durent encore plus longtemps lorsque ce que vous êtes censé remarquer est chargé émotionnellement. Dans cette seconde version de l'expérience, les volontaires voient passer l'image d'un enfant qui pleure au milieu d'une série de scènes d'extérieur, par exemple. En ce cas, le temps nécessaire avant de pouvoir remarquer une autre image d'enfant qui pleure est plus long qu'avec des chiffres et des lettres, ce qui laisse entendre que l'attention a une composante émotionnelle ou, plus précisément, que les émotions affectent l'attention.

Cependant, certaines personnes sont pratiquement exemptes de clignement attentionnel. Elles ont une sorte de conscience non réactive, qui peut percevoir les stimuli avec une telle sérénité qu'elles ignorent entièrement le petit frisson ressenti par la plupart d'entre nous face à un chiffre perdu au milieu des lettres, ou en tout cas ce petit frisson ne fait pas cligner leur attention. Par conséquent, elles manquent beaucoup moins de stimuli que les autres. La durée réduite du clignement attentionnel, surtout face à des stimuli émotionnels, renvoie à un état d'équilibre émotionnel et de sérénité.

En laboratoire, nous évaluons la conscience ouverte et sans jugement grâce au test du clignement attentionnel, soit dans sa version lettres et chiffres, soit avec des scènes émotionnellement chargées. Nous mesurons par ailleurs la concentration de l'Attention en proposant au sujet des notes de différentes hauteurs, en général une grave et une aiguë, dans des écouteurs. On demande d'abord au participant de ne prêter attention qu'à la note aiguë et d'appuyer sur un bouton chaque fois qu'il l'entend, mais pas lorsqu'il entend la note grave. Pour compliquer la tâche, nous diffusons les notes tantôt dans l'oreille droite, tantôt dans la gauche, environ une fois par seconde. Le score obtenu par le participant – le nombre de fois où il a appuyé sur le bouton à bon escient, moins le nombre de fois où il s'est trompé – mesure sa capacité d'Attention concentrée. Pour augmenter encore la difficulté, nous disons parfois au participant d'appuyer seulement s'il entend la note aiguë dans l'oreille gauche, ou la note grave dans l'oreille droite, ou toute autre combinaison de ce genre. Souvent, ce qui se produit, c'est que si la note aiguë retentit dans l'oreille qui n'écoute pas (celle qui n'est pas censée l'écouter), le participant appuie par erreur : son attention est trop large, pas assez focalisée. Parfois, il rate simplement la note aiguë. Dans tous ces cas, nous procédons en même temps à une lecture du cerveau par IRM ou par électroencéphalogramme, selon que nous nous intéressons à la durée de l'activité cérébrale (auquel cas l'électroencéphalogramme est préférable) ou à sa localisation (auquel cas l'IRM vaut mieux).

En l'absence de tout cet équipement, vous pouvez évaluer votre style d'Attention en répondant par « vrai » ou « faux » aux affirmations suivantes :

1. Je suis capable de me concentrer dans un environnement bruyant.
2. Quand je suis dans une situation où il se passe beaucoup de choses et où les stimulations sensorielles sont nombreuses, comme lors d'une fête ou dans la foule d'un aéroport, j'arrive à ne pas me laisser entraîner par mes pensées vers quelque chose qui se passe devant moi.
3. Si je décide de concentrer mon attention sur une tâche particulière, je suis en général capable de l'y maintenir.
4. Si je suis chez moi et que je tente de travailler, le bruit de la télévision ou des gens qui parlent me perturbe énormément.
5. Si je reste immobile ne serait-ce que quelques instants, un flux de pensées me vient à l'esprit et je me mets à suivre plusieurs fils, souvent sans savoir comment chacun a commencé.
6. Si je suis perturbé(e) par un événement imprévu, je suis capable de reconcentrer mon attention sur ce que je faisais avant d'être interrompu(e).
7. À des moments de calme relatif, quand je suis assis(e) dans un train, dans un autobus, ou quand je

fais la queue dans un magasin, je remarque beaucoup de choses autour de moi.

8. Quand un projet important exige toute mon attention, j'essaye de m'installer dans un endroit le plus tranquille possible.

9. Mon attention a tendance à se laisser capter par les stimuli et événements de mon environnement, et j'ai du mal à me reconcentrer quand cela se produit.

10. Je n'ai aucun mal à mener une discussion personnelle au milieu d'une foule, lors d'un cocktail ou dans une grande pièce ; dans un tel environnement, je peux faire abstraction de tous les autres, même si, en me concentrant, j'arrive à distinguer ce qu'ils disent.

Pour les questions 1, 2, 3, 6, 7 et 10, comptez un point chaque fois que vous avez répondu « vrai », zéro point si vous avez répondu « faux ». Pour les questions 4, 5, 8 et 9, comptez un point chaque fois que vous avez répondu « faux », zéro point si vous avez répondu « vrai ». Un score supérieur ou égal à huit indique que vous êtes *concentré* en matière d'Attention ; un score inférieur ou égal à trois signifie que vous avez tendance à être *non concentré*.

Maintenant que vous avez évalué où vous vous situez pour chacune des six dimensions du style émotionnel, prenez une feuille de papier et tracez six lignes horizontales à intervalles réguliers.

• Nommez la première ligne Résilience, et continuez avec Perspective, Intuition sociale, Conscience de soi, Sensibilité au contexte et Attention.

- Nommez les extrémités gauche et droite de chaque dimension. Pour la Résilience, les deux pôles sont : lent à récupérer et rapide à récupérer. Pour la Perspective, négatif et positif. Pour l'Intuition sociale, socialement perplexe et socialement intuitif. Pour la Conscience de soi, opaque à soi-même et conscient de soi-même. Pour la Sensibilité au contexte, déconnecté et connecté. Pour l'Attention, non concentré et concentré.
- À présent, reportez sur chaque ligne le score que vous avez obtenu aux six questionnaires.

Vous trouverez à la page suivante le diagramme de mon propre style émotionnel.

Vous aussi pouvez désormais visualiser d'un coup d'œil votre profil. Vous êtes peut-être une personne positive, rapide à récupérer, socialement intuitive, opaque à elle-même, connectée et concentrée. Ou bien quelqu'un de négatif mais rapide à récupérer, perplexe face à son environnement social, opaque à lui-même et non concentré. Quel que soit votre style émotionnel, le connaître est la première étape pour comprendre en quoi il affecte votre santé et vos relations, et pour décider si vous aimeriez déplacer le curseur vers la gauche ou vers la droite pour chacune des six dimensions.

J'ai expliqué en introduction que mon intérêt pour les six dimensions du style émotionnel plutôt que pour les types de personnalité traditionnels venait du fait que le style émotionnel est solidement ancré dans des modèles d'activité cérébrale. Au chapitre suivant, j'expliquerai comment nous avons découvert ce phénomène, quels sont ces modèles et pourquoi ils sont essentiels pour comprendre le style émotionnel et envisager de changer de position sur certaines de ces six échelles.

Résilience

1	2		10
rapide à récupérer			lent à récupérer

Perspective

1		7	10
négatif			positif

Intuition sociale

1		7	10
perplexe			intuitif

Conscience de soi

1		8	10
opaque à soi-même			conscient de soi-même

Sensibilité au contexte

1		8	10
déconnecté			connecté

Attention

1		9	10
non concentré			concentré

*Scores de Richard Davidson aux six questionnaires
d'évaluation du style émotionnel*

4

LE FONDEMENT CÉRÉBRAL DU STYLE ÉMOTIONNEL

Nous vivons à une époque fascinée par le cerveau : même les agences de publicité veulent savoir comment l'amygdale du consommateur réagit à un spot télévisé, et il semble aujourd'hui évident que nos pensées et nos émotions sont liées à des modèles d'activité cérébrale. Quand nous songeons mentalement à notre maison, nous pouvons remercier notre cortex visuel, qui nous permet de visualiser précisément où se situe la boîte aux lettres par rapport à la porte d'entrée. Quand nous entendons et comprenons une phrase complexe, c'est parce que les circuits de notre lobe temporal entrent en interaction avec ceux du cortex préfrontal pour donner sens aux signaux auditifs. Quand nous organisons nos vacances et répétons mentalement le trajet jusqu'à l'aéroport, nous nous appuyons sur les immenses facultés du cortex préfrontal, véritable machine à voyager dans le temps, capable de projeter nos pensées dans l'avenir.

Il en va de même pour les six dimensions du style émotionnel : elles reflètent l'activité de circuits cérébraux spécifiques et identifiables. Chaque dimension a deux pôles, comme positif et négatif dans le cas de la Perspective, qui sont le fruit d'une activité renforcée ou réduite de ces circuits. La première étape afin de comprendre pourquoi vous êtes comme vous êtes (et pourquoi vous avez eu tels ou tels résultats aux questionnaires d'évaluation) est donc de connaître la base cérébrale de chaque dimension et de ses deux pôles. Cette étape est également nécessaire pour pouvoir ensuite évoluer dans un sens ou dans l'autre. Je suis peut-être à la fois juge et partie sur ce point, mais je suis convaincu qu'un programme qui prétend modifier quelque chose d'aussi fondamental que le style émotionnel est plus crédible lorsqu'il s'enracine dans les neurosciences.

Il n'y a rien d'étonnant à ce que vos résultats pour chaque dimension du style émotionnel provienne de modèles spécifiques d'activité cérébrale, puisque c'est le cas de toute notre vie mentale. Ce qui est surprenant, néanmoins, c'est qu'une très grande partie des circuits qui sous-tendent les six dimensions se trouve loin des régions prétendument liées à l'émotion – à savoir le système limbique et l'hypothalamus. Cela est apparu en corollaire de la découverte qui a tout déclenché : le cortex préfrontal, site de fonctions exécutives comme la prévision et le jugement, contrôle aussi notre résilience émotionnelle.

L'étude qui l'a montré, décrite au chapitre 2, a été réalisée à l'époque où j'étais à Purchase, mais j'ai vite compris que l'université d'État de New York ne m'offrait pas l'infrastructure nécessaire à la recherche que je voulais mener. Je venais de me mettre en quête d'un poste dans un établissement plus grand, plus orienté vers la recherche, quand j'ai appris que Peter Lang, un psychophysiologue réputé, quittait l'université du Wisconsin, à Madison, pour raisons personnelles. Pour le remplacer, on souhaitait une personne qui intervienne dans le même domaine de recherches, et je fus contacté (Madison a une stratégie de recrutement astucieuse, privilégiant les étoiles montantes aux supernovas en plein rayonnement, contrairement à Harvard). On me fit une proposition, que j'acceptai, en raison notamment de la prestigieuse réputation de la faculté de psychologie à l'université du Wisconsin.

J'ai emménagé à Madison en septembre 1985, j'avais un nouvel emploi dans un nouvel État, et une situation familiale loin d'être idéale : mon épouse, Susan, et ma fille de 3 ans étaient restées à New York pour que Susan puisse terminer son internat en gynécologie-obstétrique à l'Albert Einstein College of Medicine. Je me suis trouvé un studio minuscule, où je dormais sur un vieux canapé défoncé, et j'ai passé la première année à naviguer entre les fuseaux horaires : du jeudi soir au dimanche soir, j'étais à New York, et je reprenais l'avion pour Madison le lundi matin très tôt. Mon style émotionnel résilient et ma perspective positive m'ont clairement aidé à résister au stress.

LE CERVEAU RÉSILIENT

D'un côté de la dimension Résilience se trouvent des gens si écrasés par l'adversité qu'ils récupèrent très, très lentement, voire pas du tout, alors qu'à l'autre extrémité on trouve des gens qui se contentent de hausser les épaules après un échec, qui continuent à aller de l'avant, qui se battent et rebondissent vite. Comme je l'ai expliqué au chapitre 2, la Résilience se caractérise par une activation du cortex préfrontal plus forte à gauche qu'à droite, alors que le manque de Résilience vient d'une plus forte activation préfrontale à droite. Chez une personne résiliente, l'activité de la région préfrontale gauche peut être trente fois supérieure à celle d'une personne non résiliente.

Je venais donc d'apprendre que le niveau d'activité dans une région cérébrale spécifique déterminait la position d'une personne sur le spectre de l'une des dimensions du style émotionnel. Cela m'intriguait, mais pas au point d'attribuer tout de suite une base cérébrale aux différences individuelles. Je devais transformer cette hypothèse en certitude : car, si elle s'avérait erronée, ma carrière prendrait fin avant même d'avoir commencé ! L'étude qui avait révélé la différence entre préfrontal droit et gauche était assez limitée (quelques dizaines de participants seulement), et cette différence ne se manifestait que dans le cadre du protocole utilisé, soit en montrant aux gens des vidéos à contenu émotionnel. De toute évidence, il me fallait des preuves plus solides. Une fois à Madison, je me suis donc mis à réfléchir davantage sur ce que pouvaient signifier les variations des modèles de fonctionnement préfrontal et, en particulier, à me demander ce que fait le cortex préfrontal pendant qu'une émotion nous traverse[1]. Après tout, cette zone était connue – et l'est toujours – comme étant le site de l'activité cognitive la plus noble, le siège du jugement, de la prévision et d'autres fonctions exécutives. Comment pouvait-elle donc jouer un rôle dans un élément-clef du style *émotionnel*?

Je trouvai un indice dans la masse de neurones qui se déplace entre certaines régions du cortex préfrontal et l'amygdale. L'amygdale est impliquée dans la détresse et les émotions négatives, c'est grâce à elle que nous sommes en alerte ou réagissons quand nous sommes inquiets, effrayés ou menacés. Peut-être le cortex préfrontal gauche pouvait-il inhiber l'amygdale et, par ce mécanisme, contribuer à une récupération rapide face à l'adversité.

Pour tester cette idée, avec le doctorant Daren Jackson j'ai recruté quarante-sept adultes, dont la moyenne d'âge était de 58 ans[2]. Ils participaient tous à la Wisconsin Longitudinal Study, entreprise en 1957 par les sociologues de l'université de Madison. Cette année-là, ils avaient embauché un tiers des lycéens du Wisconsin, dans l'intention de les suivre sur plusieurs décennies et d'étudier leur expérience professionnelle, leur statut socioéconomique, leur vie familiale, leurs traumas et leur santé. Pour notre expérience, les participants venaient dans mon laboratoire, au Brogden Psychology Building, bâtiment hideux construit au centre du campus dans les années 1960, dont la principale caractéristique est l'absence totale de fenêtres au deuxième étage, consacré à la recherche (on pensait dans doute qu'une ouverture sur le monde extérieur gênerait les expériences sérieuses, mais il n'est pas certain qu'emprisonner les gens dans un bunker améliore la productivité scientifique).

Daren accueillait les participants, leur expliquait l'expérience et notre objectif, et leur faisait signer un formulaire de consentement (exigé pour toute recherche portant sur des humains). Nous voulions mesurer l'activité électrique du cerveau, afin de déterminer si les personnes ayant une plus forte activation préfrontale gauche étaient plus résilientes que les personnes ayant une plus forte activation préfrontale droite. Un filet garni d'électrodes était alors fixé au cuir chevelu des volontaires, après que l'éponge de chaque capteur avait été plongée dans de l'eau salée afin de mieux conduire les impulsions électriques. Dans la salle de contrôle voisine, un assistant surveillait le bon fonctionnement des contacts électriques, et nous criait dans l'interphone lesquels étaient défaillants : « Le 87 dans la région frontale droite ; le 36 dans la région pariétale droite ! » (dans ce cas, nous utilisions une seringue pour ajouter un peu de solution saline sur l'éponge de l'électrode). Chaque participant revêtait une cape en plastique pour empêcher les gouttes de ruisseler sur ses vêtements : entre les filets à électrodes sur la tête et ces capes, le labo semblait s'être transformé en salon de coiffure futuriste.

Une fois les capteurs correctement installés, nous mesurions l'activité cérébrale de base des participants pendant huit minutes : quatre minutes les yeux fermés, quatre minutes les yeux ouverts. Puis nous leur présentions cinquante et une images sur un écran vidéo, en changeant d'image toutes les six secondes. Un tiers des images étaient des scènes bouleversantes, comme un bébé atteint d'une tumeur à l'œil ; un tiers montraient quelque chose de plus réjouissant, comme une mère étreignant son enfant ; un tiers enfin présentait une scène neutre, comme une pièce dénuée de caractéristiques particulières. Parfois, pendant ou après l'image, le volontaire entendait un bref bruit blanc, comme un cliquetis qui, activant le « réflexe de sursaut acoustique », pousse généralement les gens à cligner involontairement des yeux, comme nous l'avons vu au chapitre précédent. Enfin, nous placions des capteurs juste en dessous d'un œil, sur le muscle orbiculaire, qui se contracte lorsque l'on bat des paupières. Nombre d'études antérieures avaient établi que, dans un état émotionnel négatif, le clignement des yeux induit par le sursaut est plus fort que dans un état émotionnel neutre, tandis qu'un état émotionnel positif tend à réduire la force de ce réflexe par rapport à l'état neutre. Ces capteurs nous indiqueraient la force du clignement, et nous permettraient donc de connaître l'état émotionnel des gens face aux images et après le visionnage. Nous pourrions ainsi juger à quelle vitesse ils se remettaient de l'émotion négative causée par une image dérangeante.

Voici en résumé ce que nous avons découvert : les personnes ayant une plus forte activation du côté gauche du cortex préfrontal durant la période de base récupéraient beaucoup plus vite, même après les plus vifs sentiments de dégoût, d'horreur, de colère et de peur suscités par les images. Nous en avons déduit que le préfrontal gauche envoie des signaux inhibiteurs à l'amygdale, en lui ordonnant de se calmer, comme indiqué sur le schéma ci-après. Cette déduction allait à l'encontre des résultats d'autres recherches, selon lesquels les personnes ayant une activation *moindre* dans certaines zones du cortex préfrontal montraient *davantage* d'activité durable de l'amygdale à la suite d'une expérience impliquant une émotion négative ; ces personnes seraient donc moins capables de surmonter une émotion négative dès lors qu'elle a été déclenchée.

Notre recherche révélait à peu près l'inverse : l'activité du cortex préfrontal gauche *abrège* la période d'activation de l'amygdale, et permet au cerveau de se remettre après une expérience troublante.

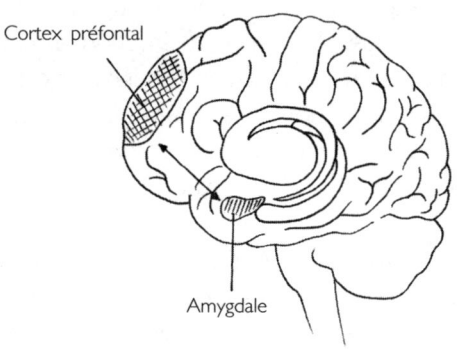

Résilience : les signaux allant du cortex préfrontal vers l'amygdale, et de l'amygdale vers le cortex préfrontal, déterminent à quelle vitesse le cerveau récupère après une expérience perturbante.

Accélérons un peu pour arriver en 2012. Grâce à l'IRM, nous savons désormais que plus vous avez de substance blanche (les axones reliant les neurones entre eux) entre le cortex préfrontal et l'amygdale, plus vous êtes résilient. Moins vous en avez — moins il y a d'autoroutes menant du préfrontal à l'amygdale —, moins vous êtes résilient[3].

Je m'empresse de préciser une chose. C'est le genre d'affirmation qui incite les gens à se dire : génial, je ne dois pas avoir beaucoup de connexions entre mon cortex préfrontal et mon amygdale, donc je suis condamné à me réduire en loque névrotique chaque fois que je me heurte à l'adversité. Comme je l'expliquerai au chapitre 8, nous savons maintenant que le cerveau est parfaitement capable d'augmenter les connexions entre certaines de ses zones, et au chapitre 11 j'expliquerai comment y parvenir spécifiquement pour les connexions entre cortex préfrontal et amygdale. De même, il est tout à fait possible d'accroître votre niveau d'activité de base dans le cortex préfrontal gauche.

Résumons-nous. Chez les personnes lentes à récupérer, qui ont plus de mal à se remettre d'une épreuve, il y a moins de signaux qui circulent du cortex préfrontal vers l'amygdale. Cela peut résulter d'une activité faible dans le cortex préfrontal, ou d'un manque de connexions entre le préfrontal gauche et l'amygdale. Les personnes rapides à récupérer, en revanche, et donc extrêmement résilientes, montrent une forte activation du cortex préfrontal gauche face à l'adversité et ont de solides connexions entre le cortex préfrontal et l'amygdale. En apaisant l'amygdale, le cortex préfrontal parvient à estomper les signaux liés aux émotions négatives, et permet au cerveau d'anticiper et d'agir efficacement sans se laisser troubler par l'émotion négative. Ce qui est une définition pas trop mauvaise de la Résilience.

LE CERVEAU SOCIALEMENT INTUITIF

Je peux remercier Timothy, 13 ans, autiste sans retard mental, que j'ai rencontré dans le cadre de mes recherches : il m'a aidé à comprendre que l'Intuition sociale est une dimension essentielle du style émotionnel, dont les pôles extrêmes – socialement intuitif et socialement perplexe – reflètent de nettes différences dans l'activité et la connectivité cérébrales. Timothy était très intelligent, capable de comprendre le langage et de parler. Son discours était cependant très monocorde, sans ces modulations qu'on appelle contours intonatifs – les syllabes accentuées, les changements de hauteur de la voix, du ton et du rythme qui expriment l'émotion. Par exemple, quand le volume et la hauteur augmentent, vous pouvez être à peu près sûr que votre interlocuteur est en colère. Quand le rythme ralentit, que le volume diminue et que la voix devient plus grave, le locuteur est sans doute triste. La voix de Timothy, elle, sonnait comme celle d'un robot.

Plus frappant encore, il évitait tout contact visuel avec ceux auxquels il s'adressait. Il me lançait parfois des regards fugaces quand je lui parlais, mais la plupart du temps, ses yeux se fixaient ailleurs, n'importe où sauf sur moi. Quand nous avons fait venir Timothy au laboratoire, le logiciel de suivi oculaire l'a confirmé : quand nous lui présentions des images de visages sur un écran vidéo, il passait très peu de temps à regarder la région des yeux, sur laquelle se fixent les enfants en plein développement. Et quand nous avons fait passer un scanner à Timothy pour examiner les modèles d'activation de son cerveau tandis qu'il regardait des visages à l'expression neutre ou émotionnellement marquée, il manifestait, par rapport à la majorité des enfants, un degré d'activation bien inférieur dans la zone fusiforme, spécialisée dans le déchiffrage des visages. Et moins Timothy montrait d'activation dans la zone fusiforme, moins il était capable de nous dire quelle émotion exprimait un visage. Pendant ce test, Timothy montrait aussi une activation renforcée de l'amygdale. Mais lorsqu'il se désintéressait de la région des yeux dans un visage, son niveau d'activation de l'amygdale chutait. Timothy avait involontairement développé une stratégie qui l'aidait à réduire l'inconfort et l'angoisse qu'il ressentait en regardant les yeux des gens.

Ce modèle cérébral est typique de l'individu situé socialement perplexe sur l'échelle de l'Intuition sociale. À l'inverse, une personne ayant un niveau d'activité élevé dans le gyrus fusiforme et une activité de l'amygdale faible à modérée est socialement intuitive, très à l'écoute des signaux sociaux et capable de repérer les indices les plus subtils.

Nous autres *Homo sapiens* sommes des créatures très visuelles, c'est par le regard que nous recueillons les signaux sociaux émis par nos semblables. D'après les études réalisées sur des enfants, des adolescents et des adultes comparables à Timothy, j'ai conclu que le manque d'Intuition sociale et donc l'incapacité à saisir ce qui est socialement adéquat viennent d'un faible niveau d'activation de la zone fusiforme et d'un fort niveau d'activation de l'amygdale, comme le montre le schéma ci-après (page 134).

Depuis la parution de notre étude sur le cerveau autiste en 2005[4], les recherches entreprises dans bien d'autres laboratoires ont confirmé que l'activité de l'amygdale explique les différences de sensibilité sociale. Plusieurs expériences, par exemple, se sont concentrées sur une molécule qui réduit l'activation de l'amygdale. Cette hormone, appelée ocytocine, a fait irruption dans l'imagination populaire au cours des années 1990, à la faveur de travaux portant sur le campagnol des prairies.

Ce rongeur compte parmi les rares espèces de mammifères à pratiquer la monogamie à vie ; une espèce voisine, le campagnol montagnard, a des relations bien plus éphémères, selon un modèle plus habituel. La principale raison de la différence de comportement entre ces deux espèces, pourtant identiques à plus de 99 % sur le plan génétique, est que le campagnol des prairies est inondé d'ocytocine à des moments-clefs de sa relation « conjugale », contrairement au campagnol montagnard. De plus, le campagnol des prairies, fidèle et romantique, possède dans son cerveau de nombreux récepteurs d'ocytocine, contrairement au campagnol montagnard, volage et sans attaches[5]. Chez les humains aussi, l'ocytocine a été reliée au comportement maternel (elle est libérée lors de l'accouchement et de l'allaitement), à l'amour romantique et aux sentiments de sérénité et de satisfaction[6].

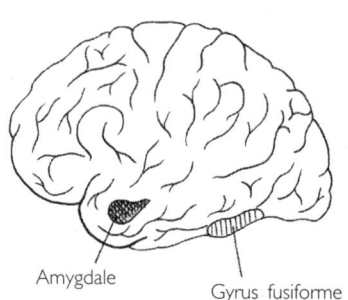

Intuition sociale : un bas niveau d'activité du gyrus fusiforme et un niveau élevé d'activité de l'amygdale caractérisent les personnes socialement perplexes. Inversement, une activité forte du fusiforme et une activité faible à modérée de l'amygdale sont les marques d'un cerveau socialement intuitif.

Bien sûr, le comportement humain est trop complexe pour se réduire à des quantités d'hormone cérébrale ; il existe des preuves montrant que les sentiments d'amour et d'attachement peuvent faire augmenter le niveau d'ocytocine plutôt que l'inverse. En tout cas, les expériences sur l'ocytocine ont confirmé le rôle de l'amygdale dans le cerveau social : quand de l'ocytocine était vaporisée dans le nez de volontaires, ce qui lui permet de monter directement au cerveau, elle réduisait l'activation de l'amygdale. Cela suggère que l'apaisement de l'amygdale est le mécanisme par lequel l'ocytocine induit des sentiments d'engagement et d'attachement, et qu'apaiser l'amygdale par d'autres moyens aboutit au même effet, d'où la possibilité de développer un cerveau socialement intuitif[7].

LE CERVEAU SENSIBLE AU CONTEXTE

Comme je l'ai dit, c'est par hasard que j'ai découvert les six dimensions du style émotionnel, au cours de ma recherche sur les émotions. Dans le cas de la sensibilité au contexte, ce fut grâce aux singes.

En 1995, j'ai commencé à collaborer avec mon ami et collègue Ned Kalin pour étudier les bases neuronales du tempérament anxieux chez le macaque rhésus. Pour mener cette recherche, nous devions évidemment trouver le moyen d'identifier ce tempérament, de déterminer quels singes étaient des épaves névrotiques et lesquels étaient de petites boules de poils heureuses de leur sort. Ned est parti du fait bien connu que les tout jeunes humains comme les singes ont tendance à s'immobiliser lorsqu'ils sont confrontés à une situation peu familière – une forme d'anxiété appelée inhibition comportementale. Il a donc conçu un protocole expérimental dans lequel les macaques rhésus étaient confrontés à une silhouette humaine. En général, lorsqu'ils voient un profil humain, même sur un écran vidéo, les singes s'immobilisent. Le temps pendant lequel ils restent pétrifiés varie cependant beaucoup d'un spécimen à l'autre, allant d'environ dix secondes à plus d'une minute.

Sur cent macaques auxquels nous avons montré une silhouette humaine, quinze sont restés immobiles beaucoup plus longtemps que les autres. Curieusement, trois d'entre eux se pétrifiaient aussi de temps à autre lorsqu'ils étaient seuls, sans qu'on leur montre des humains. Donc, non seulement ces trois-là manifestaient une réaction extrême à une situation dans laquelle il est normal de réagir ainsi (voir un profil humain), mais ils avaient aussi une réaction extrême à une situation qui ne déclenche habituellement aucun comportement particulier chez les singes, à savoir être assis dans leur milieu ordinaire, parmi leurs congénères, sans aucun humain en vue. Ces trois macaques étaient donc insensibles au contexte : ils confondaient une situation familière, sans danger, avec une situation nouvelle et potentiellement menaçante ; ils réagissaient au familier comme s'il était inconnu et donc menaçant[8].

La capacité à distinguer un contexte familier d'un contexte inconnu vient de l'hippocampe, comme le montre le schéma de la page suivante.

L'hippocampe est surtout connu pour son rôle dans le fonctionnement de la mémoire : il semble servir de salle d'attente pour les souvenirs à court terme, et il en prépare certains pour un transfert vers un stockage de longue durée. Néanmoins, dans une étude récente portant sur les macaques rhésus, j'ai découvert avec Kalin que l'hippocampe antérieur, soit la partie la plus proche de l'amygdale, permet aussi de réguler l'inhibition comportementale suscitée par différents contextes[9].

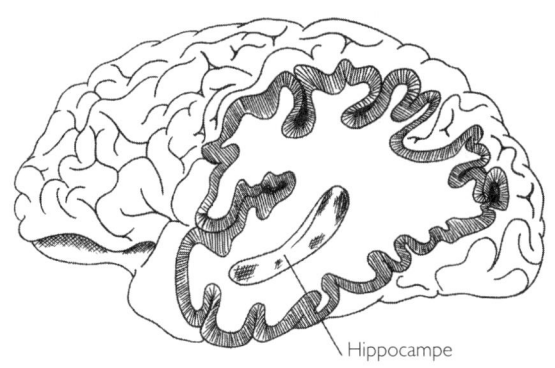

Sensibilité au contexte : s'il est mieux connu pour son rôle dans la formation de souvenirs à long terme, l'hippocampe a aussi pour fonction d'adapter nos comportements au contexte. Une faible activité est caractéristique des individus déconnectés, *une activité forte des individus* connectés.

Cette découverte va à l'encontre de l'idée que les personnes souffrant de troubles de stress post-traumatique (TSPT) ont un dérèglement de la fonction hippocampique. On voit en général dans le TSPT une condition handicapante, où des expériences normales déclenchent le souvenir douloureux d'un trauma passé, comme lorsqu'un ancien combattant entendant un moteur qui pétarade se revoit patrouiller dans les rues de Tikrit durant la guerre du Golfe. Mais l'on peut aussi, plus fondamentalement, concevoir le TSPT comme un trouble de l'adaptation au contexte : l'angoisse, voire la terreur, que ressentent les personnes souffrant de TSPT est tout à fait adéquate dans certains contextes, comme un champ de bataille, mais le problème est qu'ils éprouvent ce sentiment dans un contexte non traumatique. Connaître une montée d'adrénaline et une hausse de l'activité de l'amygdale quand vous entendez une explosion est normal, et même bienvenu, si vous êtes un militaire en zone de guerre ; réagir ainsi au moindre « boum » venant du chantier voisin est beaucoup moins normal.

Je l'ai compris en 2010, quand j'ai cherché à savoir si la méditation et d'autres formes d'entraînement mental pouvaient contribuer à réduire le stress des anciens combattants. Quand j'ai présenté ma recherche au commandant des troupes revenues dans le Wisconsin, il m'a raconté ce qui était arrivé cette semaine-là à l'un de ses soldats. De retour d'Afghanistan, cet homme avait acheté la moto dont il rêvait depuis longtemps et avait emmené sa femme en balade. Suivi par une ambulance toutes sirènes dehors, le soldat avait paniqué. À force d'accélérer, il avait perdu le contrôle de son véhicule et était parti dans le décor. Il était mort sur le coup ; sa femme était très grièvement blessée. C'était un exemple tragique de ce qui peut arriver quand le cerveau ne parvient pas à saisir le contexte, en l'occurrence à distinguer la signification d'un bruit soudain dans un cadre bucolique relativement sécurisé et celle d'un bruit entendu dans une zone de guerre.

De nombreuses études ont montré que le TSPT est associé à une perte de volume de l'hippocampe. C'est logique : un hippocampe diminué a du mal à se souvenir du contexte où un événement traumatique s'est produit, et il peut confondre les dangereuses rues afghanes avec les rues très sûres du Wisconsin. J'en ai conclu qu'une activité inhabituellement faible de l'hippocampe caractérisait le pôle *déconnecté* de la dimension Sensibilité au contexte. À l'autre extrémité, au pôle *connecté*, l'hyperactivité de l'hippocampe risque d'entraîner une focalisation excessive sur le contexte, qui peut inhiber la spontanéité émotionnelle. C'est le cas quand une personne hyperconcentrée sur le contexte social devient émotionnellement paralysée, si désireuse de prendre en compte toutes les nuances de l'environnement social qu'elle a peur de commettre un impair, comme un invité qui découvre en s'attablant six fourchettes à côté de son assiette. De même, un individu extrêmement sensible au contexte sera tenté d'adapter son comportement à ce qu'il perçoit comme étant les exigences de la situation – se présenter de telle façon à son conjoint, de telle autre à son patron et montrer encore un autre visage à ses amis –, jusqu'à en arriver très vite à douter de sa propre sincérité, de sa propre authenticité.

Les différences de Sensibilité au contexte s'expliquent par l'importance plus ou moins forte des connexions entre l'hippocampe et d'autres régions du cerveau, en particulier le cortex préfrontal. L'hippocampe communique régulièrement avec les zones du cortex préfrontal assurant les fonctions exécutives du cerveau, ainsi qu'avec les sites de stockage des souvenirs à long terme, ailleurs dans le cortex. Des connexions plus fortes entre l'hippocampe et ces régions augmentent la sensibilité au contexte, alors que des connexions plus faibles provoquent l'insensibilité au contexte.

Il existe à présent une grande quantité d'études, menées sur des humains comme sur des animaux de laboratoire, concernant l'hippocampe et les structures par lesquelles il communique en encodant les informations sur le contexte et en récupérant l'information stockée[10]. Pour les rats de laboratoire, par exemple, le « contexte » est tout à fait rudimentaire : c'est la taille de la cage ou le matériau qui en recouvre le sol. Pour tester la compréhension que les rats ont du contexte, les chercheurs associent un stimulus neutre, comme un son, à un stimulus désagréable, comme un léger choc électrique, qui pousse le rat à courir dans la cage pour tenter d'échapper aux ondes. Si l'on inflige un choc au rat chaque fois qu'il entend le son, l'animal associe bientôt les deux, et se met à courir dès qu'il entend le son, sans attendre l'arrivée du choc. (Ce protocole expérimental remonte à l'époque de Pavlov qui, dans son travail sur des chiens, associait un son à de la nourriture. Au bout d'un certain temps, les chiens se mettaient à saliver en prévision de la nourriture rien qu'en entendant le son.) Mais si on lui fait entendre plusieurs fois le son sans le choc, le rat finit par apprendre que le son n'est pas un prélude à la douleur et il cesse de courir quand il l'entend, phénomène appelé apprentissage par extinction. C'est là que le contexte entre en jeu : si le rat apprend à ne plus associer son et choc électrique alors qu'il vit dans une petite cage au sol grillagé, lorsqu'on le transporte dans une grande cage au sol plat, il se remet à croire que le son annonce le choc et se conduit en conséquence. Mais cela n'est possible que si l'hippocampe de l'animal est intact. Si son hippocampe est endommagé, le rat ne distinguera plus entre les deux contextes et sera incapable d'apprentissage par extinction. Ce genre de découverte suggère fortement que l'hippocampe joue un rôle important dans l'apprentissage du contexte. Puisque l'apprentissage présuppose la perception, il est logique d'en conclure que l'activité de l'hippocampe détermine la perception du contexte.

LE CERVEAU CONSCIENT DE SOI

Durant mon doctorant, j'ai commencé à étudier un type de personnalité caractérisé par ce qu'on appelait alors la défense répressive[11]. Les personnes ayant cette personnalité nient ressentir stress ou angoisse, mais leur corps raconte une tout autre histoire, comme l'expérience suivante nous l'a montré. Nous demandions aux participants d'accomplir un travail d'association d'idées à partir d'une phrase chargée émotionnellement : ils devaient dire les premiers mots qui leur venaient à l'esprit en lisant des phrases. Celles-ci pouvaient être neutres (« La lampe est sur la table de chevet »), à connotations sexuelles (« La prostituée a couché avec l'étudiant ») ou agressives (« Son colocataire lui a mis un coup de pied dans le ventre »). Les participants ayant un fort degré de défense répressive estimaient que les phrases émotionnellement chargées n'avaient rien de troublant, mais leur rythme cardiaque et leur conductance cutanée (qui mesure la transpiration et donc l'anxiété) grimpaient en flèche. De toute évidence, ces gens-là n'avaient pas une grande Conscience de soi. Des recherches ultérieures ont montré que les personnes ayant une forte défense répressive ne refoulent pas consciemment leurs réactions, pas plus qu'elles ne mentent. Bien plutôt, elles ignorent vraiment ce qui se passe en elles. Comme elles sont incapables de percevoir correctement leurs états internes, ce qu'elles disent de ce qu'elles ressentent diverge énormément de la mesure objective de ces états.

À l'époque, je ne pouvais pas en apprendre beaucoup plus sur ce manque extrême de Conscience de soi, mais tout a changé avec l'avènement de la neuro-imagerie. Pour ce qui est de la Conscience de soi, une région-clef est l'insula[12], représentée sur ce schéma :

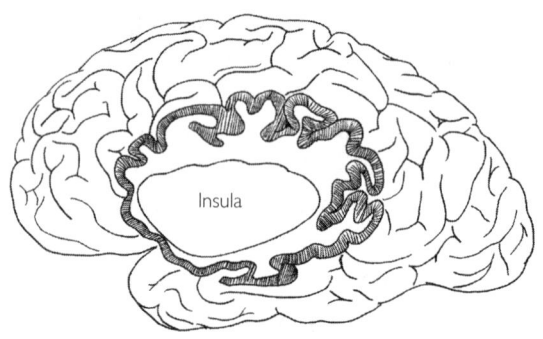

Conscience de soi : l'insula, ou cortex insulaire, reçoit les signaux émis par les organes viscéraux ; par conséquent, un haut degré d'activité de l'insula favorise un haut degré de Conscience de soi, tandis qu'une activité moindre indique une moindre Conscience de soi.

L'insula envoie aussi des signaux aux organes : elle ordonne au cœur de battre plus vite, par exemple, ou aux poumons d'inhaler plus rapidement. Des recherches récentes montrent que, en plus de l'insula, le cortex somatosensoriel est lui aussi impliqué dans la perception des sensations internes. La prochaine fois que vous sentirez votre cœur palpiter quand vous avez peur, ou votre visage rougir quand vous êtes en colère, vous pourrez remercier à la fois votre insula et votre cortex somatosensoriel.

Rien d'étonnant, donc, si l'insula se met en éveil lorsqu'elle reçoit (d'autres zones du cerveau) l'ordre de surveiller le rythme cardiaque. Quand cette structure augmente son activité – en connectant davantage de neurones recevant l'information en provenance du cœur, par exemple, ou en recrutant plus de neurones pour transmettre ces données vers les régions du cerveau chargées de compter les pulsations –, les gens sont plus sensibles à leur rythme cardiaque. Des chercheurs britanniques ont découvert grâce à la neuro-imagerie que les gens les plus doués pour compter les battements de leur cœur ont aussi une insula plus volumineuse ; plus grosse est l'insula, plus juste est l'estimation[13].

Détail intéressant, une plus forte activation de l'insula est associée à une plus grande conscience non seulement des sensations physiques mais aussi des émotions. Dans une étude réalisée en 2010, également en Grande-Bretagne, des scientifiques demandaient aux participants de répondre à des questions afin d'évaluer où ils se situaient sur l'échelle de l'alexithymie (difficulté à identifier et à décrire ses sentiments). Il s'agissait de dire si diverses affirmations correspondaient bien à leur personnalité : « Quand quelqu'un d'autre est blessé ou contrarié, j'ai du mal à imaginer ce qu'il éprouve », « Quand on me demande quelle émotion je ressens, je ne sais presque jamais quoi répondre », « Je n'arrive pas à identifier les sentiments dont je sens vaguement qu'ils apparaissent en moi ». Ensuite, les chercheurs mesuraient l'activité de l'insula des participants. Plus un individu paraît alexithymique, plus faible est l'activité de son insula[14].

Tout cela montre que les personnes ayant un haut degré de Conscience de soi ont une plus forte activation de l'insula, alors que les personnes ayant un moindre degré de Conscience de soi ont une activation réduite. À l'extrême, un niveau très élevé d'activité de l'insula semble associé à une conscience très aiguë des indices corporels, comme c'est parfois le cas pour le trouble de panique et l'hypocondrie. Les individus atteints de ces maladies sont hypersensibles à leur pouls, au rythme de leur respiration, à leur température et à d'autres symptômes de l'angoisse, qu'ils ont tendance à surestimer. Par conséquent, ils interprètent comme signe d'un infarctus imminent une légère accélération du rythme cardiaque, à laquelle vous prêteriez à peine attention, en vous demandant juste s'il ne vous a pas échappé quelque chose qui ait déclenché en vous une réaction de stress.

LE CERVEAU POSITIF OU NÉGATIF

En 1982, après avoir découvert qu'une activité accrue du cortex préfrontal gauche sous-tendait les émotions positives tandis qu'une activité accrue du cortex préfrontal droit était associée aux émotions négatives, je me mis en quête de la base cérébrale de ce qui deviendrait la dimension Perspective du style émotionnel. Cette première découverte s'était faite grâce à l'électroencéphalogramme, soit des capteurs appliqués au cuir chevelu, qui détectent l'activité électrique des fonctions cérébrales. Pendant un certain temps, c'est resté le seul outil disponible pour étudier le cerveau humain de façon non invasive, mais quand apparut l'imagerie à résonance magnétique fonctionnelle, vers 1995, elle devint bientôt la voie royale pour étudier le fonctionnement cérébral. L'IRM offre une meilleure résolution spatiale que l'électroencéphalogramme, et mesure l'activité non seulement à la surface corticale, mais aussi dans des régions subcorticales comme l'amygdale, que l'électroencéphalogramme ne peut atteindre. (Soyons bien clairs : l'imagerie fonctionnelle emploie le même matériel que l'IRM ordinaire, utilisée pour repérer des tumeurs dans l'abdomen ou des hémorragies cérébrales, avec un tuyau ou tunnel qui contient de puissants aimants. La dimension « fonctionnelle » vient du logiciel qui transforme les données brutes sur les changements d'oxygénation du sang dans le cerveau pour en faire ces images frappantes désormais bien connues.)

En 2007, j'ai réfléchi avec Aaron Heller, étudiant extrêmement talentueux qui avait rejoint mon labo en 2005, pour trouver le moyen d'identifier quels aspects, précisément, de l'émotion positive manquent aux personnes souffrant de dépression[15]. Cela peut paraître tellement évident que c'en est ridicule – les dépressifs sont des gens inaptes au bonheur, non ? – mais en fait, la dépression se caractérise aussi par l'absence d'autres émotions positives. Les gens déprimés, par exemple, manquent d'énergie pour viser des objectifs (s'il s'agissait de rats de laboratoire, nous parlerions d'un trop faible comportement d'approche) ; il leur arrive de ne pas remarquer la nouveauté, alors que d'autres s'enthousiasment à la simple vue de nouvelles fleurs dans le jardin du voisin ou d'un nouveau café qui vient d'ouvrir dans la rue. Ils ont aussi tendance à manquer de persévérance. Nombre d'individus déprimés savent fort bien qu'ils ont des projets – même si l'idée vient de quelqu'un d'autre, comme faire une sortie en famille – et des choses à faire, mais ils n'ont pas la ténacité nécessaire pour les mener à bien. C'est comme si leur motivation était court-circuitée. Nous voulions, Aaron et moi, identifier la base cérébrale de ces tendances.

Au cours de notre travail préparatoire, je me suis souvenu d'une étude que j'avais réalisée quinze ans auparavant sans jamais la publier. J'avais montré à des patients dépressifs des extraits de films choisis pour susciter des émotions positives comme le bonheur, y compris des scènes de films comiques. En réaction à ces images, les patients dépressifs présentaient autant d'émotion positive que les participants non déprimés, ce qui allait à l'encontre de l'idée que les déprimés sont incapables d'éprouver de la joie ou d'autres émotions positives. S'il y avait une différence dans la manière dont les dépressifs ressentent l'émotion positive par rapport aux non-dépressifs, elle ne se reflétait pas dans leur réaction aux vidéos comiques. Mais cette étude ne mesurait pas ce qui, je le soupçonnais, serait une différence majeure entre personnes déprimées et personnes saines : la durée de cette émotion positive, plutôt que son intensité.

Pour vérifier cette idée, nous avons fait passer des annonces dans la presse régionale et sur la chaîne météo locale (excellente source pour trouver des sujets déprimés, toujours à l'affût des menaces de leur environnement – ce qu'une chaîne météo, surtout à Madison, ne se prive pas de mettre en avant). Nous avons ainsi pu recruter vingt-sept personnes souffrant de dépression clinique et dix-neuf volontaires sains. Afin de mesurer l'activité cérébrale de ces gens au moment où ils visionneraient des images émotionnellement évocatrices, nous avons élaboré un système nous permettant de projeter des images à l'intérieur d'un appareil IRM.

Quand les volontaires arrivaient à mon labo du Waisman Center, nous les emmenions dans une pièce abritant un faux appareil d'IRM, pour qu'ils puissent se familiariser avec l'objet (ceux qui étaient trop anxieux pouvaient renoncer ou prendre le temps de se calmer suffisamment pour pouvoir participer). Comme un appareil IRM fait à peu près le bruit d'un marteau-piqueur à vingt centimètres de votre tête, nous avions numérisé le bruit du véritable appareil afin de le diffuser dans le faux, toujours pour que les gens sachent à quoi s'attendre. Il valait mieux qu'ils paniquent dans le faux appareil plutôt que de nous faire perdre un temps précieux une fois dans le vrai.

Ceux qui confirmaient leur participation à ce stade entraient alors dans le véritable appareil, sur le dos, la tête en avant. Dès qu'ils nous disaient se sentir à l'aise (tous étaient munis d'écouteurs et d'un micro pour pouvoir nous entendre et nous parler dans la salle de contrôle), nous commencions à projeter des images sur un écran situé au-dessus de leur visage. Toutes les scènes ainsi présentées étaient joyeuses, ou du moins susceptibles de susciter un léger sourire : des enfants qui jouent et s'amusent, des adultes qui dansent, des gens savourant un repas apte à faire saliver l'observateur.

Pour chaque image, les volontaires recevaient l'une de ces deux instructions : soit visionner simplement sans chercher à modifier leur réaction émotionnelle, soit essayer de renforcer et de faire durer l'émotion positive le plus longtemps possible (au moins vingt secondes) après la disparition de l'image qui l'avait suscitée. Aaron leur avait décrit certaines stratégies cognitives permettant de prolonger l'émotion : s'imaginer eux-mêmes dans la situation heureuse de l'image, imaginer que les individus représentés étaient des membres de leur famille proche ou des amis chers, imaginer que la joie ressentie allait durer des heures. Nous pensions que ces stratégies permettraient d'intensifier et peut-être de prolonger le bonheur initialement ressenti face aux images. Au total, nous montrions aux volontaires soixante-douze images pendant les quarante-cinq minutes qu'ils passaient dans l'appareil IRM. Dans la salle de contrôle, je supervisais le protocole avec

Aaron et m'assurais que les ordinateurs présentant les images et collectant les données IRM fonctionnaient tous correctement. Nous surveillions aussi les images cérébrales pour être sûrs que les participants restaient immobiles (s'ils bougent trop, les images deviennent moins nettes à l'écran).

Des données ainsi recueillies auprès de volontaires déprimés ou sains, un modèle s'est clairement dégagé. Quand les volontaires voyaient les images décrivant des situations heureuses, il se produisait une très nette activation de ce que nous concevons comme le circuit de la récompense dans le cerveau (voir l'illustration ci-après, page 150). Ce circuit est situé dans une région du striatum ventral, sous la surface corticale du milieu du cerveau, dont d'autres études ont montré qu'elle s'active quand une personne s'attend à recevoir une récompense ou quelque chose d'agréable. Plus spécifiquement, ce qui s'active lors de semblables expériences, c'est un groupe de neurones à l'intérieur du striatum ventral, appelé noyau accumbens, région essentielle pour la motivation et la sensation de récompense. (Il se trouve par ailleurs qu'elle est pleine de neurones qui libèrent ou retiennent la dopamine, un neurotransmetteur jouant un rôle dans l'émotion positive, la motivation et le désir, ainsi que des opioïdes endogènes, source de la fameuse « ivresse du coureur ».) Le degré d'activité du noyau accumbens était à peu près le même chez les volontaires déprimés et non déprimés lorsqu'ils regardaient les images joyeuses. Tout le monde était capable de ressentir un élan initial de joie partagée. Mais cette similitude ne durait pas. Les gens sains étaient capables de faire durer l'ivresse émotionnelle pendant toute la séance, alors que, chez les patients déprimés, le sentiment positif s'évaporait au bout de quelques minutes.

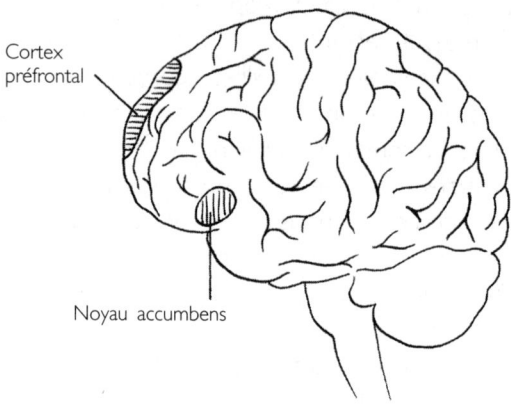

Perspective : le cortex préfrontal et le noyau accumbens situé dans le striatum ventral forment le circuit de la récompense. Les signaux émis par le cortex préfrontal maintiennent un haut degré d'activité dans le striatum ventral, région cruciale pour susciter un sentiment de récompense, et donc une Perspective positive. Une activité faible dans le striatum ventral, due à une moindre émission de signaux en provenance du cortex préfrontal, est la marque d'une Perspective négative.

Pourquoi ? Parce que le noyau accumbens reçoit des signaux du cortex préfrontal, la région supérieure qui transmet les instructions afin d'intensifier et de prolonger le sentiment heureux. Cela suggère qu'il est possible de croire – j'irai jusqu'à dire de *vouloir* – se sentir récompensé. Des signaux persistants du cortex préfrontal disent au noyau accumbens : « Ne lâche pas !

Tiens bon ! » C'est ce qui se passait dans le cerveau des volontaires sains, mais pas dans celui des dépressifs. À mesure que le temps s'écoulait, chez les patients déprimés, le flux de signaux de ce type envoyés au noyau accumbens par le cortex préfrontal diminuait, et par conséquent l'activation du circuit produisant la récompense décroissait aussi. Apparemment, les messages n'étaient plus transmis ou se perdaient en route, comme de l'eau acheminée par un tuyau qui fuit.

Nous voulions voir ce que ce déclin d'activité du circuit de récompense signifiait dans le monde réel. Donc, après le passage en appareil IRM, nous demandions aux volontaires de répondre à un questionnaire simple. Celui-ci énumérait différentes émotions positives (heureux, intéressé, inspiré, fier) et leur demandait d'évaluer sur une échelle de 1 à 5 à quel point ces adjectifs décrivaient leur humeur du moment. La capacité à prolonger l'activation du circuit de la récompense s'est révélée fortement prédictive de l'intensité de l'émotion positive signalée dans cette seconde phase de l'expérience. Plus les gens parvenaient à faire durer la satisfaction neuronale après avoir vu une image d'enfants qui jouent, plus ils se déclaraient heureux dans ce questionnaire. Fait important, cela valait aussi bien pour les dépressifs que pour les volontaires sains. En moyenne, les patients déprimés étaient déficients non pour déclencher l'activation du circuit de la récompense et du cortex préfrontal, mais pour la prolonger.

De récentes recherches menées sur des rats de laboratoire suggèrent que l'activité de la dopamine dans le noyau accumbens pourrait être associée à la composante motivationnelle de la récompense, qui détermine la volonté et la persévérance, alors que les opioïdes endogènes du noyau accumbens seraient davantage liés aux sensations de plaisir[16]. Quand les récepteurs aux opioïdes du noyau accumbens sont activés, ils stimulent une région cérébrale adjacente, le pallidum ventral, dont les études animales montrent qu'il pourrait directement encoder le plaisir hédonique[17].

Ces découvertes indiquent que l'activité du noyau accumbens et du cortex préfrontal est responsable de la capacité à faire durer l'émotion positive. Plus vive est l'activité du noyau accumbens – entretenue par les signaux envoyés par le cortex préfrontal –, plus l'individu se situe du côté positif de la dimension Perspective. Une activité moindre dans cette région se traduit par une Perspective négative.

LE CERVEAU ATTENTIF

Nous nageons dans un océan de stimuli permanents. Il est quasiment miraculeux que nous parvenions à concentrer notre attention, étant donné la masse d'informations qui pénètre à chaque instant dans notre cerveau, sans parler des innombrables pensées qui jaillissent dans notre conscience. Notre capacité à nous concentrer ne serait-ce qu'une partie du temps est un extraordinaire triomphe de l'attention, qui nous permet de privilégier certains objets, externes ou internes, et de les porter à notre conscience, tout en ignorant le reste.

Les humains sont capables de focaliser leur attention par le biais de deux mécanismes complémentaires[18]. L'un consiste à renforcer les signaux dans le canal auquel nous nous intéressons : nous pouvons, par exemple, augmenter la force des signaux visuels porteurs de l'image des caractères que nous lisons par rapport à la force des signaux visuels porteurs de l'image de nos mains tenant le livre. Le second mécanisme consiste à inhiber les signaux dans les canaux non prioritaires. Nous combinons souvent les deux stratégies. Rappelez-vous la dernière fois que vous étiez dans un restaurant bruyant, en grande conversation avec un ami. Pour l'entendre, vous augmentez le volume interne de sa voix tout en inhibant les sons venant des tables environnantes. Même les tout jeunes enfants ont une capacité d'attention sélective : ils peuvent se focaliser sur le visage maternel et ignorer les autres sources sensorielles.

Le style émotionnel comprend deux formes d'attention : l'attention sélective et la conscience ouverte sans jugement. Comme je l'ai expliqué au chapitre 3, l'attention sélective consiste en une décision consciente de se concentrer sur certaines caractéristiques de l'environnement et d'en négliger d'autres. Cette capacité est essentielle pour d'autres dimensions du style émotionnel, puisque l'absence d'attention sélective peut limiter la Conscience de soi ou la Sensibilité au contexte. La conscience ouverte et sans jugement est la capacité à accueillir les signaux de l'environnement externe ainsi que les pensées et sentiments qui surgissent dans notre cerveau, la capacité d'élargir notre attention pour capter les indices souvent subtils qui ne cessent de nous parvenir, cela sans se fixer sur un stimulus au détriment des autres.

Pendant mes études, je soupçonnais déjà que les différences individuelles en termes d'attention sélective étaient fondamentales pour comprendre les différences émotionnelles (je n'avais pas encore élaboré le modèle du style émotionnel). À l'époque, je réalisai une étude où je distribuais un questionnaire mis au point par le psychologue Auke Tellegen, de l'université du Minnesota, pour mesurer la propension à se laisser tellement absorber par ses activités qu'on en oublie son environnement. (L'étudiant tellement concentré sur son devoir de maths qu'il n'entend pas l'alarme incendie arrive très haut sur l'échelle de Tellegen.) On demande aux gens d'évaluer à quel point diverses phrases leur correspondent, comme : « Je peux être très ému par un langage poétique ou éloquent », « En regardant un film ou une pièce de théâtre, il m'arrive d'être tellement passionné que j'oublie ma propre réalité pour vivre l'histoire comme si elle était réelle et que j'y participais », ou encore : « Quand j'écoute de la musique, je me laisse tellement emporter que je ne remarque plus rien d'autre. »

Après avoir distribué le questionnaire Tellegen à cent cinquante étudiants de Harvard, que l'on peut supposer dotés d'une bonne capacité de concentration, nous avons sélectionné les dix meilleurs scores et les dix moins bons quant à la faculté de se laisser absorber par quelque chose – les plus concentrés et les moins concentrés, en matière de style émotionnel. Nous avons observé ces vingt « extrémistes » à l'aide de l'électroencéphalogramme, et ce alors que nous leur présentions des stimuli visuels et tactiles (des éclairs lumineux, un tapotement sur l'avant-bras *via* un appareil que j'avais fabriqué). Nous leur demandions de compter les lumières ou les tapotements, et nous notions en même temps l'activité de leur cortex visuel et somatosensoriel[19].

Il ne paraît pas forcément évident que la faculté d'une personne à se plonger dans de la musique soit liée à la réaction de son cerveau aux éclairs lumineux, mais voilà : l'activité du cortex visuel (quand un participant comptait les flashes) et l'activité du cortex somatosensoriel (quand il comptait les tapotements) coïncidait avec les résultats obtenus sur l'échelle d'absorption de Tellegen. Les gens capables de se laisser entièrement absorber par leur environnement manifestaient une attention sélective plus vive – avec davantage d'activité dans le cortex visuel ou somatosensoriel – que ceux qui ne se laissaient pas absorber du tout. Ce fut mon premier élément indiquant que les différences d'attention entre individus pouvaient être importantes.

Mais c'est seulement en utilisant les techniques modernes d'enregistrement cérébral que j'ai pu identifier les circuits qui expliquent où chacun se situe sur la dimension Attention du style émotionnel. D'autres études avaient déjà montré que le cortex préfrontal joue un rôle important pour guider l'attention sélective : il renforce les signaux auxquels il veut s'intéresser (comme les propos d'un ami au restaurant par rapport au bruit de fond) et atténue les signaux qu'il veut ignorer (les autres conversations). Forts de ces acquis, nous avons organisé une expérience, où nous équipions les participants d'écouteurs pour leur faire entendre des sons aigus et graves, un par seconde, soit dans l'oreille droite, soit dans l'oreille gauche[20]. Les participants devaient appuyer sur un bouton chaque fois qu'un type de son était présenté dans une oreille spécifique : le son aigu dans l'oreille gauche sur une durée de cinq minutes, puis le son grave dans l'oreille droite pendant les cinq minutes suivantes, et ainsi de suite en utilisant chacune des quatre combinaisons. En même temps, nous mesurions l'activité électrique du cerveau avec une foule de capteurs répartis sur tout le cuir chevelu.

Grâce aux méthodes modernes d'analyse des signaux électriques du cerveau, nous avons fait une découverte tout à fait frappante. Plus les participants étaient capables de concentrer leur attention sur le bon stimulus, et donc d'appuyer sur le bouton uniquement quand un son grave retentissait dans leur oreille droite (par exemple), plus les signaux électriques des régions préfrontales étaient précisément synchronisés avec l'arrivée des sons. Ce « verrouillage de phase » signifie que l'activité cérébrale parvient à se caler sur les stimuli externes ; l'attention devient alors très concentrée et stable, comme le montrent l'exactitude des gestes et la régularité des temps de réaction des participants d'un test à l'autre. Le verrouillage de phase ne concernait que des signaux de la région préfrontale, à l'exception de toute autre région cérébrale, ce qui souligne l'importance du cortex préfrontal dans la régulation de l'attention sélective.

La conscience ouverte sans jugement provient aussi de modèles d'activité cérébrale spécifiques, comme nous l'avons découvert en 2007 grâce à une étude sur le clignement attentionnel[21]. Comme expliqué au chapitre 3, le clignement attentionnel intervient quand votre esprit, qui traite encore un premier objet d'attention, devient brièvement inconscient de votre environnement. Vous ne tombez pas dans le coma, mais vous ne prêtez pas attention à ce qui se passe devant vous – par exemple un chiffre qui surgit au milieu d'une série de lettres. Quand nous mesurons le fonctionnement cérébral durant le clignement attentionnel, nous constatons que le degré avec lequel le sujet se surconcentre sur le premier chiffre (le 3 dans la série T, J, H, 3, I, P, 9, M…) détermine s'il remarquera le deuxième chiffre (le 9). Autrement dit, les gens ayant un haut niveau de conscience ouverte non critique ont tendance à remarquer le second chiffre, alors que les gens qui en ont moins le manquent presque toujours. Les données de l'électroencéphalogramme ont révélé la base cérébrale de ce phénomène : l'apparition d'un potentiel évoqué cognitif, appelé P300. Un potentiel évoqué cognitif est simplement un signal électrique déclenché en réaction à un événement ou stimulus externe spécifique ; P300 renvoie à une réaction positive (d'où le P), qui se produit approximativement 300 millisecondes après l'événement. Un signal P300 trop fort indique un investissement excessif de la focalisation sur le premier chiffre, qui vous fait manquer le second ; un P300 trop faible indique un investissement insuffisant, qui vous fait manquer aussi le premier. La conscience ouverte et sans jugement implique un équilibre entre ces deux extrêmes pour éviter de rester bloquée sur un stimulus attirant et demeurer, au contraire, réceptive à tous les stimuli.

En résumé, au pôle *concentré* de la dimension Attention, le cortex préfrontal présente un important verrouillage de phase en réponse aux stimuli externes, et une activation modérée du signal P300. À l'autre pôle, *non concentré*, le cortex préfrontal ne manifeste guère de verrouillage de phase, et le signal P300 est excessivement faible ou fort.

Ce chapitre comporte beaucoup d'éléments un peu techniques issus de la recherche sur le cerveau, mais j'espère que vous en aurez retenu deux messages clairs. Le premier est qu'il existe un modèle d'activité neuronale clair pour chaque dimension du style émotionnel. Le second est que cette activité se produit souvent dans des régions du cerveau qui auraient étonné les chercheurs en psychologie des années 1970 et même 1980. Comme nous l'avons raconté au chapitre 2, ces derniers ne s'intéressaient guère aux émotions, en lesquelles ils voyaient plutôt des objets flottants qui gênaient les fonctions plus augustes du cerveau : la cognition, la raison, le jugement et la prévision.

En fait, les circuits du cerveau émotionnel se superposent souvent à ceux du cerveau pensant et rationnel, et, à mon sens, il y a là aussi un message : l'émotion fonctionne en collaboration étroite avec la cognition, pour nous permettre d'évoluer dans le monde des relations, du travail et du développement spirituel. Quand l'émotion positive nous dynamise, nous sommes plus à même de nous concentrer, de comprendre l'organisation sociale de notre nouveau lieu de travail ou de notre nouvelle école, nous pouvons élargir notre réflexion en y intégrant des informations nouvelles et innovantes, et faire durer notre intérêt pour une tâche afin de mieux persévérer. Dans ces cas-là, l'émotion ne cause ni perturbation ni interruption, contrairement à ce que l'on pensait dans les années 1970 ; au contraire, elle facilite les choses. L'émotion imprègne pratiquement tout ce que nous faisons. Rien d'étonnant, donc, si les circuits du cerveau qui contrôlent et régulent les émotions se superposent à ceux des fonctions que nous jugeons purement cognitives. Il n'y a pas de frontière étanche entre l'émotion et les autres processus mentaux ; cette limite est poreuse. Par conséquent, presque toutes les régions du cerveau jouent un rôle dans l'émotion ou sont affectées par elle, même les cortex visuel et auditif.

Comprendre les fondements neuronaux de l'émotion est important pour mieux saisir pourquoi nos perceptions et nos pensées sont modifiées quand nous ressentons des émotions. Inversement, cela nous aide à réfléchir aux moyens d'utiliser notre machinerie cognitive pour réguler et transformer délibérément nos émotions, nous le verrons bientôt. Mais cela soulève aussi un problème. La signature cérébrale de chaque dimension du style émotionnel semble si essentielle à ce que nous sommes, qu'il est tentant d'imaginer qu'elle est innée, aussi caractéristique d'un individu que ses empreintes digitales ou la couleur de ses yeux, et aussi peu susceptible de changer. C'est, du moins, ce que je pensais, comme je le raconterai au prochain chapitre.

5

LE STYLE ÉMOTIONNEL N'EST PAS IMMUABLE

Quand j'ai découvert les fondements neurobiologiques des six dimensions du style émotionnel, j'ai supposé qu'ils étaient innés et fixes, établis dès qu'un enfant venait au monde. Comme d'autres scientifiques (et d'autres jeunes parents – notre fille Amelie était née en 1981, notre fils Seth en 1987), je remarquai avec surprise que les nouveau-nés ont une personnalité affirmée, fait d'autant plus frappant si vous avez plusieurs enfants. Certains sont curieux et calmes, d'autres sont agités et anxieux. Amelie était un bébé solaire, extraverti, qui a parlé très tôt et avec énergie : du fond de sa poussette, elle commentait tout ce qui lui passait sous les yeux, et à 8 ans, elle préférait s'asseoir loin de sa mère et de moi dans l'avion. À la fin du vol, elle savait tout sur les passagers voisins. Seth, au contraire, était un enfant charmant et doux, mais avait plutôt tendance à tester l'eau prudemment qu'à s'y jeter la tête la première.

L'ADN ÉMOTIONNEL

En bref, les enfants semblent naître avec un tempérament et un style émotionnel préexistants, ce qui suggère qu'ils doivent être façonnés par les gènes hérités de leurs parents[1]. Après tout, comme un nouveau-né n'a aucune expérience de la vie qui puisse influencer son style émotionnel, les gènes doivent être les seuls facteurs déterminants[2]. De fait, des études comparant de vrais et faux jumeaux ont prouvé que les gènes nous poussent à être timides ou téméraires, prudents ou casse-cous, heureux ou malheureux, inquiets ou sereins, concentrés ou dispersés[3]. Ces études partent du fait que les vrais jumeaux proviennent du même ovule fécondé et ont donc la même séquence génétique, ce ruban de « lettres » chimiques appelées A, C, G ou T, selon ce que fait le gène en question (ou, plus précisément, selon la protéine que code le gène). Les faux jumeaux sont issus de deux ovules différents fécondés par deux spermatozoïdes différents, et ont donc le même degré de parenté génétique que des frères ou sœurs non jumeaux, qui partagent environ la moitié des gènes qui existent sous différentes formes. (Nombre de gènes humains n'existent qu'en une seule variété, donc quel que soit le lien de parenté unissant deux personnes, elles ont le même exemplaire de ces gènes-là.) Les vrais jumeaux sont donc deux fois plus semblables que les autres enfants de mêmes parents et devraient donc être environ deux fois plus semblables que de faux jumeaux pour tout ce qui a une composante génétique. Autrement dit, quand la ressemblance entre vrais jumeaux est plus grande qu'entre faux jumeaux pour une caractéristique particulière, il y a de fortes chances que celle-ci ait une origine génétique.

Les études sur les jumeaux sont donc une mine d'informations quant aux fondements génétiques du tempérament, de la personnalité et du style émotionnel. Parmi les caractéristiques qui sont plus ressemblantes chez les vrais jumeaux que chez les faux, et qui ont donc une plus forte base génétique, on trouve la timidité, la sociabilité, l'émotivité, une prédisposition à l'angoisse, la capacité à s'adapter, l'impulsivité et l'équilibre entre émotions positives et négatives. Une telle liste peut sembler étrange, mais j'ai choisi ces traits car chacun d'eux renvoie à une dimension du style émotionnel :
– la timidité et la sociabilité sont liées à l'Intuition sociale ;
– l'émotivité est liée à la Résilience et à la Perspective ;
– la prédisposition à l'angoisse est liée à la Résilience ;
– le sens de l'adaptation renvoie avant tout à la Sensibilité au contexte ;
– l'impulsivité est liée à l'Attention (on est plus impulsif quand on est non concentré) ;
– les émotions positives ou négatives ont trait aux dimensions Résilience et Perspective.

Pour toutes ces caractéristiques, la part génétique varie entre 20 et 60 % ; la différence entre deux personnes varie entre un cinquième et trois cinquièmes. Cela peut paraître beaucoup ou peu : c'est une question de point de vue. Un partisan du déterminisme génétique considérerait comme étonnamment faible tout chiffre inférieur à 100 %, mais celui pour qui nous venons au monde telles des ardoises vierges jugerait que 20 % est un chiffre invraisemblablement élevé. Pour vous donner quelques repères, la drépanocytose est héréditaire à 100 %, alors que le caractère héritable de l'appartenance à une religion est proche de zéro.

Même si beaucoup de gens ont tendance à croire aujourd'hui que tous les traits de notre caractère sont liés à notre ADN, rien n'est moins sûr. Prenons le cas de la schizophrénie. Bien que cette maladie ait une forte composante génétique, quand un vrai jumeau en est atteint, il n'y a qu'une chance sur deux pour que son frère en soit également atteint (on dit donc que les vrais jumeaux sont « concordants » à 50 % pour la schizophrénie). La part génétique dans les causes de la dépression est plus modeste encore, et semble varier selon le sexe : chez les femmes, l'héritabilité de la dépression est d'environ 40 %, alors qu'elle est d'environ 30 % chez les hommes. Détail intéressant, la facilité avec laquelle un bébé se laisse consoler semble n'avoir presque aucune composante génétique, et mes propres études réalisées sur des jumeaux montrent que les troubles d'anxiété ont une composante génétique encore plus faible que la dépression. En outre, même pour des caractéristiques ayant une composante génétique, les gènes ne sont pas tout[4]. Ses prédispositions génétiques peuvent pousser un enfant sur la voie qui mène à tel style émotionnel, mais certaines expériences, certains environnements peuvent l'en détourner au profit d'une autre voie.

TIMIDE DE NAISSANCE ?

Sur la question du caractère inné du tempérament, le pionnier fut Jerry Kagan, de Harvard, que j'ai rencontré au début des mes études. Brillant scientifique, Kagan était (et est toujours) passionné par sa recherche sur la façon dont le tempérament d'un enfant se développe. Chaque fois que nous le croisions dans les couloirs de la fac de psycho, il nous demandait, narquois : « La nature s'est dévoilée à vous, aujourd'hui ? », nous incitant ainsi à découvrir ce qui détermine la personnalité de l'enfant. C'était l'époque où l'on avait le droit de fumer dans son bureau, et la pipe de Jerry laissait une trace olfactive reconnaissable entre toutes.

Jerry Kagan fut le premier à étudier l'inhibition comportementale, qui est, en fait, une forme d'anxiété[5]. L'expression décrit la tendance à se pétrifier en réponse à quelque chose de neuf, de peu familier, comme nous l'avons vu au chapitre 4 au sujet des études portant sur les macaques rhésus. Au quotidien, elle revêt l'aspect de la timidité. Kagan fut le premier scientifique à examiner systématiquement les corrélats biologiques et comportementaux des différences individuelles parmi les jeunes enfants ayant ce type de tempérament.

Sa principale découverte fut le fruit d'années d'études menées auprès de dizaines de jeunes, évalués dans leur petite enfance et classés comme atteints ou non d'inhibition comportementale, puis à nouveau évalués alors qu'ils avaient une vingtaine d'années[6]. Kagan demandait aux parents de décrire leurs enfants et de leur attribuer une note sur l'échelle de l'inhibition comportementale, puis il observait les enfants eux-mêmes et procédait à un scan IRM de leur cerveau. Les jeunes adultes considérés comme très inhibés dans leur enfance montraient une activation renforcée de l'amygdale par rapport à ceux qui avaient été classés jadis comme non inhibés. L'amygdale joue un rôle-clef dans la peur et l'anxiété, en réponse aux événements menaçants dans l'environnement. L'activation accrue de l'amygdale renvoie à une caractéristique importante des enfants et des adultes atteints d'inhibition comportementale : ils sont hypervigilants, constamment à l'affût de menaces et de dangers potentiels. Il leur arrive de sursauter en réaction à de petits bruits que la plupart des gens trouvent inoffensifs. Conclusion : l'inhibition comportementale est un trait de personnalité remarquablement stable. Le timide de 9 ans devient le timide de 16 ans, qui devient à son tour l'adulte timide. Puisque Kagan avait découvert ce qui semblait en être la base cérébrale – une activité renforcée de l'amygdale – et puisque, à la même époque (les années 1980 et 1990), la plupart des scientifiques pensaient que les gènes hérités façonnent la structure et la fonction du cerveau, l'immuabilité de l'inhibition comportementale devint un fait admis dans la culture populaire, avec des gros titres comme « Timide un jour, timide toujours ».

Il y a quelques années encore, affirmer l'existence d'un fondement génétique pour le style émotionnel – ou pour toute autre caractéristique, qu'elle soit physique ou psychologique – impliquait autre chose : cette caractéristique nous accompagnerait toute notre vie, c'était un héritage que nous emporterions dans la tombe. Après tout, la forme de notre nez et la couleur de nos yeux, génétiquement conditionnés, ne changent pas (sauf trauma ou intervention de chirurgie esthétique). Il n'y avait donc pas plus de raison, toujours selon la vulgate, que soient amenées à changer des caractéristiques psychologiques génétiquement fondées comme le style émotionnel.

C'est alors qu'une révolution bouleversa la génétique : le dogme « génétique = immuable » fut renversé de manière aussi radicale et spectaculaire que la statue de Saddam Hussein à Bagdad. Les scientifiques firent deux découvertes stupéfiantes et corrélées : une caractéristique génétique s'exprime ou non selon l'environnement dans lequel un enfant grandit, et le gène proprement dit – la double hélice qui s'enroule à l'intérieur de chacune de nos cellules – peut être activé ou désactivé selon notre expérience vécue. On dit souvent qu'aucun facteur, qu'il soit génétique ou expérientiel, ne suffit à lui seul à expliquer les variations du style émotionnel. Mais c'est aussi évident et peu controversé que de dire que le soleil est chaud. Or, il se joue là quelque chose de bien plus intéressant. Contrairement à l'idée populaire selon laquelle nous sommes coincés à vie avec notre personnalité – car comment pourrions-nous modifier notre ADN ? –, même les caractéristiques génétiquement déterminées peuvent être transformées par l'attitude des parents, des nourrices, des enseignants et par les expériences vécues par les enfants.

LE TRIOMPHE DE LA CULTURE SUR LA NATURE

Si les traits génétiques peuvent être modifiés, c'est parce que la simple présence d'un gène ne suffit pas pour que le trait ainsi codé s'exprime. Un gène doit aussi être « activé », et des études portant sur des humains ou des animaux de laboratoire ont montré que l'expérience vécue pouvait activer ou désactiver les gènes. Si l'on reprend le vieux débat nature/culture, on peut dire ici que la culture est capable d'agir sur la nature.

Ce phénomène est apparu clairement suite aux recherches menées sur un gène devenu célèbre à la fin des années 1980. À cette époque, des scientifiques se sont penchés sur une famille des Pays-Bas comptant quatorze hommes coupables de crimes impulsifs, notamment des incendies et des tentatives de viol. En 1993, ils ont découvert que ces quatorze Néerlandais possédaient tous la même forme d'un certain gène du chromosome X. Ce gène produit l'enzyme MAOA, ou monoamine oxydase A, qui métabolise des neurotransmetteurs comme la sérotonine, la norépinéphrine et la dopamine. La version normale, ou longue, du gène produit beaucoup de MAOA ; la version mutante, ou courte, en produit une faible quantité. Plus il y a d'enzyme MAOA dans le cerveau, plus vite ces neurotransmetteurs sont éliminés. Environ un tiers des humains ont la version courte du gène MAOA, alors que les deux tiers ont la version longue. Des études effectuées sur des animaux avaient permis d'associer une faible activité de l'enzyme MAOA, typique de la version courte du gène, à l'agressivité, peut-être parce que, lorsqu'il manque de MAOA, le cerveau est davantage soumis à des substances neurochimiques qui induisent l'agressivité. Les hommes ayant la version courte du gène MAOA ont tendance à réagir très vite à la menace, comme le montre l'activité accrue de leur amygdale, la région cérébrale de la peur, à la vue d'un visage en colère. Cela pourrait expliquer la violence commise par les hommes de cette famille des Pays-Bas. Le gène MAOA a ensuite été baptisé « gène de la violence », la presse s'est mise à parler de gens qui ont « la violence dans le sang », et il fut question de dépister tous les individus porteurs de la version courte, pour mieux contrôler les futurs criminels avant même qu'ils soient en âge de marcher.

Vint alors une étude remarquable[7]. Des scientifiques ont étudié le type de MAOA – forme longue inoffensive ou forme courte dangereuse – de quatre cent quarante-deux Néo-Zélandais de sexe masculin. Puis ils ont examiné les archives criminelles pour déterminer lesquels d'entre eux avaient eu un comportement antisocial ou criminel avant l'âge de 26 ans, ils leur ont fait passer des examens psychologiques pour vérifier s'ils avaient été sujets, à l'adolescence, à des troubles de la personnalité antisociale ou à d'autres problèmes mentaux, et ils ont interrogé au moins une personne qui les connaissait bien. Il en ressortit que 63 % de ces hommes avaient le gène produisant beaucoup de MAOA, et 37 % le gène en produisant peu. Et, oh, surprise, il n'y avait pas de corrélation statistique significative entre la forme du gène MAOA et le comportement antisocial. De jeunes garçons à faible activité du MAOA devenaient parfois des criminels ou des délinquants, mais pas toujours. Ce « parfois » fut une révélation. Si un homme possédant un gène MAOA à faible activité avait été violé dans son enfance, comme c'était le cas de 8 % d'entre eux, il était extrêmement susceptible d'avoir un comportement antisocial. Des individus ayant exactement le même gène, mais qui avaient été aimés et soignés, ce qui correspondait à 64 % des hommes de cet étude, ne présentaient pas de risque de comportement antisocial plus fort que les hommes à forte activité MAOA. Les gènes seuls n'augmentent pas le risque de délinquance et de criminalité ; l'environnement, en la matière, joue aussi un grand rôle.

Pour aller plus loin, les scientifiques ont examiné de nouveau ces Néo-Zélandais, afin d'observer si la même relation nature/culture s'appliquait à un autre gène lié au comportement : le gène transporteur de la sérotonine[8]. Localisé sur le chromosome 17, celui-ci fabrique une enzyme qui éloigne des synapses la sérotonine, un neurotransmetteur responsable, entre autres, de la régulation des émotions. Il produit donc l'effet inverse des antidépresseurs appelés ISRS (inhibiteurs sélectifs de la recapture de sérotonine), qui maintiennent la sérotonine plus longtemps dans les synapses. Comme on pouvait s'y attendre, une version courte de ce gène, qui entraîne une production moindre du transporteur de sérotonine, a été associée à la dépression. Mais là encore, les scientifiques ont montré que les gènes ne sont pas le destin. Parmi les hommes ayant la version courte du gène transporteur de la sérotonine, seuls ceux qui avaient subi des événements stressants dans la vingtaine couraient un risque élevé de dépression. Si vous avez « le gène de la dépression » mais que vous avez vécu une vie exempte de traumas, vous ne courez pas plus de risques de dépression que n'importe qui.

Ce furent là les premiers signes forts selon lesquels notre état émotionnel et psychologique ne dépendait pas seulement des caprices de la double hélice. Selon le vécu de l'enfant, le fondement génétique de la timidité, de l'agressivité ou de la délinquance peut se manifester ou pas. Au lieu de concevoir l'ADN comme le logiciel qui gère nos cellules – ou comme la partition qui impose de jouer telle ou telle note –, il faudrait plutôt y voir une collection de disques ou de musiques diverses. Que vous stockiez votre musique sous forme numérique, sur des CD ou des vinyles, vous ne l'entendrez effectivement que si vous activez le fichier ou faites tourner le disque. Ce n'est pas parce que vous possédez tel 33-tours que les harmonies codées dans les bosses et les creux de ses sillons atteindront vos oreilles. Nous le savons maintenant, il ne suffit pas d'avoir un gène spécifique pour que sa musique soit présente dans notre vie. Changeons d'analogie : les gènes sont comme les balles d'un revolver ; seul l'environnement peut appuyer sur la détente.

Comment exactement la vie que nous menons peut-elle atteindre les gènes de nos cellules pour les « désactiver » ou les maintenir « activés » ? Encore une fois, la manière dont l'ADN peut être amplifié ou inactivé par notre vécu a été révélée par des études réalisées sur des animaux de laboratoire. Dans les années 1990, le biologiste Michael Meaney a commencé à s'interroger sur les rats qu'il étudiait. Certains étaient extrêmement anxieux et inhibés ; ils s'immobilisaient lorsqu'on les déposait dans un environnement inconnu, ils sautaient en l'air lorsqu'ils étaient surpris. C'étaient de pauvres créatures névrotiques, qu'une expérience stressante rendait fous et qui libéraient un flot d'hormones de stress appelées glucocorticoïdes, qui font palpiter le cœur et préparent les muscles à la fuite ou au combat. D'autres rats, au contraire, étaient calmes et détendus ; déposés en terrain inconnu, ils l'exploraient avec plaisir, tels des adolescentes visitant un centre commercial. Ils géraient parfaitement le stress : lorsqu'on leur infligeait un choc électrique, par exemple, ils n'émettaient qu'une infime dose de glucocorticoïdes. Quand les femelles paisibles devenaient mères, elles léchaient et nettoyaient régulièrement leurs petits, ce qui est l'équivalent des câlins et de la tendresse maternelle chez les rongeurs. Les femelles anxieuses, au contraire, étaient trop névrotiques pour border leurs petits et leur lire une histoire à l'heure du coucher. Elles négligeaient tellement leurs devoirs maternels que, s'il existait chez les rats un service de protection de l'enfance, il aurait obligé ces femelles à suivre des cours sur leur rôle parental.

Comme l'ont découvert Meaney et ses collègues en 1989, si certains rats surmontent les expériences stressantes avec tant de désinvolture, c'est parce qu'ils produisent moins de glucocorticoïdes en réponse au stress[9]. Tout comme un enfant très sensible aux demandes de sa mère n'a pas besoin qu'on lui dise deux fois de ranger sa chambre, un rat très sensible aux glucocorticoïdes n'a pas besoin de beaucoup d'hormone de stress pour réagir, donc il s'en répand moins dans son corps lors d'une expérience stressante. Avec moins d'hormone de stress dans leur sang, les rats semblent plus apaisés, moins nerveux, moins peureux, moins névrotiques. Et si certains rats sont plus sensibles aux hormones du stress, c'est parce que leur cerveau contient plus de récepteurs de celles-ci, dans l'hippocampe. Ces récepteurs, comme leur nom l'indique, servent de stations d'accueil pour les glucocorticoïdes. Doté d'une foule de récepteurs, le corps n'a pas besoin de produire autant d'hormone de stress pour que le message passe : si votre adolescent avait trois oreilles, peut-être n'auriez-vous pas à le disputer aussi fort pour qu'il arrête de laisser dans sa chambre des assiettes incrustées de nourriture…

Vers le milieu des années 1990, Meaney a découvert que si certains rats avaient plus de récepteurs de glucocorticoïdes dans leur cerveau et toléraient donc mieux le stress, c'était parce que leur mère les avait beaucoup léchés et nettoyés[10]. Cette expérience changeait toute la vie future des bébés rats, en programmant leur cerveau pour surmonter les expériences stressantes au lieu de les changer en petit tas de cellules tremblant à la moindre exposition à un environnement inconnu. Les bébés rats que leur mère léchait et nettoyait rarement devenaient craintifs et stressés, hypersensibles aux contrariétés et prompts à se pétrifier au moindre imprévu.

Puisque les femelles anxieuses et névrotiques donnent naissance à des bébés rats anxieux et névrotiques, tout le monde pensait que c'étaient là des dispositions génétiques, héritées et, bien entendu, immuables. Et, puisque les femelles sereines donnaient naissance à des bébés rats sereins, tout le monde pensait que cette sérénité était génétique, héritée et immuable. Mais depuis longtemps, Meaney était sceptique face au dogme selon lequel on hérite de l'anxiété ou de la sérénité comme de la couleur des yeux. Il ouvrit donc une sorte d'agence d'adoption pour rongeurs, en confiant à des mères névrotiques l'éducation de rats nés de mères sereines, et à des mères sereines l'éducation de rats nés de mères névrotiques. La culture l'emporta sur la nature. Élevés par des mères attentives, les rejetons de mères anxieuses, névrotiques et négligentes devenaient des rats détendus, fringants, curieux et bien intégrés (autant que des rats peuvent l'être), heureux d'explorer des zones inconnues et s'adaptant aux situations nouvelles, tout comme leurs mères adoptives. Élevés par des mères négligentes, les rejetons de mères affectueuses et sereines perdaient tout au change : malgré leur patrimoine génétique prometteur et leur bon départ dans la vie, ils devenaient des petits paquets de nerfs à moustaches, sursautant à la moindre surprise, tremblant de peur dès qu'on les plaçait dans un environnement inconnu. Et ce n'était pas la seule transformation. Quand les rats adoptés devenaient eux-mêmes parents, les femelles se comportaient comme leur mère adoptive et non comme leur mère biologique : les filles de mères négligentes élevées par des mères affectueuses léchaient et nettoyaient leurs petits, alors que les filles de mères consciencieuses élevées par des mères négligentes négligeaient aussi leurs petits. Les rats avaient hérité d'un *comportement*, transmis par des mères dont ils ne partageaient pas les gènes. C'était un triomphe de la culture sur la nature.

On pourrait en conclure simplement que les mamans rats avaient enseigné à leurs rejetons adoptifs comment se comporter avec leur propre progéniture, ou du moins avaient façonné leur comportement, anxieux ou serein. Meaney, toutefois, pensait que quelque chose de plus profond était en jeu. Il savait qu'un des gènes reponsables de l'anxiété chez le rat codait les récepteurs d'hormone du stress dans l'hippocampe, ces récepteurs que les rats sereins avaient en grande quantité et dont les rats névrotiques manquaient. Comme vous vous en souvenez, plus il y a de récepteurs, moins d'hormones sont produites en réponse à la vue, par exemple, d'un chat affamé à l'horizon, et donc moins il y a d'hormones du stress disponibles pour plonger le cerveau dans une pagaille névrotique. Inversement, moins il y a de récepteurs, plus forte sera la production et la disponibilité des hormones du stress, et plus le rat sera anxieux. Ces gènes liés aux récepteurs d'hormones étaient donc l'endroit évident où chercher une explication au triomphe de la culture sur la nature chez le bébé rat.

Ce qu'ont découvert Meaney et ses collègues, c'est que le gène codant la production des récepteurs d'hormones du stress était transformé par le vécu du sujet dans sa petite enfance : le gène est environ deux fois plus actifs chez les bébés rats élevés par une mère attentive et tendre que chez les petits élevés par une mère négligente. (Rappelez-vous, le gène plus actif produit davantage de récepteurs de glucocorticoïdes. Plus il y a de récepteurs, plus le rat est serein.)

Le mécanisme moléculaire précis, mis en lumière par Meaney, est celui-ci : en léchant et en nettoyant son petit, la maman rat permet d'activer le gène codant le récepteur de glucocorticoïdes. Mais si une maman rat est négligente, qu'elle ne lèche et ne nettoie ses petits que rarement, le gène en question est inactivé : un groupe d'atomes (dit « groupe méthyle ») reste littéralement assis sur le gène et le désactive. Meaney avait donc montré que l'expérience vécue peut affecter l'ADN même d'un animal, et soit l'amplifier soit l'étouffer. Ce résultat était si étonnant que l'une des plus grandes revues scientifiques au monde refusa l'article de Meaney lorsqu'il le soumit pour publication ; l'idée que l'environnement pouvait activer ou désactiver les gènes de façon décisive allait trop à l'encontre des dogmes dominants. (Meaney eut plus de chance avec les éditeurs de *Nature Neuroscience*, où son étude fut publiée en 2004[11].)

Les humains ne sont pas des rats, mais notre ADN peut aussi être inactivé par les groupes méthyles, comme Meaney s'en rendit bientôt compte grâce à une autre étude fondatrice. Avec son équipe, il profita des ressources, macabres mais précieuses, de la Quebec Suicide Brain Bank. Comme son nom l'indique, cet organisme recueille des échantillons de tissu cérébral de personnes qui se sont donné la mort – échantillons placés dans des récipients en pyrex, congelés, et conservés au Douglas Mental Health Institute de Montréal, avec tout le dossier médical et psychologique de chaque individu. Meaney étudia des échantillons de trente-six cerveaux : un tiers venant de suicidés qui avaient été victimes de maltraitance dans leur enfance, un autre tiers de suicidés qui n'avaient pas été maltraités, et un dernier tiers venant de personnes décédées de mort naturelle[12]. En analysant les cerveaux humains comme ils l'avaient fait pour les rats, ses collègues et lui découvrirent que, comparé à celui des non-suicidés, le cerveau des gens qui se sont donné la mort et ont souffert de maltraitance infantile contenait nettement plus de désactivation par méthylation du gène codant le récepteur de glucocorticoïdes. C'était le gène dont l'équipe de Meaney avait montré qu'il était méthylé chez les rats élevés par des mères négligentes. Chez les humains, comme chez les rongeurs, quand ce gène est désactivé, le système de réponse au stress se déclenche à la moindre provocation, et il est extrêmement difficile d'affronter l'adversité. L'activité anormale du système de réponse au stress est depuis longtemps associée au suicide. Avec cette étude de 2009, Meaney avait complété la chaîne causale : la maltraitance infantile modifie l'expression des gènes dans le cerveau, cette expression modifiée réduit à son tour la faculté d'affronter l'adversité, et l'incapacité à affronter l'adversité rend l'individu plus susceptible de se suicider.

Des travaux comme ceux de Meaney confirment que, loin d'être fixes et immuables, nos gènes ressemblent plutôt à une grande collection de CD : ce n'est pas parce que vous possédez un CD que vous l'écouterez forcément, et ce n'est pas parce que vous avez un gène qu'il est activé (ou « exprimé », comme disent les généticiens). En fait, le degré d'expression des gènes est fortement lié à l'environnement. Même si nous avons une propension génétique à l'anxiété, par exemple, grandir dans un environnement qui favorise la sérénité peut faire taire cet « ADN anxieux » et l'empêcher d'avoir un effet sur le cerveau, et donc sur notre comportement ou notre tempérament. C'est comme si nous ne placions jamais ce CD dans notre lecteur.

La présence d'un groupe méthyle assis sur un morceau d'ADN est appelée changement épigénétique. Elle ne modifie pas la séquence du gène, dénotée par les fameuses chaînes de A, de T, de C et de G, mais elle permet à ce gène de s'exprimer ou non. Et elle peut expliquer une énigme comme la faible concordance entre vrais jumeaux en matière de schizophrénie. À la naissance, les vrais jumeaux sont épigénétiquement très semblables ; si un gène particulier est éteint chez l'un des jumeaux, il l'est en général aussi chez l'autre. Mais, à mesure que nous avançons dans la vie, il s'avère que nous accumulons les changements épigénétiques. Par hasard ou du fait de notre vécu – avoir ou non été choyé par un parent, mais aussi certainement bien d'autres expériences –, notre ADN est de plus en plus affecté par des marques épigénétiques réduisant au silence certains gènes qui s'exprimaient jusque-là, et libérant la parole de ceux qui étaient jusque-là bâillonnés.

Une étude réalisée en 2005 a montré l'importance du vécu dans cette modulation de l'activité des gènes[13]. De vrais jumeaux, qui avaient eu le même style de vie et avaient longtemps vécu ensemble, étaient plus semblables épigénétiquement que de vrais jumeaux séparés par la distance géographique, menant des styles de vie éloignés, et ayant donc partagé moins d'expériences. À 50 ans, les jumeaux ayant grandi loin l'un de l'autre présentaient quatre fois plus de différences épigénétiques – quatre fois plus de gènes inactivés chez l'un, mais pas chez l'autre – qu'à l'âge de 3 ans, quand leur vécu était encore presque identique. Tel est le secret expliquant pourquoi, en fonction de leur environnement, des génomes identiques donneront des personnes différentes.

ROBIE LE ROBOT

J'ai souvent rêvé de pouvoir mesurer les changements dans l'expression des gènes chez les enfants, à mesure qu'ils grandissent… surtout après notre étude consacrée à Robie le robot. Cette première grande étude longitudinale du style émotionnel analysait l'inhibition comportementale, une caractéristique dont Kagan avait déterminé qu'elle persistait de l'enfance à l'âge adulte. L'inhibition affecte la dimension Résilience du style émotionnel ; les enfants inhibés ou timides sont moins résilients. Il leur faut plus de temps pour surmonter une situation stressante pour eux, comme se trouver dans un environnement peu familier ou devoir interagir avec des inconnus. Les enfants non inhibés font généralement preuve de Résilience ; ils acceptent ces situations et rebondissent si vite, après une pointe d'anxiété initiale, qu'ils remarquent à peine ce malaise. J'irais même jusqu'à dire que le manque de Résilience pourrait être plus fondamental que la timidité : c'est parce que parler à des inconnus, explorer un terrain peu familier ou avoir un comportement audacieux, non inhibé provoque chez les personnes timides une anxiété et une détresse durables qu'ils évitent ces situations. Et adoptent un comportement timide (les individus conscients d'eux-mêmes évitent délibérément ces situations, alors que les individus opaques à eux-mêmes le font inconsciemment, affirmant qu'ils préfèrent simplement travailler chez eux et n'aiment pas sortir le soir). Puisque je croyais alors que les enfants avaient un style émotionnel inné, qui persistait toute leur vie durant, je pensais que nous découvririons que la Résilience (ou son absence), chez l'enfant, reste fixe, stable, immuable.

Dans les années 1980, notre journal local publiait des avis de naissance, mine d'or pour les scientifiques en quête de volontaires. À l'université du Wisconsin, un bureau répertoriait ainsi soigneusement toutes les naissances, pour constituer une vaste base de données. Si un scientifique avait besoin de quelques centaines d'enfants de 3 ans, il n'avait qu'à demander la liste des enfants nés trois ans auparavant et n'avait plus qu'à contacter les parents. C'est ce que nous avons fait : nous avons pris la liste des enfants nés en 1985 (cela se passait en 1988), avons éliminé tous ceux qui habitaient à plus de quarante kilomètres, et nous avons demandé aux parents s'ils consentiraient à participer à une étude scientifique sur l'inhibition comportementale, autrement dit la timidité. Nous avons obtenu l'accord de 70 % d'entre eux, ce qui reflète la haute estime dont jouit l'université, et nous avons organisé leur venue au labo.

S'il y eut quelques pères, ce furent surtout des mères qui accompagnèrent leur enfant : nous en reçûmes trois cent soixante-huit en tout, à raison de deux familles à la fois. Mon étudiante Rona Finman emmenait les mères dans un coin d'une grande salle de jeux jonchée de jouets et leur demandait de remplir un questionnaire portant notamment, en dehors des renseignements standard, sur le tempérament de leur enfant (lunatique, anxieux, timide…) et sur le leur. Pendant ce temps, les enfants jouaient avec les poupées, les camions, les jeux de construction, etc.

Au bout de quelques minutes, une porte s'ouvrait pour laisser entrer Robie, le robot téléguidé. Un peu plus petit que les enfants, il roulait sur trois roues, ses yeux clignotaient, sa tête tournait à droite et à gauche, et sa bouche remuait quand il parlait. S'approchant de chaque enfant, il leur disait : « Bonjour, je suis Robie le robot et je viens jouer avec toi. Tu veux bien jouer avec moi ? » Suivant les instructions de Rona, les mères restaient concentrées sur leurs questionnaires, sans lever les yeux, sans aucune interaction avec leur enfant.

Les réactions des petits étaient très variées. Certains couraient au devant de Robie pour le toucher et lui parler. D'autres restaient pétrifiés, sans dire un mot. C'était le cas de Will, fils d'un professeur et d'une employée. Dès que Robie entra, Will lâcha le jouet dont il se servait et devint parfaitement immobile, muet, les yeux fixés sur le robot. Il restait à l'affût, l'air méfiant, guettant le moindre indice d'un danger. Quand le robot se rapprochait, Will reculait de plusieurs pas et se figeait de nouveau. Au bout de plusieurs vaines invitations à jouer, Robie déclara qu'il devait partir, se retourna et ressortit par où il était entré. On vit presque Will pousser un soupir de soulagement ; il reprit vie et se remit à jouer. À l'inverse, Sam, fils du patron d'une petite entreprise de bâtiment et d'une bibliothécaire, se jeta sur Robie dès que le robot arriva, lui sourit, le toucha et ne cessa de lui parler. Rona crut qu'il allait casser l'antenne placée sur la tête de Robie et nous empêcher ainsi de le télécommander. Sam faisait des bonds avec Robie et hélait sa mère (« Regarde ! Regarde le robot, maman ! ») alors que celle-ci, suivant nos instructions, restait imperturbablement concentrée sur le questionnaire.

Multipliez Will et Sam par cent quatre-vingt-quatre et vous comprendrez ce que nous avons pu observer pendant les vingt-cinq minutes où les enfants interagissaient (ou non) avec Robie. Nous avions des dizaines de Will, timides, réservés, méfiants et pas résilients du tout ; ils étaient incapables de surmonter leur peur des inconnus et des situations inconnues. Et nous avions des dizaines de Sam, tout à fait extravertis, sociables et résilients, capables d'absorber le choc de cette rencontre avec un robot qui parle et de s'adapter à cette situation inattendue. Selon le jargon en vigueur, nous avions des enfants qui ne manifestaient pratiquement aucune inhibition comportementale et d'autres un haut degré d'inhibition comportementale ; qui faisaient preuve respectivement de beaucoup de résilience ou d'absence totale de résilience. Et nous avions des tas d'enfants qui se situaient quelque part entre ces deux extrêmes. Six mois après cette évaluation comportementale (il nous fallut bien tout ce temps pour mener l'intégralité des tests avec Robie), nous avons demandé aux familles de revenir, pour nous permettre de mesurer l'activité cérébrale de base de leurs enfants. L'électroencéphalogramme permet de mesurer l'activité d'un individu au repos, qui ne fait rien de particulier, même si, en l'occurrence, nous ne pouvions évidemment pas savoir si les enfants rêvassaient ou chantonnaient tout bas.

Le fait que tous les enfants de 3 ans ne sont pas uniformément timides ou sociables n'est pas un scoop. On parviendrait au même constat en s'attardant auprès d'un bac à sable. Nous cherchions autre chose. Comme nous l'avons dit, le paradigme dominant en psychologie du développement était alors que le tempérament est immuable. C'est ce que nous voulions tester.

En fonction de leurs réactions face à Robie, nous avons sélectionné soixante-dix enfants parmi les trois cent soixante-huit testés, que nous allions suivre plus intensément dans le cadre d'une étude longitudinale. Nous avons retenu à peu près le même nombre d'enfants très timides, comme Will, qui avaient à peine adressé deux mots à Robie avant d'aller se cacher dans les jupes de leur mère ; de téméraires, comme Sam, qui avaient passé moins de dix secondes avec leur mère avant d'adopter le robot comme nouveau meilleur ami ; et d'enfants se situant dans la moyenne, qui avaient pris un peu de temps pour s'habituer à Robie. Nous avons demandé aux parents de revenir au labo quand leur enfant aurait 7 ans, puis à nouveau quand il en aurait 9.

Puisque Kagan avait montré que le tempérament était fixe, je m'attendais à ce que les enfants timides avec Robie à l'âge de 3 ans soient encore timides lors du nouveau test, et à ce que les enfants extravertis restent eux aussi tels qu'ils étaient. Mais même les résultats scientifiques les plus respectés doivent être mis à l'épreuve, et il y avait dans les travaux de Kagan deux ou trois choses qui nous étonnaient tous – en particulier une collègue, qui allait jouer un rôle fondamental dans notre étude : Maureen Rickman.

Maureen avait obtenu à Madison un diplôme de premier cycle en neurosciences, alors même que ce dernier n'existait pas encore officiellement au début des années 1980 (seule une formation doctorale était reconnue dans cette discipline). Mais Maureen avait convaincu les responsables de la laisser étudier cette discipline, qui la passionnait. Après son diplôme, elle consacra cinq années de recherche à la petite enfance, en particulier au développement de l'audition. Mais elle cherchait encore sa place : « Je voulais faire quelque chose qui compte réellement, a-t-elle récemment expliqué. J'avais entendu parlé d'un type qui travaillait sur la vraie vie, qui faisait des électroencéphalogrammes pour identifier la fonction de certaines zones du cerveau, et qui se demandait à quoi ressemblait le cerveau des gens anxieux. » Le type en question, c'était moi. J'ai pris Maureen comme doctorante.

J'ai expliqué à Maureen que, comme Kagan, nous allions nous demander si l'inhibition comportementale manifestée à 3 ans persistait jusqu'à la fin de l'enfance, et si les modèles d'activité cérébrale sous-jacents persistaient également. Quand Maureen nous rejoignit pour l'étude longitudinale, nous en étions à la troisième évaluation ; les enfants étaient âgés de 9 ans. Avant tout, la tâche de Maureen consista à relire les travaux de Kagan selon lesquels l'inhibition comportementale de l'enfance persistait à l'adolescence (« Timide un jour, timide toujours »). Plus que la conclusion, bien connue, c'est sur les détails complexes de la méthodologie qu'elle devait se concentrer.

Un après-midi, elle vint dans mon bureau et me demanda si j'avais remarqué ce détail : l'une des mesures utilisées par Kagan était l'évaluation parentale de la timidité des enfants. Cela pouvait être problématique, car les parents ont tendance eux-mêmes à penser que le caractère de leur enfant est gravé dans le marbre : il y a « le turbulent », « le futé », « le timide ». Et si ce genre d'étiquette rendait les parents aveugles quant aux changements de tempérament de leur enfant ? Et si, après avoir constaté la timidité chez leur enfant de 3 ans, les parents l'avaient considéré comme timide à jamais ? Cela avait-il pu fausser les découvertes de Kagan ? L'évaluation de l'enfant par ses parents n'était pas la seule mesure utilisée, mais c'en était une, donc cela pouvait être un problème.

Il y avait un autre souci d'ordre méthodologique. En fouillant dans le détail les travaux de Kagan, Maureen nota qu'il avait aussi classé les enfants selon la longueur des huit premières phrases qu'ils avaient prononcées spontanément. Si cela vous paraît confus, ça l'était aussi pour Maureen. Il semblait étrange de compter le nombre de mots des huit premières phrases prononcées par les enfants en laboratoire, en considérant qu'une phrase courte est signe de timidité tandis que la prolixité indique l'absence d'inhibition comportementale. L'enfant qui demande « Qui c'est ? » est-il plus timide que celui qui s'écrie : « Maman, maman, c'est qui le monsieur assis là-bas ? » La timidité rend certaines personnes si anxieuses qu'elles bavardent sans interruption ; elle en pousse d'autres à se taire, soulignait Maureen. Comment Kagan avait-il trouvé cette façon de mesurer la timidité ? La mesure que nous allions employer devait être valide et logique, sans quoi nous aurions à fournir de très solides explications.

Kagan avait également utilisé des critères plus compréhensibles, en notant, par exemple, si un enfant s'immobilisait en présence d'un inconnu, ou en relevant son niveau d'hormones du stress durant cette rencontre. Mais les deux aspects étranges de sa méthodologie – évaluation parentale et nombre de mots par phrase – nous donnaient des raisons de penser que ses conclusions n'étaient peut-être pas aussi inattaquables que tout le monde le croyait.

ADIEU, TEMPÉRAMENT !

Robie ne nous était d'aucune utilité avec des enfants de 9 ans, qui risquaient de vouloir le démolir au lieu de lui parler. Pour tester l'inhibition comportementale de ces enfants, nous avons donc décidé de placer chacun d'entre eux dans trois situations différentes. Première situation : il y avait déjà un inconnu – un de mes thésards – dans la pièce, en train de lire un livre. En entrant, certains enfants lui parlaient aussitôt et lui demandaient : « Qu'est-ce que tu lis ? », alors que d'autres l'ignoraient et se mettaient à jouer. Deuxième situation : un scientifique arborant un masque de loup parlait à l'enfant, puis enlevait le masque et proposait à l'enfant de le toucher et de le porter : certains enfants restaient prostrés, terrorisés, alors que d'autres avaient envie de jouer avec le masque. Troisième situation : nous faisions entrer les enfants dans une pièce remplie d'objets vaguement menaçants, comme un tunnel long de deux mètres, une poutre de gymnastique et un masque de gorille sur un présentoir. Dans ces trois situations, nous mesurions tout : si l'enfant s'approchait spontanément de l'inconnu et à quelle vitesse, s'il laissait l'inconnu s'asseoir à côté de lui pour jouer, combien de minutes s'écoulaient avant que l'enfant adresse la parole à l'inconnu, au bout de combien de temps il s'avançait à moins d'un mètre de l'inconnu, comment il réagissait au masque de loup, s'il jouait avec les objets placés dans la « pièce à risque », etc.

Non contents d'observer le comportement des enfants, nous procédions encore à deux autres mesures. Comme avec les petits de 3 ans, nous prenions six mois plus tard un électroencéphalogramme de base des enfants de 9 ans. À ces deux âges, les enfants téméraires (qui avaient moins d'inhibition comportementale, selon la terminologie de l'expérience) manifestaient une activité du cortex préfrontal plus intense à gauche qu'à droite, alors que chez les timides (ayant plus d'inhibition comportementale), l'activité était plus forte à droite qu'à gauche.

J'avais déjà souvent repéré ce modèle d'activité frontale asymétrique : chez les adultes dépressifs (activité plus forte à droite qu'à gauche), chez les bébés heureux (activité plus forte à gauche qu'à droite), chez les personnes visionnant des vidéos amusantes (activité plus forte à gauche qu'à droite) et chez les personnes visionnant des vidéos dérangeantes (activité plus forte à droite qu'à gauche). Mais c'était la première fois que l'asymétrie était liée à quelque chose qui ne soit pas une émotion : cette fois, nous l'observions en relation avec la timidité ou la témérité. Nous avons observé une corrélation systématique et importante entre l'activité cérébrale et le comportement. Les enfants ayant une activité préfrontale plus importante à gauche qu'à droite étaient moins inhibés, et les enfants ayant l'activité préfrontale droite la plus forte avaient le plus haut niveau d'inhibition comportementale. Les enfants téméraires surmontent vite les échecs et peuvent reprendre ce qu'ils faisaient sans se laisser désarçonner. Les enfants timides, au contraire, ont une réaction bien plus longue face à l'adversité, c'est pourquoi ils s'immobilisent longtemps dans les situations inhabituelles pour eux. Cela confirmait mon intuition : la dimension Résilience du style émotionnel se reflète dans les modèles d'asymétrie gauche-droite du cortex préfrontal.

Il fallut une année entière pour recueillir les données comportementales et les électroencéphalogrammes de chaque groupe d'enfants, puis une autre année pour les analyser. Pendant ces longs mois de traitement des chiffres, nous nous demandions si l'inhibition comportementale observée chez les bambins de 3 ans serait restée la même chez les enfants de 9 ans. Quand Maureen m'apporta les résultats, elle pouvait à peine cacher sa surprise. Elle avait examiné toutes les mesures – le temps écoulé avant que l'enfant s'adresse au robot ou à l'inconnu, avant qu'il s'en approche, le nombre de jouets menaçants utilisés par l'enfant... – pour calculer la corrélation entre celles réalisées sur les tout-petits et celles réalisées sur les sujets âgés de 7 et 9 ans. Sa stupeur reflétait ce qui en ressortait, ou plutôt ce qui n'en ressortait pas : la corrélation entre les mesures réalisées à 3 ans, à 7 ans et à 9 ans était inexistante. Ou, pour être exact, la corrélation moyenne pour la mesure globale de l'inhibition comportementale entre 3 et 9 ans était de 0,03. Pour les non-statisticiens parmi vous, une corrélation de 1 signifie que deux variables évoluent ensemble : entre votre taille en centimètres et votre taille en pouces, il y a une corrélation de 1. Une corrélation de 0 signifie que deux variables n'ont aucun rapport entre elles ; par exemple, la corrélation entre le nombre de matchs de baseball gagnés en une saison par les Yankees et le nombre de mariées prénommées Véra cette année est nulle.

Le fait que la corrélation entre l'inhibition comportementale à 3 ans et à 9 ans soit de 0,03 signifie une seule chose : l'inhibition comportementale n'est pas une caractéristique stable ou durable[14]. « Les trois groupes ont été remélangés de manière totalement aléatoire : les timides, les téméraires et les intermédiaires ! s'écria Maureen. Environ un tiers des enfants de chaque groupe est resté dans son groupe de départ, mais tous les autres ont évolué. » Les deux tiers des enfants avaient changé de groupe entre 3 et 9 ans.

Nous étions tellement stupéfaits par ces résultats qui contredisaient ceux de Kagan que j'ai demandé à Maureen de consulter l'un des principaux experts de notre université en matière de développement de l'enfant, Hill Goldsmith, qui était aussi un magicien des statistiques. Je voulais être sûr que nous ne nous étions pas trompés dans notre façon de combiner des mesures (combien de temps un enfant mettait avant de jouer avec Robie, avant de parler à l'inconnu, etc.), ni dans les autres critères utilisés pour placer les enfants dans la catégorie des timides, celle des téméraires ou dans la catégorie intermédiaire. S'inspirant de ce que lui avait dit Hill, Maureen refit toute son analyse, puis revint dans mon bureau et pour me dire, partagée entre la conviction et la surprise : « La répartition est toujours aussi aléatoire ! » Un enfant timide à 3 ans avait autant de chances, à 9 ans, d'être timide que d'être téméraire ou de se situer entre ces deux extrêmes. Même chose pour les petits téméraires, dont le tempérament une décennie plus tard pouvait être prédit avec autant d'exactitude en tirant à pile ou face qu'à partir de ce qu'ils étaient à 3 ans.

Pour être sûr qu'il n'y ait pas de bug dans notre test, nous avons aussi analysé les modèles d'activité préfrontale des enfants. Nous pouvions nous être trompés sur nos données comportementales, qui sont rarement infaillibles, mais l'électroencéphalogramme est totalement objectif. Pourtant, cette mesure torpilla elle aussi le dogme selon lequel le tempérament est fixé une fois pour toutes. Chez certains enfants, le modèle d'activité cérébrale était le même à 9 ans qu'à 3 ans, tout comme chez certains enfants l'inhibition comportementale persistait. Mais, dans l'ensemble, la corrélation entre l'électroencéphalogramme à 3 ans et à 9 ans était inférieure à 0,1. Et nous fûmes soulagés de voir que les enfants dont le modèle de fonctionnement cérébral persistait au fil des années étaient aussi ceux dont l'inhibition comportementale restait à peu près la même, autre preuve de la validité de nos mesures. Les électroencéphalogrammes, qui montraient une activité préfrontale plus grande à gauche chez les téméraires, à droite chez les timides, correspondaient aux données comportementales, car les enfants à la plus forte activation gauche étaient aussi ceux qui se liaient d'amitié avec Robie et bavardaient avec l'inconnu.

Ce n'était pas ce à quoi je m'attendais. Les mesures du cerveau et du comportement à 3 ans *ne permettaient pas* de prédire ce que seraient les enfants à 9 ans. Pour la majorité d'entre eux, ce qu'ils étaient à 3 ans – et ce que leur cerveau était alors – était très différent de ce qu'ils étaient à 9 ans. C'était là une première entorse faite à l'idée d'une base génétique garantissant la stabilité des caractéristiques psychologiques, et cela m'incita à réfléchir à la plasticité du cerveau humain.

Le modèle de développement de l'enfant dominant était alors le suivant : si vous êtes né à l'extrémité du spectre de la timidité et de l'anxiété (ces bébés qui hurlent dès que quelqu'un s'éclaircit la gorge et qui pleurent ensuite de manière inconsolable), vous devenez un enfant anxieux et vous risquez de souffrir d'un trouble anxieux. Ce modèle affirmait aussi que, si vous êtes un enfant d'une témérité exceptionnelle, vous escaladerez les meubles et dévalerez les escaliers sur un plateau, serez un habitué des urgences, et deviendrez un adolescent incontrôlable (pour sans doute devenir, à l'âge adulte, trader ou dealer). « Mais, en regardant nos données, on constatait plus de changements que de stabilité dans le tempérament des enfants, m'a récemment rappelé Maureen. Ce n'est pas simplement qu'ils acquéraient des compétences sociales en grandissant, et parvenaient donc à aborder un inconnu, tout en restant au fond des enfants anxieux. Ça, c'est ce que disait l'ancien modèle : on peut recouvrir son tempérament fondamental d'un vernis d'apprentissage ou de socialisation, mais la timidité ou la témérité innée persiste. Là, nous avions découvert autre chose : *le cerveau change* au fil du temps. Des enfants jadis timides se situaient maintenant dans le groupe des téméraires ou dans le groupe intermédiaire ; des enfants jadis téméraires avaient rejoint le groupe du milieu ou même le groupe des timides. Pour les deux tiers des enfants, c'est tout le système qui avait changé : cerveau, physiologie, caractère et comportement. Cela allait à l'encontre de l'idée d'une stabilité du tempérament. »

Et Maureen de poursuivre : « Ce que nous avons montré, c'est que si vous apprenez à un enfant à répondre quand on lui parle, la physiologie sous-jacente se transforme, et un enfant timide peut devenir téméraire. Si vous placez votre enfant timide dans des situations susceptibles de générer chez lui de l'anxiété – simplement le mettre par exemple dans un bac à sable avec d'autres enfants – et que vous l'encouragez, vous lui apprenez à faire face. Aux enfants téméraires, il faut apprendre à déchiffrer les indices du danger présent dans leur environnement. Ils prennent alors le temps de voir ce que font les autres, ils comprennent qu'il n'est pas nécessaire de toujours se mettre en avant et de relever tous les défis. Cette étude nous a révélé que tout pouvait changer, jusqu'à ce qui les faisait sursauter auparavant. Ce n'était pas un simple vernis. On a tort de penser qu'un enfant timide reste au fond toujours timide même lorsqu'il cesse d'agir en timide. Nous avons montré qu'on peut changer ''au fond'', qu'on peut modifier les modèles cérébraux qui sous-tendent la timidité ou la témérité extrêmes. »

Maureen a quitté le monde universitaire pour devenir pédopsychologue à Madison, mais notre découverte n'a cessé de l'accompagner. « Quand je vois à quel point ma pratique est influencée par cette révélation – je travaille avec des enfants à partir de 3 ans –, je me rends compte qu'elle m'a incitée à expliquer aux gens que chaque individu est différent et que cela ne doit pas être un problème. Il se peut que vous soyez très nerveux et que le moindre bruit vous fasse sursauter. Vous avez une forte sensibilité sensorielle, associée à un style nerveux. Ce style ne devient un problème que s'il est pour vous une source de problèmes. Vous n'avez pas à envisager ces différences comme des pathologies. Si votre enfant est ainsi, c'est un enfant *d'un certain type*, pas un enfant malade. Nombre de parents sont incroyablement soulagés que leur enfant n'ait pas besoin d'un traitement médical ; il leur faut surtout comprendre leur enfant et le soutenir tel qu'il est. »

HEUREUX LES DOUX, CAR ILS HÉRITERONT DE… LA TÉMÉRITÉ

Pour mieux voir comment et pourquoi un enfant téméraire peut devenir un adolescent timide, et vice versa, examinons ce qui est arrivé à Will et à Sam. Will, pétrifié par la peur à 3 ans, avait une petite sœur extravertie et il eut aussi la chance d'avoir des professeurs qui encouragèrent sa sociabilité. À 9 ans, il n'était pas devenu extrêmement extraverti, mais il se plaçait clairement dans le groupe du milieu. À cause de son cancer, le père de Sam fut hospitalisé deux fois, quand Sam avait 5, puis 7 ans. Cela eut bien sûr un impact sur la famille et explique peut-être pourquoi Sam, après avoir été l'un des plus sociables de notre échantillon d'enfants, passa ensuite dans le vaste groupe situé entre les deux extrêmes.

Pourtant, ni Will ni Sam n'est passé d'un extrême à l'autre ; chacun s'est rapproché du centre en s'éloignant d'un pôle extrême en termes d'inhibition comportementale. Environ la moitié des enfants ont évolué en sens inverse, quittant le centre pour gagner l'un des extrêmes. Et certains sont bel et bien passés d'un pôle à l'autre. À 3 ans, Shawn était l'un des moins inhibés : il s'était approché de Robie presque immédiatement, et lui avait parlé sans discontinuer avec un sourire radieux. Je pense qu'il aurait aimé ramener le robot chez lui pour en faire son meilleur ami. Mais quand Shawn avait 8 ans, son père mourut subitement d'un cancer. Quand nous avons revu Shawn à 9 ans, il était transformé : il s'immobilisait en présence d'inconnus et ne jouait plus avec rien dans la pièce à risque. Il était devenu l'un des enfants les plus inhibés de notre étude.

Vous voyez maintenant pourquoi j'aimerais mesurer l'expression du gène chez les humains : il serait fascinant de savoir ce qui arrive aux « gènes de la timidité » chez des enfants qui tremblaient à 3 ans devant Robie le robot, mais qui jouaient volontiers à 9 ans avec l'inconnu masqué. Et j'aimerais savoir ce qui est arrivé aux gènes de la timidité chez ceux qui, petits, se jetaient sur Robie mais qui, ensuite, restaient dans un coin plutôt que de parler avec l'inconnu. J'aimerais savoir comment la présence d'une sœur exubérante a affecté l'ADN de Will, comment les interactions encourageantes avec des enseignants compréhensifs ont pu éteindre certains gènes et en activer d'autres. J'aimerais savoir comment l'ADN de Shawn a été transformé lorsqu'il a vu son père couvert de tuyaux à l'hôpital, puis lors du choc émotionnel de sa mort et l'angoisse ressentie dans les semaines et les mois qui ont suivi (« Qu'est-ce que je vais devenir sans mon papa ? »). Malheureusement, même si nous savons précisément où aller chercher les gènes récepteurs de l'hormone du stress dans le cerveau des rats, nous ne le savons pas pour les humains. Et, même si nous le savions, les gens n'aiment pas trop qu'on procède à des prélèvements dans leur cerveau. Ce genre d'étude ne peut être réalisé qu'avec des personnes qui ont fait don de leur cerveau à la science ; l'analyse du cerveau des suicidés par Meaney en est le meilleur exemple.

Cette étude menée sur des enfants fut pour moi une première leçon sur l'importance de la plasticité du cerveau. Durant le développement, des transformations radicales peuvent affecter certains des traits les plus caractéristiques du cerveau, comme l'activité du cortex frontal mesurée par électroencéphalogramme.

Comment concilier notre découverte – il n'existe pas de stabilité fondamentale de l'inhibition comportementale, du moins entre 3 et 9 ans – et les conclusions en tout point opposées de Kagan ? Par la suite, nous avons compris que le degré de stabilité dans le temps d'un élément comme l'inhibition comportementale constituait lui-même une différence individuelle stable. Chez certaines personnes, cette caractéristique persiste de la petite enfance jusqu'au début de l'adolescence, chez d'autres non. Il semble donc y avoir un sous-groupe d'enfants chez qui l'inhibition comportementale et certains des modèles d'activité cérébrale qui lui sont associés restent stables dans le temps, et un autre sous-groupe chez qui ce n'est pas le cas. Sans le vouloir, Kagan n'a peut-être étudié que des enfants du premier sous-groupe, chez qui la timidité persistait à l'adolescence. Mais cela ne représente que 15 % des enfants environ. Comme nous l'avons vu avec Will, Sam et Shawn, un nouvel environnement (l'encouragement apporté par les professeurs ou la fratrie) ou des expériences douloureuses (la maladie ou la mort d'un proche) peuvent moduler le tempérament et le style émotionnel. Si notre environnement reste stable (par « environnement », j'entends aussi nos expériences personnelles), notre tempérament et notre style émotionnel le seront aussi. S'il change, le style émotionnel change aussi.

Ces découvertes sur le caractère malléable d'une facette essentielle du style émotionnel — mais aussi de la personnalité, du tempérament et autres traits génétiquement fondés — permettent aux parents et aux enseignants d'identifier le style émotionnel d'un enfant et d'essayer de le façonner. Même si un enfant possède un génotype qui le prédispose à l'anxiété, grandir dans un environnement détendu et encourageant peut désactiver ces gènes en modifiant le degré auquel ils s'expriment. De même, un enfant qui a une prédisposition génétique à la timidité peut devenir sociable à l'adolescence et à l'âge adulte, à condition que ses parents ne le surprotègent pas mais l'incitent au contraire à avoir des interactions avec d'autres enfants. L'environnement ne se contente pas de façonner le comportement ni même les fonctions cérébrales. Il affecte aussi le degré auquel les gènes sont activés ou désactivés, et détermine ainsi quels traits nous exprimons parmi ceux dont nous avons hérité.

6

LE STYLE ÉMOTIONNEL ET LA SANTÉ

Des ongles qui crissent sur un tableau noir. Un talon aiguille qui vous crève l'œil et s'enfonce, de plus en plus. La lame d'un couteau qui vous racle lentement la plante des pieds. Attendez, vous entendez ces pas, derrière vous ?

Je ne cherche pas à vous faire paniquer. Enfin, si, mais pour une bonne raison : je veux connaître votre réaction physiologique à quelque chose qui n'existe que dans votre esprit. Vous n'allez peut-être pas tressaillir ni vous boucher les oreilles au son (ou à l'idée) d'ongles crissant sur un tableau noir ; peut-être la pensée et l'image mentale d'un objet pointu perçant votre globe oculaire ne vous fait-elle pas, comme moi, frissonner de tout votre corps. Mais je suis à peu près sûr que certaines choses sont à même de déclencher chez vous une réaction physiologique ailleurs que dans la tête, quand vous les voyez ou les imaginez. Les sentiments et les pensées, qui prennent naissance dans le cerveau, sortent littéralement de la matière grise et se répandent dans le reste du corps. Pour William James, l'émotion n'était même rien d'autre que la perception des modifications corporelles. Sans aller aussi loin, les neurosciences modernes montrent que les émotions se propagent non seulement dans l'esprit mais aussi dans le corps : l'anxiété fait augmenter votre pression sanguine et votre rythme cardiaque, la satisfaction peut renforcer votre système immunitaire, de sorte que vous ne succomberez pas aux infections et autres maladies contagieuses aussi souvent qu'une personne atteinte de dépression chronique.

À ce stade, vous savez que le style émotionnel affecte nos sentiments sur nous-mêmes et sur notre entourage, notre comportement, notre sensibilité au stress, nos fonctions cognitives et notre vulnérabilité à certains troubles psychiatriques. Mais le style émotionnel affecte aussi la santé physique. Il a des conséquences physiologiques, qui ont à leur tour d'importants effets en aval sur le fonctionnement de notre système respiratoire, immunitaire, cardiovasculaire, gastro-intestinal et endocrinien, bref sur notre santé générale. En fait, j'irais jusqu'à affirmer que, parmi toutes les formes de comportement humain et tous les états psychologiques, ce qui a le plus d'influence sur notre santé physique, c'est notre vie émotionnelle.

C'est l'intuition qu'ont eue il y a plusieurs siècles les fondateurs de la médecine psychosomatique, qui s'intéresse aux liens entre facteurs psychosociaux et maladie. Les tout premiers médecins – les anatomistes grecs Érasistrate au IIIe siècle avant notre ère et Galien (qui fut le médecin de l'empereur Marc Aurèle) au IIe siècle de notre ère, ou encore le philosophe perse Avicenne au Xe siècle – se servirent tous du rythme du pouls pour en tirer des déductions sur le « mal d'amour », convaincus qu'ils étaient qu'un amour non payé de retour marquait physiquement qui en était victime. Dans une histoire célèbre, relatée par Plutarque, Érasistrate fut appelé par le roi grec Séleucus afin d'examiner son fils Antiochus, qui se mourait d'une maladie qu'aucun autre médecin n'avait su identifier. Érasistrate constata chez le jeune homme, dès qu'il était en présence de Stratonice, la nouvelle épouse (adolescente) de son père, « tous les symptômes que décrit Sapho : sa voix s'oppressait, son visage devenait rouge et enflammé ; un nuage épais couvrait ses yeux ; la sueur inondait son corps ; l'inégalité de son pouls en marquait le désordre ; enfin, il y avait accablement de l'âme, étouffement, et, par suite, tremblement, pâleur. Ces observations convainquirent Érasistrate qu'Antiochus était amoureux de Stratonice, et qu'il avait résolu de se laisser mourir plutôt que d'avouer sa passion[1] » (le récit de Plutarque connaît une fin heureuse puisque le souverain généreux céda son épouse à son fils, mais on ignore ce que Stratonice en pensa)[2].

LA MÉDECINE COMPORTEMENTALE

La médecine psychosomatique est aussi appelée médecine corps-esprit, ou médecine holistique, en partie parce que le terme « psychosomatique » a pris une nuance péjorative, comme si les symptômes dont une personne souffrait n'existaient que dans sa tête. À présent, on l'appelle plutôt médecine comportementale ou psychologie de la santé. Quel que soit son nom, elle a remporté des succès notables. Des études ont montré, par exemple, que l'isolement social tend à augmenter le niveau de cortisol et d'autres hormones du stress, à augmenter la pression sanguine et à affaiblir le système immunitaire, de sorte que chez la plupart des gens qui vivent seuls, sans un solide réseau d'amis, la production d'anticorps est moindre face au vaccin antigrippal. Comme je l'ai souligné au chapitre 1, cependant, de tels résultats reflètent la réaction moyenne et ignorent les cas particuliers. Si l'on étudiait seulement les gens qui se sentent bien tout seuls – aucune recherche n'existe, hélas, sur un tel pannel –, on découvrirait, je suppose, que l'isolement social n'a pas de conséquences physiologiques négatives. Au contraire : forcer une personne introvertie à devenir sociable entraînerait sans doute des effets néfastes.

Inversement, une vie sociale intense est associée à un risque plus faible de maladie coronarienne, de rhumes et d'autres infections, et signifie donc une vie plus longue. Là encore, cette vérité n'est pas universelle : voir beaucoup de monde est aussi un bon moyen de s'exposer à tous les microbes qui passent. Et si vous vous obligez à aller à des soirées, à des cocktails, à des réceptions professionnelles, etc., sans que cela vous plaise vraiment, mais que vous trouvez cela stressant, alors la longévité et les bienfaits pour le système immunitaire ont peu de chances de suivre.

La médecine comportementale a aussi montré que la dépression augmentait le risque de mourir de maladie coronarienne. Vous pourriez protester : les gens tristes et seuls ont un comportement autodestructeur (ils fument ou boivent trop), c'est pourquoi ils ont une moins bonne santé et une espérance de vie plus courte. Mais ces études tiennent compte de cette possibilité et l'excluent comme mécanisme causal. Ce que l'on constate, c'est que – en moyenne, là encore – l'état émotionnel détermine les problèmes de santé.

Puisque ces émotions ont des conséquences physiologiques, le style émotionnel en a aussi. Les modèles d'activité cérébrale qui sous-tendent certaines dimensions du style émotionnel sont associés à des systèmes physiologiques jouant un rôle dans la santé et la maladie. Ce qui se trouve dans votre cerveau influence nécessairement ce qui se trouve dans votre corps. De plus, la communication est bidirectionnelle, donc ce qui est dans votre corps influence également ce qui est dans votre cerveau.

Ces affirmations ne devraient rien avoir de bien surprenant. Après tout, les émotions affectent clairement le corps, comme peut l'attester quiconque a déjà été pris de nausée à cause d'un stress extrême, a senti son énergie augmenter en réponse à un bonheur intense, ou encore a perdu le sommeil à cause d'une profonde tristesse. Mais, jusqu'à tout récemment, rares étaient les études mesurant à la fois le mental et le physique (c'est-à-dire, hors du cerveau, ce qu'on appelle biologie périphérique), essentiellement parce que les branches spécialisées de la recherche scientifique peuvent être très cloisonnées. Un chercheur qui étudie les émotions ne daignera pas mesurer les poumons ou le système immunitaire, pas plus qu'un réparateur de Rolex ne regardera votre chaudière.

Si le rôle des émotions dans la santé en général n'est pas mieux pris en compte par la médecine, c'est aussi à cause d'une importante lacune de la science. Même si la médecine comportementale a amassé une quantité impressionnante de documentation sur l'influence des facteurs psychosociaux sur la maladie, elle ne propose guère d'analyse mécanistique. Ce qui manque, c'est une explication du type « l'os de l'orteil est connecté à l'os du pied », qui ferait le lien entre un événement cérébral (et, à ce que l'on sait, toutes les émotions ont une représentation dans le cerveau) et ses conséquences dans le corps. Pour que la psychologie de la santé soit davantage prise au sérieux et incluse à la pratique médicale dominante, elle doit proposer davantage d'analyses fondées sur le cerveau et montrant en quoi les facteurs psychologiques et psychosociaux nous « rentrent dans la peau » et influencent la biologie périphérique jusqu'à avoir un impact sur la santé. Bref, elle doit cesser d'être aussi « écervelée ».

Je pense cela tout à fait possible. L'une des principales découvertes concernant les six dimensions du style émotionnel est qu'elles sont associées à des circuits neuronaux spécifiques et à des modèles d'activité spécifiques dans ces circuits, comme nous l'avons vu au chapitre 4. Cela nous donne un point de départ : comment tel modèle d'activité dans telle zone du cerveau part-il du crâne pour aller produire dans le corps des changements qui affectent la santé ? Et comment les événements affectant le corps, en retour, influencent-ils le fonctionnement des circuits cérébraux qui sous-tendent le style émotionnel ?

Le fait que le style émotionnel affecte la santé physique ouvre un nouveau champ de possibilités et porte à un autre niveau la médecine corps-esprit. Cela suggère que l'on peut contrôler ses sentiments et ses pensées de manière positive pour la santé physique, et que nous devrions tous – chaque médecin, pris individuellement, l'institution médicale et les patients potentiels – prendre l'esprit plus au sérieux lorsqu'il s'agit de comprendre la cause des maladies et de trouver le moyen de les éviter et de les guérir.

NE SOYEZ PAS MALADE, SOYEZ HEUREUX !

Pendant des décennies, quand les psychologues de la santé parlaient de l'effet des émotions sur la santé, ils faisaient presque toujours allusion à des émotions négatives : colère, hostilité, dépression, peur et anxiété. Certes, il existe de nombreuses preuves montrant qu'en moyenne les émotions négatives affaiblissent le système immunitaire, augmentent le risque de maladie cardiaque, etc., comme je l'ai déjà dit. En 2005, quand deux éminents psychologues de la santé ont dénombré les études consacrées aux rapports entre dépression et santé et les études portant sur bonheur et santé, ils ont trouvé vingt fois plus des premières que des secondes[3]. C'est seulement depuis peu que les psychologues de la santé s'intéressent à l'effet des émotions positives : bonheur, joie, contentement, enthousiasme, excitation, etc. Dès lors, toute une série d'associations ont été observées, et l'une des découvertes parmi les plus fortes et les plus cohérentes de la médecine comportementale est précisément la relation entre émotions positives et santé. Il a pourtant fallu lutter pour établir l'existence de ce lien, du fait d'un autre obstacle, auquel s'est heurtée la médecine psychosomatique : trouver un moyen fiable d'évaluer l'humeur des gens.

Cela paraît peut-être simple. Demandez à quelqu'un s'il est heureux ou content de sa vie, et vous obtiendrez une réponse digne d'être analysée en laboratoire. En réalité, les gens sont curieusement incapables de répondre correctement. Comment le savons-nous ? L'évaluation de votre degré de satisfaction devrait être à peu près la même d'un jour sur l'autre – après tout, votre situation familiale, votre carrière, votre santé et les autres éléments susceptibles de jouer sur votre bien-être ne varient pas du jour au lendemain (sauf catastrophe soudaine ou gain à la loterie). Or, ce que répondent les gens varie énormément selon l'instant où la question leur est posée. Rappelez-vous, on ne leur demande pas : « Comment vous sentez-vous en ce moment ? De quelle humeur êtes-vous ? » Mais : « De manière générale, êtes-vous globalement satisfait de votre vie ? » Si l'on pose cette question un jour de pluie, les gens se disent moins heureux que si on la leur pose un jour ensoleillé. Si on la pose après un trajet atroce en train de banlieue, ils déclarent aussi avoir un moindre sentiment de bien-être que si on la leur pose au beau milieu d'une journée triomphale au travail ou à l'école.

Comme la question a pour but d'atteindre une réalité qui n'est pas affectée par le temps qu'il fait ou par un trajet désagréable, comme la satisfaction que vous procure votre couple, le contentement que vous tirez de votre carrière ou la fierté que vous inspirent vos enfants, il y a là un problème évident. En particulier pour les études qui s'intéressent au lien entre la sensation générale de bien-être et la santé physique. Si l'évaluation du bien-être est aussi peu fiable, pour les raisons citées plus haut, alors toute corrélation avec la santé sera faussée. Pendant des décennies, la recherche sur le lien entre contentement global ou bien-être et santé a produit des résultats incohérents, en partie à cause de la difficulté à mesurer le bonheur.

Par chance, le psychologue Daniel Kahneman a compris qu'on ne pouvait pas se fier aux gens pour dire sincèrement et exactement à quel point ils étaient satisfaits de leur vie, puisque leur réponse dépendait de la pluie ou du beau temps[4]. En 2002, Kahneman a obtenu (avec un collègue) le prix Nobel d'économie pour ses découvertes pionnières sur le jugement et la prise de décision ; on lui doit aussi des recherches fondatrices sur les biais inhérents aux mesures du bien-être subjectif et sur la façon de les contourner. Ce que ses collègues et lui ont découvert, c'est que l'on obtient une mesure plus cohérente et plus exacte si, au lieu de poser la question directement, on demande aux gens de qualifier leur expérience du moment et que l'on compile les réponses pour aboutir à une évaluation de leur bien-être général. En pratique, cela consiste à donner aux gens un beeper, un téléphone ou tout autre appareil, et à les appeler ou à leur envoyer un SMS à certains moments, de façon aléatoire, durant quelques semaines ou davantage. Chaque fois qu'une personne est contactée, elle signale ce qu'elle ressent à cet instant précis. Quand on collationne toutes ces réponses, on obtient un indice du bonheur ou du bien-être beaucoup moins influencé par des broutilles comme l'embouteillage qui vous retarde pour rentrer dîner avec vos enfants.

Quand les scientifiques ont compris la partie gauche de l'équation (le degré de bonheur), pour ainsi dire, ils ont pu s'efforcer d'évaluer sa partie droite (la santé), pour savoir si le bien-être a un effet sur le corps. Soyons clair : quand je parle de niveau de bonheur, je parle d'un phénomène durable, ce que les psychologues appellent un trait et non un état – l'expérience émotionnelle caractéristique d'une personne, pas une réaction ponctuelle à un événement. Tout l'intérêt de la méthodologie élaborée par Kahneman était de saisir les traits émotionnels plutôt que les états émotionnels. Autre point important : les études que je vais décrire avaient toutes une structure prospective, c'est-à-dire qu'elles mesuraient les traits émotionnels (et la santé) au début de la recherche, puis déterminaient si un trait particulier générait des changements en matière de santé durant la période envisagée. Parce que l'état émotionnel était mesuré d'abord, un changement survenu dans la santé ne pouvait être la cause du trait émotionnel : tomber malade ne peut être la cause d'une dépression, et échapper à la grippe chaque année ne peut être la cause d'un vif sentiment de satisfaction. La dépression ou la satisfaction vient d'abord. Cela signifie que nous sommes en terrain plus sûr quand nous attribuons les changements dans l'état de santé à ce trait émotionnel fondamental.

Beaucoup d'autres recherches portant sur le rapport corps-esprit et son influence sur la santé ne suivent pas ce principe. Par exemple, des études ont associé les émotions positives à un taux plus faible d'AVC parmi les personnes âgées vivant chez elles, à un taux plus faible de retour à l'hôpital parmi les personnes souffrant de maladie coronarienne, et à de plus grandes chances de concevoir et de porter un bébé à terme parmi les femmes ayant recouru à la fécondation assistée. Bien que stimulantes, ces études n'écartaient pas la possibilité que les traits émotionnels négatifs soient en fait un signe de maladie subclinique. Elles n'éliminaient pas l'idée qu'une mauvaise santé puisse causer les émotions négatives (la maladie cardiovasculaire vous fait vous sentir mal, donc vous avez plus d'émotions négatives, par exemple), et qu'une meilleure santé puisse causer les émotions positives, surtout les plus spécifiques, comme le sentiment d'énergie, plutôt que le scénario inverse.

Vous savez peut-être aussi que les émotions positives ont été associées à une meilleure évolution de la maladie, du genre : « Chassez les idées noires pour survivre au cancer du sein ! » (ou à toute autre maladie mortelle). Les données à ce sujet sont assez ambiguës. Peu d'études ont testé cette idée, et les résultats varient considérablement. Mon avis, partagé par beaucoup d'autorités en médecine comportementale, est que les émotions positives semblent bénéfiques pour les maladies ayant un traitement efficace et laissant au patient de bonnes chances de survie à long terme, comme le cancer du sein au stade précoce, la maladie cardiaque coronarienne et le sida. Mais un haut niveau d'émotion positive peut être néfaste pour les personnes atteintes de maladies avancées, où le pronostic est mauvais, comme le mélanome métastatique ou le cancer du sein et la maladie rénale en phase terminale. Une des raisons pourrait être qu'un optimisme constant – « Je vais guérir ! » – pousse les patients à minimiser leurs symptômes, et donc à ne pas recevoir les soins nécessaires ou à ne pas prendre les médicaments prescrits, à ne pas passer les tests recommandés. Parfois, un optimisme excessif peut se retourner contre vous.

Plusieurs études récentes ont montré de manière convaincante les bienfaits des émotions positives pour la santé. Dans l'une d'elles, Andrew Steptoe et Michael Marmot, de l'University College de Londres – deux des principaux experts mondiaux en psychobiologie de la santé et de la maladie – ont rassemblé des données sur la santé et le bien-être auprès de cent seize hommes et de cent femmes. Ces deux cent seize personnes étaient toutes des fonctionnaires britanniques âgés de 45 à 59 ans[5]. Les scientifiques ont alors cherché s'il existait un lien entre le bien-être, évalué de façon fiable grâce à la méthode Kahneman, et trois importants marqueurs biologiques : rythme cardiaque, taux de cortisol et niveau plasmatique de fibrinogène (ces deux cent seize personnes faisaient aussi partie des fameuses études de santé publique de Whitehall, et avaient donc déjà fait l'objet de dizaines de mesures biologiques et médicales). Un rythme cardiaque moins élevé est généralement associé à une meilleure santé cardiovasculaire, c'est pourquoi les sportifs ont souvent un nombre de battements par minute tournant autour de quarante, ou même de trente. Le cortisol est une hormone du stress sécrétée dans le sang par les glandes surrénales, situées juste au-dessus des reins, en réaction à des signaux de peur, de menace ou d'anxiété envoyés par le cerveau ; elle aide le corps à gérer un stress aigu en mobilisant les ressources et en inhibant l'inflammation qui peut résulter d'une blessure associée au stress. Mais quand le cortisol est produit en quantité excessive ou de façon inutile – sans qu'il y ait menace réelle et immédiate, mais en réponse à une anxiété chronique –, cela peut nuire au cerveau et au corps, et même tuer des neurones. Le fibrinogène est une molécule impliquée dans l'inflammation et la maladie coronarienne. Parce que son niveau dans le sang augmente dans des circonstances stressantes, c'est un marqueur général d'inflammation, présent dans des maladies comme le diabète, l'asthme et la maladie cardiovasculaire.

Les participants qui se déclaraient les moins heureux avaient un taux de cortisol de 48 % plus élevé (en moyenne) que ceux qui se déclaraient les plus heureux. Les participants les moins heureux avaient aussi une très forte réaction plasmatique à deux tâches sources de stress : le test de Stroop, où l'on demande aux participants de nommer la couleur dans laquelle un mot est écrit (c'est facile pour le mot « piano », ça l'est moins quand le mot « rouge » est écrit en vert ou le mot « bleu » en marron), et de dessiner une étoile vue dans un miroir. En outre, on leur signale qu'un individu moyen peut accomplir cette tâche en un certain nombre de secondes, bien plus bref que la réalité, ce qui stresse les participants. Mais physiologiquement, ceux-ci géraient le stress de façon très variable. Dans le groupe le moins heureux, la hausse du niveau de fibrinogène était en moyenne douze fois supérieure à celle du groupe le plus heureux.

Ces résultats indiquent clairement que le bonheur est lié aux marqueurs biologiques qui jouent un rôle important dans la santé. Surtout, Steptoe et Marmot n'en sont pas restés là. Ils ont recontacté leurs volontaires trois ans plus tard, pour refaire les mesures physiologiques. Ils ont découvert que les personnes témoignant des plus fortes émotions positives avaient un niveau inférieur de cortisol et de fibrinogène, et un rythme cardiaque moins rapide. Les résultats initiaux n'étaient pas le fruit du hasard.

L'étape suivante était de déterminer si le bonheur influençait vraiment la santé physique. Dans l'une des études les plus convaincantes, Sheldon Cohen, psychologue de la santé à la Carnegie Mellon University, demanda à trois cent trente-quatre volontaires, âgés de 18 à 55 ans, d'évaluer leurs émotions une fois par jour pendant trois semaines, chaque fois qu'ils recevaient un appel des chercheurs (selon la méthode Kahneman)[6]. Les volontaires devaient notamment dire à quel point neuf adjectifs positifs et neuf adjectifs négatifs leur correspondaient : heureux, joyeux, calme, détendu, énergique, par exemple, ou triste, déprimé, nerveux, hostile. Après ces trois semaines d'évaluation de leur humeur, les participants se rendaient au laboratoire de Cohen, où l'un des chercheurs leur versait dans le nez une pipette pleine d'une solution contenant le rhinovirus, source du rhume ordinaire. Pendant les neuf jours suivants, les participants vivaient en quarantaine dans le labo : ils lisaient, regardaient des films, écoutaient de la musique, dormaient et mangeaient. Le point culminant de chaque journée était la visite d'un scientifique qui venait détecter les signes du rhume et leur gravité.

Celle-ci pouvait être mesurée selon la congestion (le temps que met une teinture vaporisée dans les narines à atteindre l'arrière de la gorge). On pouvait aussi peser les mouchoirs utilisés par les volontaires.

Cohen et ses collègues ont découvert que les participants ayant le plus fort taux d'émotions positives étaient presque trois fois moins susceptibles de s'enrhumer que ceux ayant le moins d'émotions positives. Ils ont aussi découvert que les participants ayant le plus grand nombre d'interactions sociales, positives surtout, étaient les moins susceptibles de s'enrhumer. Ces liens persistaient même en tenant compte de l'immunité de base des volontaires (le fait que certains avaient dès le départ des anticorps à opposer au virus du rhume). Détail intéressant, les personnes ayant le plus d'émotions positives présentaient des symptômes moins nombreux et moins virulents : pour deux individus aussi gravement atteints en termes de congestion et de production de morve, le plus heureux des deux avait des symptômes moins graves, tandis que le plus triste ou grognon, avec des symptômes identiques, déclarait être horriblement malade. Cela devrait nous inspirer une certaine prudence face aux études sur les émotions positives et la santé : si vous interrogez les gens sur leur santé, ceux qui ont le plus fort taux d'émotions positives voient tout en rose, même s'ils ne se portent pas objectivement mieux que leurs voisins déprimés, grincheux ou acariâtres. C'est pourquoi il est important de vraiment mesurer la maladie, comme le fait Cohen, plutôt que de questionner les gens sur leur arthrite rhumatoïde, leur fibromyalgie ou d'autres aspects de leur santé.

Aucune étude ne peut à elle seule établir un fait scientifique, et il en va de même pour la corrélation entre bonheur et santé. Même si l'étude de Cohen est, selon moi, l'une des plus rigoureuses à avoir examiné ce lien, d'autres études excellentes sont parvenues à la même conclusion. Une équipe s'est procuré les lettres, journaux intimes et autres écrits autobiographiques d'un groupe de jeunes religieuses (âgées de 22 ans en moyenne), membres de la congrégation des sœurs de Notre-Dame. Le 22 septembre 1930, la mère supérieure, qui habitait Milwaukee, avait écrit à toutes les religieuses pour leur demander de rédiger leur autobiographie[7]. La plupart des textes ont été conservés, et ils ont été analysés par l'équipe que dirigeait David Snowdon, de l'université du Kentucky, en relevant dans les cent quatre-vingts autobiographies tous les mots reflétant une expérience positive, négative ou neutre. Quand les chercheurs ont calculé la fréquence des mots et des phrases exprimant une émotion positive, ils ont découvert que plus il y en avait, plus forte était la possibilité que la religieuse en question ait encore été en vie soixante ans plus tard. De manière significative, la fréquence des mots et phrases exprimant une émotion négative n'était pas associée à un plus grand risque de mourir jeune : c'est la présence d'émotions positives, et non l'absence des négatives, qui favorisait une vie plus longue.

Une autre excellente étude a suivi pendant deux ans des Américains d'origine mexicaine âgés de 65 à 99 ans[8]. Résultat : ceux qui avaient un haut niveau d'émotions positives au départ couraient moitié moins de risques de mourir au cours des deux années suivantes que ceux ayant un niveau faible. Ce qui distingue cette étude réalisée en 2000, c'est que les chercheurs ont pris en compte une longue liste de maladies (problèmes cardiaques, AVC, cancer, diabète et arthrite) ainsi que le surpoids, le tabac, l'alcool et le niveau d'émotions négatives. Même en intégrant la présence de ces maladies et habitudes susceptibles d'écourter leur vie, l'association émotions positives/moindre risque de mourir vite tenait bon.

En 2001, une autre étude impressionnante a mesuré les émotions positives chez des personnes âgées en bonne santé[9]. Elle a révélé qu'un niveau moindre d'émotions positives au début de l'étude était associé à un plus grand risque d'AVC au cours des six années suivantes, surtout chez les hommes. Là encore, les chercheurs ont écarté toute une série d'autres facteurs – âge, revenu, éducation, statut marital, obésité, pression artérielle, tabagie, crises cardiaques, diabète, émotions négatives – comme pouvant expliquer le risque différentiel.

Dans un article de 2008 passant en revue soixante-dix études réalisées sur des sujets malades ou bien portants, des chercheurs concluaient que le bonheur ou bien-être psychologique positif était associé à une mortalité réduite chez les sujets normaux ou malades. Par exemple, le bien-être psychologique était lié à une mortalité cardiovasculaire réduite chez les personnes saines et à un taux de mortalité réduit chez les patients atteints d'insuffisance rénale et d'infection VIH[10].

Toutes ensemble, ces découvertes et d'autres encore (car je n'ai décrit que quelques-unes des dizaines d'études examinant le rapport entre émotions positives et longévité ou maladie) composent un solide dossier en faveur du lien entre bonheur et santé. En deux mots, les gens heureux se portent mieux, selon toutes sortes de mesures allant du niveau de cortisol jusqu'au risque de s'enrhumer, et ils vivent plus longtemps. Mais je ne prétends pas que l'affaire soit classée. Au contraire, ces études présentent d'importantes lacunes : elles ne distinguent pas entièrement entre émotions positives et absence d'émotions négatives. Les bienfaits apparents de l'émotion positive pourraient-ils être simplement les avantages de ne pas avoir d'émotions négatives, puisque des dizaines d'études associent celles-ci à la maladie ? Je vous donne peut-être l'impression de pinailler, mais ce n'est pas le cas, et ce pour une raison très pratique. Sur la dimension Perspective du style émotionnel, si l'absence d'émotions négatives suffit à la bonne santé, alors il est très bien de se situer au milieu, loin du sombre pôle négatif. Mais si c'est la présence d'émotions positives qui compte, alors pour améliorer votre santé vous devez vous déplacer vers le pôle positif.

Autre mise en garde à propos de l'association entre émotions positives et santé : même si l'étude britannique montrant que les émotions positives sont liées à un faible niveau de cortisol et de fibrinogène fut une étape importante dans l'identification du mécanisme par lequel les émotions positives affectent la santé, il reste beaucoup d'inconnues quant au fonctionnement de cette corrélation. D'une part, les gens qui se sentent contents, énergiques, optimistes, etc., tendent à mieux prendre soin d'eux, à avoir la quantité suffisante de sommeil et d'exercice. Ils ont aussi tendance à avoir des liens sociaux plus intimes, plus solides, ce qui peut être associé à un moindre risque de maladie et de mort prématurée. Enfin, comme le souligne Cohen, les médecins et autres responsables de la santé peuvent avoir tendance à mieux s'occuper des gens charmants, à leur faire passer des tests de dépistage des maladies mortelles, à passer plus de temps avec eux pour les persuader d'adopter des habitudes plus saines, et ainsi de suite. D'un autre côté, il y a des mécanismes tout à fait plausibles par lesquels un état cérébral – ce que nous appelons émotion – peut s'introduire dans le reste du corps et ainsi influencer la santé globale.

C'est dans ce contexte, fort d'études montrant que les émotions sont liées à la santé physique, que j'ai commencé à me demander si certains styles émotionnels pouvaient l'être aussi. Je voudrais énumérer ici quelques-unes des manières dont ne serait-ce qu'un style émotionnel, la dimension Perspective dans son pôle positif, pourrait affecter la santé :

• L'effet le plus évident est peut-être l'influence sur le comportement. Cela peut paraître trivial, puisque les émotions positives n'affecteraient ainsi la santé qu'indirectement, mais c'est important. Un sentiment de bien-être, l'expérience de la joie et le bonheur durable sont associés à un régime alimentaire plus sain, à l'exercice régulier et à un meilleur sommeil. Tout cela améliore la santé et la capacité à lutter contre la maladie et le déclin, physique comme mental.

• Les émotions positives peuvent aussi agir plus directement sur la physiologie, en freinant le système cardio-vasculaire et le système neuroendocrinien ou hormonal. Dans les deux cas, le lien pourrait être le système nerveux sympathique, cette partie largement inconsciente de notre système nerveux qui contrôle, entre autres, la réaction de fuite face à la menace. Quand l'activité de ce système nerveux sympathique est atténuée, le rythme cardiaque baisse ; on y voit en général le signe d'une bonne santé cardiovasculaire. La pression sanguine baisse aussi, ce qui réduit le risque d'AVC. Calmer le système neuroendocrinien réduit le niveau d'épinéphrine et de norépinéphrine (les hormones de la fuite) dans le sang.

• Un puissant mécanisme par lequel les émotions positives peuvent affecter la santé est l'immunité : il a été montré qu'elles augmentent le niveau d'hormones de croissance ainsi que des hormones appelées prolactine et ocytocine. Les deux premières ont la faculté de s'attacher aux récepteurs de globules blancs, qui peuvent préparer ces chiens de garde du système immunitaire à être plus vigilants et plus efficaces pour vaincre l'infection, tandis que l'ocytocine fait baisser la pression sanguine ainsi que le cortisol, hormone du stress.

• Les émotions positives pourraient même avoir un effet plus direct sur le corps. Certains neurones, les fibres sympathiques, connectent le cerveau au thymus et aux ganglions lymphatiques, qui sont les usines de production des cellules du système immunitaire. Activer ces neurones dans le cerveau par le biais des émotions positives pourrait donc activer le thymus et les ganglions lymphatiques, libérant des cellules qui combattent l'infection. Les fibres sympathiques produisent aussi toute une quantité de substances qui attachent les récepteurs aux globules blancs, et les préparent à attaquer les envahisseurs.

Ce petit aperçu montre combien il est crucial d'identifier les mécanismes par lesquels le style émotionnel influe sur la santé. Avant de décrire nos découvertes dans ce domaine, je voudrais illustrer la puissance des liens entre le cerveau et le corps en évoquant une petite expérience à laquelle nous nous sommes livrés récemment.

LE BOTOX ET LA CONNEXION CORPS-CERVEAU

Selon la sagesse traditionnelle, le cerveau donne des ordres au reste du corps et se charge de tout organiser, tandis que les organes situés sous la tête obéissent avec docilité, sans jamais protester. Mais en réalité, cela marche dans les deux sens : la communication entre l'esprit et le corps est bidirectionnelle et un peu plus complexe que ce type de mécanisme : si vous vous cognez l'orteil, vous vous sentez mal et si on vous fait un massage, vous vous sentez bien. Il s'avère que le cerveau utilise le feedback que lui envoie le corps pour traiter l'information. Et cette découverte, on la doit au Botox.

Depuis 2002, ce produit pharmaceutique – dérivé de la toxine botulique, produite par la bactérie *Clostridium botulinum* – est employé en cosmétique pour réduire les rides. Le Botox paralyse momentanément les muscles, en général pendant quelques semaines ou quelques mois, de sorte que les rides disparaissent. Ce qui nous intéressait, pour notre part, était moins la disparition des rides que la paralysie des muscles. Depuis au moins Charles Darwin, comme je l'ai dit au chapitre 2, les scientifiques soupçonnent que présenter l'expression faciale d'une émotion peut nous faire ressentir cette émotion : souriez et vous vous sentirez au moins un peu plus heureux, laissez tomber vos commissures et vous vous sentirez un peu triste, froncez les sourcils et vous éprouverez un peu de colère. Prenant cette « hypothèse de la rétroaction faciale » comme principe directeur, nous avons fait savoir aux hôpitaux de Madison spécialisés dans la chirurgie esthétique que nous cherchions des volontaires ayant déjà pris rendez-vous pour un traitement au Botox du muscle corrugateur du sourcil afin d'effacer leurs glabelles (rides du souci). Ces femmes étaient de vivantes expériences dans l'art de manipuler le feedback envoyé par le corps – le visage, en l'occurrence – au cerveau.

J'ai fait équipe avec un collègue de Madison, Arthur Glenberg, professeur de psychologie, et son thésard David Havas[11]. Tous deux étudient, entre autres choses, la façon dont le langage est traité et compris, en particulier comment nous appréhendons le langage émotionnel. Pour cette étude, nous avons testé les quarante et une femmes avant et après leur première injection de Botox, en mesurant combien de temps elles mettaient à lire des phrases censées déclencher différentes émotions. Pour susciter la colère, nous avions choisi : « Ce télévendeur insistant ne vous laissera pas retourner à table. » Pour la tristesse : « Le jour de votre anniversaire, vous ouvrez votre boîte aux lettres électronique et vous n'y trouvez aucun nouveau message. » Pour le bonheur : « Le parc aquatique est rafraîchissant en cette chaude journée estivale. » Si afficher l'expression faciale correspondante permet aux gens de traiter plus vite une émotion et de mieux la comprendre, alors nous pensions que les femmes botoxées auraient un peu de mal à lire les phrases éveillant colère ou tristesse :

le muscle corrugateur, en effet, serre les sourcils en un plissement quand nous sommes irrités et les élève quand nous sommes tristes. Nous prévoyions donc que nos volontaires mettraient plus de temps à déchiffrer les phrases de colère ou de tristesse après injection de Botox. Mais comme le muscle corrugateur n'intervient pas dans le sourire, sa paralysie ne devrait pas affecter cette expression-là, et le temps de lecture des phrases « heureuses » ne serait sans doute pas affecté.

C'est bien ce que notre étude a montré. Nous mesurions le temps de lecture en demandant à chacune des femmes d'appuyer sur un bouton dès qu'elles avaient terminé une phrase. Pour être sûrs qu'elles les avaient vraiment lues, nous leur posions une question sur leur contenu au bout de quelques phrases. Après paralysie du muscle corrugateur, il leur fallait en moyenne le même temps (1,3 seconde) pour lire les phrases heureuses qu'avant l'injection, mais désormais 1,55 seconde pour lire les phrases de tristesse et de colère. Autrement dit, il leur fallait environ un quart de seconde de plus pour lire ces phrases après injection Botox, alors qu'il n'y avait aucune différence pour les phrases heureuses. Dans le monde de la psychologie cognitive et de la mesure du temps de réaction, un quart de seconde est une éternité, une différence hautement significative. Bloquer l'activation des muscles qui participent à former les expressions faciales de colère ou de tristesse ralentissait le temps de lecture de phrases suscitant colère ou tristesse, émotions qui normalement activent le muscle corrugateur. Selon notre hypothèse, quand les femmes ne pouvaient plus froncer les sourcils ou afficher un air triste, leur cerveau était privé de signaux qui, normalement, atteignent l'insula et le cortex somatosensoriel, puis partent vers les zones du langage, dans l'hémisphère gauche, où le sens est décodé.

Cette étude a aidé à établir que la communication entre le cerveau et le corps va dans les deux sens. Il existe un nombre croissant de preuves confirmant cette idée. Par exemple, dans plusieurs études, on a demandé à un groupe de participants de tenir un crayon horizontalement entre leurs dents, ce qui provoque un sourire, alors que d'autres tenaient un bout du crayon serré entre leurs lèvres, ce qui vous rend incapable de sourire (les chercheurs avaient l'intention d'étudier la « coordination psychomotrice »). Puis on demandait aux gens d'évaluer des dessins animés. Ceux que le crayon avait obligés à sourire trouvaient les films nettement plus comiques que les participants que l'on avait empêchés de sourire. Mais jusqu'où va cette bidirectionnalité ?

L'ASTHME, UN MODÈLE POUR LES CONNEXIONS ESPRIT-CERVEAU-CORPS

Un jour, en 2000, je me trouvais avec plusieurs de mes étudiants et collègues dans notre salle de conférence du département de psychologie, et nous cherchions une « bonne » maladie qui nous aiderait à mettre en lumière les connexions entre style émotionnel et santé. Il y avait trois critères à satisfaire. D'abord, ce devait être une maladie aux effets biologiques connus, et qui pouvaient être mesurés objectivement ; les symptômes ne pouvaient se limiter à une détresse subjective. Ensuite, il devait être avéré que des facteurs psychosociaux, en particulier les événements stressants, modulent le cours de la maladie ou ses symptômes ; cela indiquerait que les circuits émotionnels du cerveau, et donc le style émotionnel, jouent un rôle dans la maladie. Enfin, ce devait être un problème de santé publique majeur, qui pèse lourdement sur notre système de soins médicaux ; ainsi, tout ce que nous découvririons sur les interventions ciblant le style émotionnel et/ou les circuits émotionnels du cerveau pourrait offrir de véritables avantages dans le monde réel. Nous avons trouvé une maladie que je n'aurais jamais pensé étudier : l'asthme. Mais avec la science, on ne sait jamais où la recherche vous conduira.

Puisque ni moi ni personne d'autre dans mon labo ne s'y connaissait vraiment en asthme, nous avons dû trouver quelqu'un de compétent. L'une des joies de la science est d'interagir avec des personnes extérieures à votre discipline. Heureusement, l'université du Wisconsin à Madison ne manque pas de gens de tous horizons et héberge notamment un groupe de recherche sur l'asthme, de réputation mondiale. Par chance pour moi, William Busse, un des principaux experts du domaine, dirigeant une gigantesque étude sur l'asthme dans les quartiers défavorisés, fut intéressé par mon projet de collaboration. Il avait déjà réalisé une étude montrant que le stress peut exacerber les symptômes de l'asthme, et il avait aussitôt compris que le cerveau devait être impliqué dans la maladie. Après tout, les événements stressants sont des choses complexes. Le cerveau doit interpréter les pensées et sentiments causés par le stress, par exemple après réception d'un courrier émanant du fisc, si votre compte bancaire est dans le rouge ou si vous manquez un rendez-vous avec votre patron alors que des rumeurs de licenciement circulent.

Pour cette recherche antérieure, William s'était associé avec le psychologue Chris Coe, qui étudie la psycho-neuro-immunologie, la relation entre esprit, cerveau et système immunitaire[12]. Ils avaient recruté vingt étudiants, tous asthmatiques, et les avaient exposés deux fois par semestre à une petite dose d'allergène inhalé (pollen, poussière, poils de chat – tout ce qui gênait le plus le fonctionnement des poumons lors d'un test de dépistage) : d'abord à une période peu stressante, puis juste avant les examens. Les étudiants fournissaient aussi des échantillons de mucosités, qui contiennent des molécules produites quand les poumons sont enflammés – ce qui arrive quand un asthmatique inhale un allergène – et sont donc un signe fiable d'inflammation. Avant d'être exposés au pollen ou à la poussière, les étudiants avaient la même quantité de molécules inflammatoires pendant les examens et plus tôt dans le semestre. Mais après exposition à l'allergène, les marqueurs d'inflammation dans les mucosités étaient 27 % plus élevés lors des examens, même si les deux expositions étaient identiques. Apparemment, le stress aggrave la réaction physiologique à un allergène.

Le mécanisme exact par lequel cela se produit n'est pas encore entièrement compris, mais une découverte très récente suggère qu'il implique le cortisol. Le stress fait augmenter le niveau de cortisol, ce qui pourrait sembler bénéfique pour un asthmatique, car le cortisol inhibe l'inflammation. Alors comment l'inflammation des poumons peut-elle croître malgré un plus haut niveau de cortisol ? Parce que les cellules immunitaires deviennent moins réactives au cortisol, et que sa fonction normale d'inhibition est perturbée. Hélas, très peu de médecins qui traitent l'asthme envisagent qu'un organe situé au-dessus des poumons puisse jouer un rôle dans la maladie.

Cette étude et d'autres indiquent clairement que, même si l'asthme est ordinairement conçu comme une maladie des voies respiratoires et peut-être du système immunitaire, il a aussi un puissant composant émotionnel, et donc neurologique. Le stress ressenti par les étudiants qui préparent un examen déclenche des symptômes plus sévères s'ils sont exposés à un allergène. Comme d'autres observations similaires de symptômes exacerbés par le stress, cela montre que le cerveau communique avec les voies respiratoires et les poumons. Nous avons donc décidé d'explorer la relation entre stress et symptômes de l'asthme – ou, plus précisément, de voir quels modèles d'activité cérébrale affectent l'obstruction des voies respiratoires et l'inflammation pulmonaire dans l'asthme.

Pour cela, la première chose à faire était de trouver un bon moyen de provoquer le stress. Nous avons élaboré une variante du fameux test de Stroop, mentionné plus haut. Créé en 1935, le test de Stroop repose sur des noms de couleurs imprimés dans une teinte correspondant ou non au mot en question : « vert » peut être écrit en vert ou en rouge, par exemple. La tâche consiste à nommer la couleur de l'encre sans se laisser influencer par le mot imprimé. Il faut plus longtemps pour nommer la couleur quand elle est différente du mot – pour dire « rouge » quand le mot est imprimé en vert que pour dire « vert » quand le mot est bien imprimé en vert. Des versions plus récentes du test demandent aux participants de nommer la couleur de mots chargés d'émotion. Parmi les patients atteints de trouble de l'anxiété, par exemple, nommer la couleur de mots comme « anxieux », « nerveux » ou « inquiet » prend plus de temps que pour des mots non chargés émotionnellement comme « maison » ou « rideau ». Dans le test d'origine comme dans sa version modifiée, la raison pour laquelle il faut plus longtemps pour nommer la couleur est que nous ne pouvons nous empêcher de lire le mot ; c'est cela qui nous gêne pour nous concentrer sur la couleur.

Pour notre première étude sur l'asthme, nous avons recruté six patients de la région de Madison[13]. À leur arrivée au labo, nous leur expliquions qu'ils allaient inhaler l'une de ces trois substances : une simple solution saline, qui ne suscite normalement aucun symptôme asthmatique comme toux ou respiration sifflante ; de la métacholine qui, en tant que constricteur des muscles lisses, produit le serrement de poitrine souvent associé à une crise d'asthme mais ne déclenche pas de réaction inflammatoire dans les poumons ; ou un allergène (poussière ou pollen délayé dans de l'eau). Ni le chercheur ni le participant ne savait ce que contenait le vaporisateur, puisque nous ne voulions pas que la simple pensée d'un allergène influence la réaction d'un participant. Quelques heures après avoir inhalé le liquide inconnu, chaque participant entrait dans l'appareil d'IRM.

Dès qu'il était installé, nous allumions un écran fixé à l'intérieur et, grâce à des écouteurs, nous lui demandions de commencer le test de Stroop. Nous avions choisi des mots liés à l'asthme comme « sifflement », « suffoquer » et « constriction », ainsi que des termes négatifs plus génériques comme « haine », « colère » et « anxieux ». Comme d'habitude, les mots apparaissaient en différentes couleurs et les participants devaient les identifier (plutôt que de leur faire crier la réponse, nous leur demandions d'appuyer sur des boutons correspondant aux couleurs ; parler peut perturber les mesures IRM). Nous l'avons fait à trois reprises, séparées par un mois à chaque fois, afin d'obtenir des données après inhalation de chacune des trois substances.

Melissa Rosenkranz, doctorante talentueuse, était aux commandes[14]. Ensemble, dans la salle de contrôle, nous regardions arriver les données du premier participant, et nous sentions que nous allions toucher à quelque chose. Quand les asthmatiques voyaient des mots évocateurs comme « sifflement », deux zones de leur cerveau montraient une activité accrue : l'insula, qui surveille la condition du corps et qui envoie des signaux aux organes viscéraux durant les émotions, et le cortex cingulaire antérieur, qui joue un rôle-clef en surveillant l'environnement et en déclenchant l'action qui doit faciliter le comportement orienté vers un but. De plus, l'activation accrue de ces régions en réaction aux mots liés à l'asthme était plus forte après inhalation de l'allergène qu'après inhalation de la solution saline ou de la métacholine. Les asthmatiques qui manifestaient le plus haut degré d'activation dans ces régions avaient aussi la pire inflammation des poumons (mesurée vingt-quatre heures après le scan IRM, lors de leur retour au labo). En fait, seuls les asthmatiques présentant une forte réaction cérébrale aux mots liés à l'asthme avaient une inflammation grave.

Ce que ces résultats montrent, c'est que, pour un asthmatique, des mots comme « sifflement » et « suffoquer » ont une telle charge émotionnelle qu'ils suscitent une activité en cascade, d'abord dans le cerveau puis dans le corps. Ce qui se passe, supposons-nous, est que les asthmatiques n'ont pas tous la même sensibilité aux sources de stress liées à l'asthme. Les plus sensibles sont lents à récupérer sur l'échelle de la Résilience : ils sont accablés par les revers et luttent pour retrouver leur état émotionnel antérieur. Lorsqu'on leur propose un antigène, celui-ci sensibilise leur cerveau et les rend hyperréactifs aux facteurs de stress liés à l'asthme, comme aux mots « constriction » et « suffoquer ». Leur réaction à ces mots émotionnellement chargés active l'insula et le cortex cingulaire antérieur, qui exacerbent encore la réaction inflammatoire des poumons, par les voies reliant ces régions du cerveau aux systèmes libérant les molécules qui régulent l'inflammation, comme le cortisol.

La Résilience n'est qu'une des dimensions du style émotionnel qui jouent un rôle dans l'asthme. Il en va de même de la Conscience de soi. Comme nous l'avons vu au chapitre 4, la base cérébrale de cette dimension est centrée sur l'insula. Chez les asthmatiques particulièrement sensibles au stress, l'insula est suractivée, en particulier par des stimuli liés à l'asthme comme les mots « sifflement » et « suffoquer ». Cette suractivation de l'insula pourrait provoquer une baisse des fonctions pulmonaires : devenir *moins* conscient de soi pourrait être bénéfique pour un asthmatique.

Ces découvertes suggèrent la possibilité d'utiliser une nouvelle approche pour les soins. Puisque le cerveau est très clairement impliqué dans la modulation de la réaction inflammatoire des poumons (processus sous-jacent essentiel dans l'asthme), si nous parvenons à modifier le circuit neuronal en question, nous pourrions atténuer certains des symptômes et améliorer le traitement de la maladie. Au chapitre 11, je décrirai comment nous pouvons modifier notre cerveau en transformant notre esprit par le biais de méthodes comme la méditation ; en fait, certains des principaux circuits impliqués dans l'asthme, dont l'insula et le cortex cingulaire antérieur, sont précisément ceux qu'affecte la méditation. Par exemple, nous avons formé des gens à la méditation de pleine conscience, technique où l'on observe ses propres pensées et sentiments à l'instant présent, sans jugement, d'un point de vue extérieur. Cet entraînement permettra peut-être à un asthmatique de lire un mot lié à son état, comme « sifflement », sans réaction émotionnelle particulière. Si c'est le cas, cela pourrait empêcher le mot de déclencher les événements physiologiques qui mènent à la crise d'asthme. Ainsi, la formation mentale modifierait les modèles d'activité cérébrale, ce qui pourrait donner de véritables résultats en matière de santé et de maladie.

STYLE ÉMOTIONNEL ET IMMUNITÉ

Comme vous le voyez d'après ces exemples, nous ne manquons pas de données indiquant que l'état de votre esprit affecte l'état de votre corps et, plus précisément, que les émotions influencent la physiologie et donc la santé. Mais que pouvons-nous dire de plus sur les différents styles émotionnels et la santé ?

Comme vous vous en souvenez, la découverte qui m'a poussé à vouloir comprendre la base cérébrale des différences individuelles en matière de style émotionnel était l'asymétrie de l'activation du cortex préfrontal (une plus forte activation à gauche qu'à droite est associée aux émotions positives, une plus forte activation à droite qu'à gauche est associée aux émotions négatives). Au cours de cette recherche, j'avais pris connaissance d'études obscures montrant que, chez les souris, les dégâts subis par la région corticale gauche ou droite avaient des effets spectaculaires sur la fonction immunitaire. Les dégâts subis par l'hémisphère gauche, associé à la dépression chez les humains, entraînaient un déclin de la fonction immunitaire, mais pas les dégâts dans la région corticale droite. Inspiré par cette découverte, j'ai décidé de vérifier si l'on constatait le même effet chez les humains. Réduire l'activité du côté gauche du cerveau pouvait-il causer non seulement la maladie mentale comme la dépression, mais aussi la maladie somatique ?

J'ai donc repris contact avec vingt étudiants qui avaient participé à certaines de mes études précédentes et chez qui j'avais trouvé une activité cérébrale extrêmement polarisée, avec une activation préfrontale extrême du côté gauche ou du côté droit[15]. Quand ils arrivaient au labo, nous prélevions des échantillons sanguins que nous analysions pour y repérer les cellules tueuses naturelles, ces globules blancs qui sont un élément majeur de notre système immunitaire inné, qui attaquent les tumeurs et tuent les cellules infectées par des virus. Nous avons découvert que l'asymétrie frontale qui caractérise un style émotionnel positif – l'activation du côté gauche – était associée à une plus forte activité de ces lymphocytes NK (*natural killer*). Les participants ayant une forte activation frontale gauche avaient une activité des cellules tueuses de 50 % plus élevée que ceux ayant une forte activation frontale droite. Cette découverte était remarquablement similaire à ce qui avait été observé chez les souris. Vingt participants, c'est peu, donc j'ai répété l'expérience quelques années plus tard, avec essentiellement les mêmes résultats : une plus forte activité frontale gauche entraîne une plus forte activité des lymphocytes NK[16].

Mais quelles conséquences concrètes pouvait avoir une activité plus forte des lymphocytes NK ? Je voulais trouver un meilleur moyen de mesurer la fonction immunitaire, et en 2003 j'ai compris que je pouvais, pour ce faire, tester la réaction des gens à un vaccin (qui indique s'ils développent une immunité ou non)[17]. Melissa Rosenkranz, doctorante dans mon labo, s'est chargée de déterminer s'il existe un lien entre activité préfrontale et réaction immunitaire à un vaccin. Elle a recruté cinquante-deux hommes et femmes d'âge moyen, en pleine saison de grippe (de la fin de l'automne au début du printemps, dans le Wisconsin). La première fois où les participants venaient au labo, elle mesurait leur activité électrique cérébrale pour connaître leur statut en matière d'asymétrie frontale. Puis Barbara, une infirmière, distribuait à tous un vaccin contre la grippe et leur demandait de revenir trois fois : au bout de deux semaines, de quatre semaines, puis de vingt-six semaines. Chaque fois, nous faisions une prise de sang et cherchions des anticorps de la grippe, qui montreraient si la personne avait réagi comme prévu à l'injection.

Il nous a fallu beaucoup de temps pour recueillir les données, puisque les derniers échantillons de sang étaient prélevés six mois après administration du vaccin. L'analyse des électroencéphalogrammes a pris neuf mois, ce qui peut être frustrant pour un jeune scientifique. On comprend donc l'excitation de Melissa lorsqu'elle a enfin obtenu les résultats. Un après-midi, elle a fait irruption dans mon bureau, interrompant une réunion, pour proclamer ses découvertes : les individus ayant une plus forte activation frontale gauche, associée à un style émotionnel plus positif, avaient aussi la plus forte réaction immunitaire. Le niveau d'anticorps des « gauchers » les plus extrêmes était pratiquement quatre fois supérieur à ceux des « droitiers » les plus extrêmes. C'est une différence énorme et presque à coup sûr significative d'un point de vue clinique. Plus le niveau d'anticorps est élevé, moins vous avez de risques d'attraper la grippe.

LA CONNEXION CŒUR-CERVEAU

J'ai dit au début de ce chapitre que les disciplines scientifiques pouvaient être très cloisonnées, les chercheurs ne pas vraiment s'intéresser aux phénomènes sortant de leur strict domaine d'expertise. Je me suis heurté à cet état d'esprit à la fin des années 1990, alors que la recherche biomédicale élaborait des moyens d'évaluer le fonctionnement cardiaque par IRM plutôt que par des méthodes plus invasives comme l'angiographie, où l'on insère un cathéter directement dans le cœur. Quand j'ai entendu parler de cela, j'ai pensé que j'avais déjà tout un groupe de volontaires qui passaient par l'appareil IRM de notre labo, pour des expériences portant sur l'activité cérébrale qui accompagnait divers états émotionnels. Je me suis dit alors : pourquoi ne pas en profiter pour observer d'autres organes qui peuvent aussi changer avec les états émotionnels ?

Quand j'ai contacté certains collègues, qui étaient à la pointe de l'utilisation de l'IRM pour l'étude du fonctionnement cardiaque, et que je leur ai présenté ce que j'avais en tête – utiliser l'IRM chez des sujets sains pour voir comment des états psychologiques tels que les émotions affectent le cœur –, ils se sont montrés sceptiques. L'IRM cardiaque est conçue pour évaluer la maladie : ils ne pouvaient pas imaginer que les émotions influenceraient assez le fonctionnement du cœur pour que les répercussions apparaissent sur un scan. Je me suis alors interrogé : nos méthodes habituelles pour susciter des émotions en laboratoire seraient-elles assez puissantes pour produire un changement perceptible par l'IRM cardiaque ? Pour la première fois de ma carrière, j'ai décidé de susciter la peur non par des images fixes ou mobiles, mais en menaçant mes volontaires d'un électrochoc.

Les psychologues utilisent depuis longtemps l'électrochoc chez les animaux et chez les humains pour étudier la peur et l'apprentissage. Par exemple, une expérience classique consiste à choquer un rat lorsqu'il est exposé à un stimulus simple (son ou lumière colorée). Le rat apprend à associer le stimulus au choc, et chaque fois que le stimulus apparaît, le cœur du rat se met à palpiter et l'animal tente d'échapper au choc. Chez les humains, on a utilisé l'électrochoc dans d'innombrables expériences – des protocoles, notamment, où des patients anxieux et des sujets sains occupaient la place des rats, avec ce résultat : les patients anxieux apprenaient à associer le stimulus au choc électrique plus vite que les sujets sains. Dans l'étude sans doute la plus fameuse usant des électrochocs, on faisait en réalité semblant d'y recourir : c'est l'expérience où Stanley Milgram annonçait à des volontaires qu'ils allaient devoir administrer un choc à d'autres personnes, qu'ils ne voyaient pas, chaque fois que celles-ci donneraient une mauvaise réponse à des questions, en augmentant le voltage à chaque réponse erronée (en réalité, il n'y avait pas d'électrochoc ; il s'agissait de voir si une figure d'autorité – incarnée par les scientifiques – pouvait forcer des gens ordinaires à torturer des inconnus innocents. La réponse est oui).

Je me suis toujours méfié de l'usage scientifique de l'électrochoc : c'est un stimulus si peu naturel ! Sans parler du fait qu'il me semblait peu éthique d'infliger un choc à des volontaires quand nous avions d'autres moyens de susciter en eux la peur ou l'anxiété. Mais, étant donné le scepticisme de mes collègues quant à l'effet mesurable que nos méthodes habituelles pourraient avoir sur le cœur, je m'y suis résolu.

Pour l'expérience, j'utilisais ce qu'on appelle la procédure de « menace du choc » plutôt que l'électrochoc réel[18]. Nous avons recruté vingt-trois lycéens par petites annonces, et nous leur avons expliqué que, pendant un scan IRM, nous leur montrerions des formes géométriques simples. Le losange signifierait qu'ils pourraient recevoir un choc électrique, le carré indiquerait que tout allait bien. Pour qu'ils sachent à quoi s'attendre, nous leur administrions un choc léger durant vingt millisecondes (soit un cinquantième de seconde), qui produisait à peu près le même effet qu'une pile de neuf volts appliquée sur la langue. Puis ils entraient dans l'appareil d'IRM et se mettaient à regarder l'écran installé à l'intérieur.

Dans la salle de contrôle, tandis que les mesures de l'activité cérébrale nous parvenaient en temps réel, j'étais frappé par les énormes différences dans le modèle d'activation neuronale selon que nos volontaires voyaient le losange (« Alerte, électrochoc ! ») ou le cercle (« Tout va bien »). Je scrutais diverses parties du cerveau dont je savais qu'elles pouvaient être activées par la peur, comme l'amygdale, l'insula et le cortex préfrontal. Mais il n'est pas étonnant que le sentiment de menace ait un profil neuronal différent du sentiment de sécurité. Quand nous parvinrent par ailleurs les données sur le cœur – nous mesurions en particulier la contractilité, c'est-à-dire la force avec laquelle le cœur bat –, je remarquai aussitôt que, au moins pour certains participants, les émotions étaient arrivées dans la poitrine, où elles faisaient des ravages. La contractilité est influencée par le système nerveux sympathique, qui est, nous l'avons vu, l'élément-clef de la réaction de fuite et, à ce titre, est impliqué dans le stress et les situations de détresse. Plus l'activation cérébrale était forte dans trois régions cruciales — une zone du cortex préfrontal droit, l'insula et l'amygdale –, plus la contractilité cardiaque était forte. En réaction à la menace du losange, certains volontaires ne manifestaient presque aucun changement de leur contractilité, alors que chez d'autres, la transformation était spectaculaire.

En examinant leur cerveau, nous pouvions déterminer les différentes réactions des volontaires. En matière de contractilité cardiaque, plus de 40 % des variations d'une personne à l'autre dépendaient de la force avec laquelle l'insula et le cortex préfrontal réagissaient à la forme menaçante. Cette activité cérébrale accrue filait sur les voies rapides du système nerveux sympathique et accélérait le rythme cardiaque. Les différences de style émotionnel peuvent avoir des conséquences sur la santé lorsqu'elles interviennent sur une période longue.

L'ESPRIT INCARNÉ

L'esprit est « incarné » au sens où il existe à l'intérieur du corps, précisément dans les six kilos de ce matériau semblable à du tofu que nous appelons le cerveau. La communication corps-esprit est bidirectionnelle, si bien que l'état de l'esprit influence le corps tout comme l'état du corps influence l'esprit. Les émotions, elles aussi, sont incarnées et, étant donné leur capacité à affecter la physiologie de l'ensemble du corps, elles sont même sans doute la forme d'activité mentale la plus incarnée. Les circuits cérébraux qui sous-tendent le style émotionnel ont de fortes connexions avec le système immunitaire, le système endocrinien et le système nerveux autonome. Si l'on considère, donc, les échanges cerveau-corps dans ce sens-là, l'esprit influence notre santé. Pour un fournisseur de soins de santé, connaître le style émotionnel d'une personne pourrait donc se révéler aussi important, afin d'évaluer les risques, que de savoir si le patient fume ; modifier votre style émotionnel peut être bénéfique pour votre système physiologique et donc pour l'ensemble de votre santé. Si l'on considère maintenant les échanges dans l'autre sens, du corps au cerveau, cela implique que modifier nos façons de bouger, nos pratiques physiques peut affecter la façon dont notre esprit traite l'information émotionnelle. Et il ne s'agit pas juste de signaler aux utilisatrices de Botox que paralyser certains de leurs muscles faciaux risque de réduire la palette de leurs émotions. Cela va bien plus loin. Cela suggère aussi que le corps peut devenir un allié pour transformer nos émotions : des pratiques centrées sur le corps, comme le hatha yoga, sont susceptibles de moduler l'émotion. La recherche, sur ce sujet, démarre à peine, mais on pressent déjà quelles pourraient être les implications de cette connexion entre corps et cerveau.

7

LE NORMAL ET LE PATHOLOGIQUE À LA LUMIÈRE DES ÉMOTIONS

Qui peut être dit « émotionnellement normal » ? Quand j'ai présenté les six dimensions du style émotionnel, dans l'introduction, j'espère avoir bien montré qu'il n'existe pas de style idéal. En fait, j'irai jusqu'à dire que non seulement il n'y a pas, sur le spectre du style émotionnel, de point supérieur à un autre, mais que nous n'aurions jamais atteint un tel niveau de civilisation si les individus ne s'étaient pas répartis sur l'ensemble du spectre de chaque dimension.

Si vous aimez utiliser des iPad, des téléphones portables, des banques en ligne, Facebook et les autres réseaux sociaux, alors vous devriez être content qu'il y ait des gens qui préfèrent être en contact avec des machines plutôt qu'avec d'autres humains – des gens qui se situent sans doute parmi les *perplexes* sur l'échelle de l'Intuition sociale. Si vous êtes soulagé qu'il n'y ait pas davantage d'assassinats politiques, alors vous devriez être heureux que les agents du service de sécurité présidentielle se situent à l'autre pôle, celui des personnes *socialement intuitives*, ce qui les rend extrêmement sensibles aux indices subtils, non verbaux de l'environnement. Si vous appréciez qu'il y ait, dans notre société moderne, des enseignants efficaces et des dirigeants exemplaires, alors vous devriez être content qu'il y ait des gens *rapides à récupérer* en matière de Résilience, *positifs* en matière de Perspective, *socialement intuitifs* (enseignants et dirigeants doivent être sensibles aux indices émis par ceux qui les entourent) et *connectés* en termes de Sensibilité au contexte (ils doivent aussi être sensibles aux finesses de l'environnement social pour réagir adéquatement dans une situation donnée). Bref, les variations du style émotionnel servent bien notre société en équipant différentes personnes de forces différentes et complémentaires.

Parfois, cependant, un style peut être tellement extrême qu'il perturbe le fonctionnement quotidien. Il bascule alors dans la pathologie. C'est exactement comme pour le fonctionnement de notre corps. La pression sanguine, le niveau de cholestérol, le rythme cardiaque et autres mesures physiologiques se situent sur un continuum, tout comme les dimensions du style émotionnel. Il y a toujours une limite au-delà de laquelle une valeur est considérée comme pathologique parce qu'elle est associée à la maladie, à un risque accru d'AVC ou de troubles cardiovasculaires, par exemple. La frontière entre santé et maladie est quelque peu arbitraire et peut changer au fur et à mesure que la recherche biomédicale progresse (comme en témoigne la baisse du taux de cholestérol jugé sain). En général, cependant, cette limite se situe là où un état physiologique se traduit par une gêne au quotidien. On pourrait, certes, avoir une discussion d'experts sur ce qu'est une capacité pulmonaire saine, mais je pense que nous sommes tous d'accord : quand vous ne pouvez pas monter un escalier sans vous essouffler, vous avez franchi la limite qui sépare le normal du pathologique.

Cela vaut aussi pour le style émotionnel. En matière de Résilience, quand vous êtes si lent à récupérer que la moindre contrariété vous plonge dans une crise aiguë de panique ou d'anxiété, on est dans le pathologique. Quand votre Perspective est si négative que l'absence de joie dans votre vie vous fait sérieusement envisager le suicide, on est dans le pathologique. En termes d'Intuition sociale, quand vous êtes si perplexe que vous avez du mal à comprendre les interactions sociales les plus ordinaires et que vous ne pouvez nouer de relations intimes, on est dans le pathologique, voire dans le spectre de l'autisme. Quand votre Conscience de soi est si opaque que vous êtes incapable de sentir que votre niveau de stress grimpe en flèche, vous ne ferez rien pour le réduire, ce qui augmente les risques de contracter une maladie (comme nous l'avons vu au chapitre 6). Quand, en termes de Sensibilité au contexte, vous êtes tellement déconnecté de votre environnement que vous prenez la sirène d'une ambulance pour une unité médicale sur un champ de bataille, on est dans le pathologique, et l'on glisse même peut-être vers le trouble de stress post-traumatique. Quand, en termes d'Attention, vous êtes si peu concentré que vous ne pouvez accomplir une tâche simple ni acquérir les connaissances nécessaires à la réussite de vos études ou de votre carrière, on est dans le pathologique, et cela peut même indiquer un authentique trouble du déficit de l'attention avec ou sans hyperactivité.

Pour certaines de ces dimensions, l'extrême inverse peut également être pathologique. Par exemple, si votre Perspective est trop positive, vous risquez les troubles bipolaires ou une forme de démence caractérisée par une émotion positive inadaptée. Vous pouvez avoir une telle Conscience de soi et être si inondé de sensations par votre corps que vous êtes sujet aux crises de panique. Et vous pouvez être tellement concentré que vous passez à côté de quelque chose ou de quelqu'un qui requiert votre attention.

Comme ces exemples le suggèrent déjà, les principales formes de trouble psychiatrique incluent presque toutes un dérèglement émotionnel. On peut donc supposer que le style émotionnel détermine à quel point un individu sera vulnérable à la maladie mentale. Bien que le style émotionnel ne puisse pas en soi *causer* la maladie mentale, il interagit avec d'autres facteurs pour déterminer si l'individu peut ou non y être sujet. La perturbation du fonctionnement émotionnel se trouve au cœur des troubles de l'humeur et de l'anxiété, par exemple, ce qui n'a rien d'étonnant : dans les troubles de l'humeur comme la dépression, les gens sont incapables de conserver des sentiments positifs, comme le bonheur ou même l'intérêt, alors que dans le trouble d'anxiété généralisée ou sociale, ils ont du mal à surmonter une émotion négative dès lors qu'elle a été activée. Plus curieux, peut-être, les troubles émotionnels sont aussi au centre de la schizophrénie et de l'autisme. La schizophrénie est souvent marquée par l'anhédonie, l'incapacité à tirer du plaisir des activités normales. Et les autistes ont tellement de mal à interpréter les indices sociaux ordinaires, comme l'expression d'un visage inconnu, qu'ils y perçoivent une menace, se replient de plus en plus dans leur propre monde, jusqu'à ce que même la sollicitude de leurs proches ne puisse plus les en faire sortir.

L'AVENIR DE LA PSYCHIATRIE

En comprenant quelles dimensions du style émotionnel pourraient être impliquées dans certains troubles et comment elles pourraient contribuer aux symptômes essentiels, nous apprécions mieux le continuum entre normal et anormal. Identifier la contribution des différentes dimensions à des troubles particuliers permettra aussi de localiser les systèmes cérébraux sous-jacents qui contribuent à chaque trouble et de suggérer de nouvelles stratégies pour les traiter en modifiant le style émotionnel. C'est l'avenir de la recherche psychiatrique, j'en suis convaincu. Actuellement, les cliniciens évaluent les symptômes du patient et, s'il y en assez qui correspondent aux caractéristiques de la phobie sociale, du trouble obsessionnel compulsif ou des troubles bipolaires, par exemple, ils lui collent l'étiquette en question. Le problème de cette approche est qu'elle ignore les variations entre individus, et que le point de bascule permettant de déclarer « vous avez telle maladie » est arbitraire. Surtout, découper le gâteau en trois cent soixante-cinq troubles distincts, comme le fait l'ouvrage de référence aux États-Unis, le *DSM* (*Diagnostic and Statistical Manual of Mental Disorders*), ne respecte pas le fonctionnement du cerveau. Une meilleure approche – que je préconise depuis que j'ai été nommé, en 1996, président de la Société de recherche en psychopathologie – consisterait à définir où se situent les personnes sur un continuum élaboré grâce aux neurosciences.

Je vous donne un exemple. Nombre de troubles psychiatriques incluent un dysfonctionnement de la capacité à ressentir du plaisir[1]. La dépression est le cas le plus évident, mais l'incapacité à éprouver de la joie, du bonheur ou de la satisfaction – l'anhédonie – caractérise aussi la schizophrénie, comme nous l'avons dit. Beaucoup de gens pensent que cette maladie est avant tout marquée par des hallucinations et des illusions, qui sont en effet ce qu'on appelle les symptômes positifs de la schizophrénie, « positif » signifiant ici qu'un symptôme est présent. Mais la schizophrénie est aussi une maladie de symptômes « négatifs », où sont absentes des qualités normalement présentes. Chez les schizophrènes, le symptôme négatif le plus frappant est l'anhédonie. En termes de style émotionnel, l'anhédonie vous place à l'extrémité négative du spectre de la Perspective. Cette dimension est donc susceptible de jouer un rôle dans la schizophrénie, ainsi que dans la dépression, les troubles d'anxiété, les troubles addictifs, et d'autres encore, où l'absence d'émotions positives est une source majeure de problèmes.

Ce chapitre examinera la frontière entre le normal et le pathologique pour trois dimensions du style émotionnel : l'Intuition sociale, qui joue un rôle-clef dans l'autisme ; la Perspective, qui influe sur le risque de dépression ; et l'Attention, qui explique le TDAH (trouble du déficit de l'attention avec hyperactivité).

LE SPECTRE DE L'AUTISME

C'est à ma fille que je dois de m'être intéressé à l'autisme. Dès qu'Amelie fut en âge de remarquer les autres, c'est-à-dire peu après sa naissance, en ce qui la concerne, elle est devenue extrêmement sociable. Cela s'est surtout remarqué quand, au lycée, elle a accompagné Molly, une jeune autiste de 11 ans, dans la préparation de sa bat-mitsvah. En plus de l'aider en hébreu, Amelie jouait pour elle un rôle de lien social. Je n'oublierai jamais la bat-mitsvah de Molly : Amelie l'avait rendue capable de se tenir devant toute l'assemblée, de réciter ses prières et de lire la Torah sans flancher.

La description classique de l'autisme inclut une triade de symptômes. Le premier implique des troubles de l'interaction sociale : les autistes évitent le contact par le regard, souvent ils ne répondent pas quand on les appelle par leur nom, et ils semblent en général inconscients des sentiments d'autrui. Le deuxième groupe de symptômes s'articule autour des problèmes de communication : certains autistes parlent à peine, ou bien sur un ton ou un rythme anormal, ils répètent des mots ou des bouts de phrases sans les comprendre et se révèlent incapables de mener une conversation. Le troisième groupe réunit des comportements stéréotypés comme les mouvements répétitifs (agiter les mains ou se balancer, par exemple) et les rituels spécifiques (toujours commencer un repas par une gorgée de lait et terminer d'abord la viande sans toucher à un seul légume, par exemple).

La recherche récente a élargi la catégorie « autisme » et parle désormais du « spectre de l'autisme », de sorte qu'il existe toute une gradation dans la gravité de chaque élément de la triade de symptômes. Certains enfants relevant du spectre de l'autisme ont simplement tendance à éviter le contact visuel et parlent d'une voix anormalement monocorde, par exemple. D'autres ont des accès de rage terrifiants, pour eux comme pour les autres, dès qu'on les touche, qu'on leur parle, ou qu'on tente de croiser leur regard. Pour d'autres encore, le symptôme le plus visible est la fixation sur un détail d'un jouet, comme les roues d'un camion. Par conséquent, le spectre de l'autisme comprend aussi bien des individus tout à fait aptes à la vie en société, comme Temple Grandin, célèbre spécialiste du comportement animal, que des individus si handicapés qu'ils ne peuvent pas parler, sont incapables de suivre une scolarité et nécessitent des soins constants. Mais quelle que soit la place que l'on occupe sur le spectre de l'autisme, il en résulte un handicap en matière de communication et d'interaction sociale.

Quand Amelie donnait ses cours particuliers à Molly dans notre salle à manger, j'ai remarqué une chose très frappante au sujet de la petite fille : l'absence de contact visuel. Je voyais qu'elle était attentive, car quand Amelie lui demandait de lire la Torah à haute voix, elle essayait clairement de le faire. Mais Molly ne regardait jamais Amelie. J'en suis venu à me demander si ce point précis ne pourrait pas éclairer les fondements de l'autisme, et en quoi ce comportement pouvait être relié aux handicaps sociaux bien connus des autistes : leur faible capacité à repérer l'ironie, le sarcasme ou l'humour. Chaque fois que je rencontrais des enfants autistes, que leur cas soit grave ou bénin, je remarquais ce symptôme récurrent : l'évitement de tout contact visuel.

À cette époque (les séances d'Amelie avec Molly eurent lieu en 1999), j'étais déjà en train d'élaborer ma théorie du style émotionnel et j'avais provisoirement inclus l'Intuition sociale parmi les six dimensions. L'une des conséquences de l'évitement du contact visuel, me suis-je dit, pouvait être une mauvaise intuition sociale, car nombre des signaux sociaux que nous transmettons – exprimant l'intérêt ou l'ennui, la surprise, le plaisir ou la confiance – viennent de la région des yeux, comme l'affirmait le grand anatomiste français Duchenne, que je vous ai présenté au chapitre 2. Parce que les muscles entourant les yeux expriment une véritable émotion, cette région du visage est cruciale pour la communication sociale. Je le savais déjà grâce à mes premières recherches sur l'émotion : quand les volontaires qui visionnaient des vidéos amusantes dans mon labo à Purchase avaient manifesté des mouvements caractéristiques des muscles oculaires (plissements au coin des yeux), accompagnant leurs modèles d'activité cérébrale. Lors de ces études, nous avions découvert que le vrai bonheur, déterminé par les sourires plissant les yeux, allait de pair avec une pointe d'activité dans la région préfrontale gauche, contrairement au bonheur feint, sans plissements des yeux[2]. C'est seulement en observant les yeux que l'on peut discerner précisément si quelqu'un ressent une émotion positive, avions-nous conclu.

Ce souvenir m'est revenu quand j'ai vu que Molly refusait de croiser le regard d'Amelie. Étant donné l'importance de l'évitement du regard chez les enfants et les adultes relevant du spectre de l'autisme, j'ai compris qu'il devait leur manquer des indices essentiels quant aux états émotionnels des autres. Ils étaient incapables de comprendre qu'une plaisanterie pince-sans-rire (« Quoi, seulement 19,5 sur 20 ? Tu n'as pas dû te donner beaucoup de mal pour cet examen ! » ou « Une émeraude à un carat ? Notre anniversaire de mariage ne compte pas plus que ça pour toi ? ») signifiait en réalité le contraire de son sens littéral : « Tu as énormément travaillé pour cet examen et tu as brillamment réussi » ou « C'est le plus merveilleux cadeau qu'on m'ait jamais fait ». Ce n'est pas étonnant que les autistes aient tant de mal avec l'interaction sociale : ils sont incapables de deviner ce que ressentent les autres ou ce qu'indiquent leurs propos et leur comportement. Contrairement à l'idée admise, cette cécité sociale et émotionnelle n'était peut-être pas le résultat d'un déficit spécifique dans le traitement des émotions par le cerveau. Mais simplement la conséquence du manque de contact visuel. Si un non-autiste passait une journée à détourner les yeux du visage de ses collègues et amis, il passerait à côté de toutes sortes d'indices sociaux et émotionnels, et serait tout aussi perplexe face au monde social qui l'entoure. Cela suggère que si les autistes pouvaient apprendre à regarder les yeux d'autrui, sans gêne ni anxiété, ils pourraient être débarrassés d'une grande partie de leur déficit social et émotionnel.

Mais ce n'était pas du tout le consensus régnant parmi les experts. Plusieurs études avaient conclu que les enfants autistes pouvaient avoir une anomalie fondamentale dans le gyrus fusiforme, ce bloc de neurones situé dans le cortex visuel, à l'arrière du cerveau, responsable de la perception des visages[3]. La découverte, datant de 1997, qu'une zone spécifique du cerveau était vouée à la perception des visages – et non des arbres, des rochers, des meubles, de la nourriture ou d'une autre partie de l'anatomie – était logique, tant les visages comptent dans la vie sociale des humains et d'autres primates (les chimpanzés ont aussi un gyrus fusiforme, on le sait depuis 2009). Des études de suivi ont néanmoins révélé que le gyrus fusiforme ne se spécialise pas forcément dans les visages, mais se déclenche chaque fois que l'individu perçoit un objet appartenant à une catégorie qu'il connaît bien. Chez les passionnés d'automobile ou d'ornithologie, par exemple, le gyrus fusiforme s'active à la vue de voitures ou d'oiseaux. Quand on montre à un ornithologue amateur des images de rouges-gorges, de mésanges, de canards et d'albatros et qu'on lui demande de les classer, le gyrus fusiforme entre en action. C'est pourquoi les scientifiques ont d'abord cru qu'il était exclusivement spécialisé dans la perception des visages : les gens sont des experts en matière de visages et tentent généralement de les classer (inconnu ? ami ?). Selon certaines études, le gyrus fusiforme est déficient chez les autistes. Quand des enfants autistes font l'objet d'un scan IRM et qu'on leur demande de dire si un visage est heureux ou fâché, leur gyrus fusiforme est bien moins actif que chez les enfants au développement normal.

J'étais sceptique face à cette théorie associant l'autisme à un déficit inhérent du gyrus fusiforme. Réfléchissez : ces enfants autistes, qui ont énormément de mal à entrer en relation avec autrui, voilà que des inconnus les font entrer dans un appareil semblable à un cercueil, produisant un fracas assourdissant, où on leur ordonne d'accomplir des tâches impliquant la perception des visages. Soit ces enfants regardaient dans le vague en essayant de se calmer, soit ils fermaient les yeux en attendant que l'épreuve soit terminée. Dès lors, leur gyrus fusiforme restait au repos, évidemment. À l'insu des scientifiques (auxquels rien ne permettait de vérifier si les enfants fixaient bel et bien leur attention dans l'appareil à IRM), les jeunes autistes ne regardaient peut-être même pas les visages qu'on leur soumettait, et cherchaient encore moins à distinguer les émotions qu'ils exprimaient. L'absence d'activité dans le gyrus fusiforme ne reflétait pas forcément un défaut ; elle tenait au fait que les enfants détournaient les yeux des visages qu'on leur présentait. Conclure à un défaut du gyrus revenait à dire qu'un manque d'activité dans le cortex auditif est la raison pour laquelle votre ado ne vous entend pas quand vous l'appelez à table, alors qu'en fait il a des écouteurs sur les oreilles. Un manque d'activité n'implique pas nécessairement un fonctionnement défectueux ; il peut simplement refléter un manque d'intérêt.

POURQUOI LES AUTISTES ÉVITENT LE CONTACT VISUEL

Pour vérifier si mes soupçons étaient fondés, j'ai lancé avec mes collègues la première étude examinant les corrélats neuronaux de la perception du visage chez des enfants autistes tout en mesurant la façon dont ils fixaient leur regard[4]. Pour présenter des images aux enfants, nous utilisions des lunettes à fibre optique, équipées d'un système laser infrarouge nous permettant de suivre les mouvements oculaires. La tâche proposée était simple, puisque nous voulions que des enfants puissent l'accomplir quel que soit leur niveau ou leur pathologie : un seul visage était projeté à l'intérieur des lunettes pendant trois secondes, et les enfants devaient appuyer sur un bouton pour indiquer si le visage était neutre ou s'il affichait une émotion. Grâce au travail de Duchenne, nous savions que les enfants devraient regarder la région des yeux pour pouvoir répondre.

Assis dans la salle de contrôle, nous supervisions patiemment la collecte des données. Comme l'avaient montré des études antérieures, les enfants autistes obtenaient de beaucoup moins bons résultats qu'un groupe contrôle composé d'enfants non autistes. Les autistes classaient correctement 85 % des visages, contre 95 % pour les enfants normaux (85 %, cela peut sembler un pourcentage élevé, mais n'oubliez pas que ces enfants « fonctionnaient » assez bien pour venir à notre labo, pour interagir avec des inconnus et suivre leurs instructions, et supporter l'enfermement dans l'appareil d'IRM). Les enfants autistes montraient aussi une activation moindre du gyrus fusiforme, comme dans les autres études.

Pourtant, un fait était encore plus frappant. Quand chaque visage apparaissait dans les lunettes, tantôt neutre, tantôt manifestant une émotion, je suivais la trajectoire des yeux des enfants : beaucoup regardaient tout sauf les yeux des différents visages ! Quand nous avons examiné plus systématiquement les mouvements oculaires des enfants autistes après avoir recueilli les données de nos trente volontaires, nous avons découvert qu'ils passaient en moyenne 20 % moins de temps à regarder les yeux sur les images que des enfants au développement normal. Cela suffisait presque à expliquer la variation dans l'activation de la région fusiforme. Celle-ci fonctionnait bien ; si elle restait au repos, ce n'était pas parce qu'elle était déficiente, mais parce qu'elle ne recevait aucun signal. Et elle ne recevait aucun signal parce que les enfants détournaient leur regard du visage des autres, en particulier de leurs yeux.

C'était une découverte significative, battant en brèche l'idée conventionnelle selon laquelle les autistes souffrent d'un handicap neurologique inhérent gênant leur perception des visages. Un autre résultat plus crucial apparut aussi. Durant l'exercice de perception des visages, l'activité cérébrale des enfants autistes différait de celle d'enfants au développement normal dans une autre région : l'amygdale. Comme vous le savez désormais, l'amygdale est une zone essentielle pour l'apprentissage émotionnel et une structure-clef des circuits gérant la peur et l'anxiété ; elle est responsable de la perception de la menace présente dans un environnement. Nombre d'enfants autistes qui avaient du mal à regarder dans les yeux la photo d'un visage (*a fortiori* un visage vivant) présentaient un niveau record d'activité dans l'amygdale. Le fait que l'activité de l'amygdale soit élevée quand des enfants autistes regardent des visages – même pendant quelques fractions de seconde, comme dans cette expérience – suggère que cela les met profondément mal à l'aise, les rend même craintifs, et que s'ils croisent le regard d'autrui, leur cerveau et leur corps sont inondés de messages qu'ils interprètent comme menaçants. C'est seulement en détournant les yeux qu'ils parviennent à faire cesser l'alerte. Quand les enfants détournaient leur regard des yeux de ces visages (comme nous l'a révélé le système de suivi oculaire), l'activation de l'amygdale retombait, suggérant que l'évitement du regard était pour eux une stratégie apaisante, régulatrice des émotions, dissipant l'anxiété et la peur. En évitant le regard d'autrui, l'enfant autiste réduit la stimulation sociale qu'il trouve si menaçante.

Si un niveau élevé d'activation de l'amygdale est inconfortable et interprété par le cerveau comme signalant la présence d'une menace, comme le suggèrent ces découvertes, alors l'expression innocente d'inconnus et même de proches risque d'être interprétée comme menaçante. Je soupçonne les enfants autistes d'adopter très tôt cette stratégie. Ils se sentent anxieux quand ils regardent des visages, et comprennent très jeunes qu'ils peuvent atténuer ou supprimer cette anxiété en regardant ailleurs.

Ce soulagement a pourtant un prix élevé. Parce qu'ils détournent leur regard du visage des autres, ils passent à côté d'importantes informations sociales que transmettent les visages, notamment les yeux. Mike, un autiste de 15 ans qui participait à nos études, me l'a confirmé. Notre recherche l'intéressait énormément et il voulait en savoir plus. Après son passage dans l'appareil d'IRM, je lui ai demandé s'il voulait bien venir à mon séminaire pour parler de son autisme, pour décrire ce qu'il ressentait quand il regardait des visages et qu'il avait des interactions sociales. Il a bien volontiers accepté. J'ai ainsi posé à Mike, assis parmi une dizaine d'étudiants, la question du contact visuel. Il a décrit en termes poignants la difficulté qu'il avait à regarder les gens dans les yeux, et les moqueries que cela lui valait.

À l'école, les autres se désintéressaient de lui parce qu'il ne les regardait pas dans les yeux quand il leur parlait. Mais Mike avait le sentiment de ne pas avoir le choix. Il ressentait une immense terreur chaque fois qu'il regardait des visages, surtout au niveau des yeux.

C'EST DE FAMILLE ?

De tous les troubles neuropsychiatriques, l'autisme a la plus forte héritabilité. La prévalence est proche de 1 %, et on estime aujourd'hui qu'environ un enfant de 8 ans sur cent dix souffre d'une forme d'autisme. Mais si un membre de la famille est atteint d'autisme, le risque qu'un autre enfant en souffre aussi est d'environ 3 %. Dans le cas des vrais jumeaux, porteurs des mêmes séquences d'ADN, si l'un des deux est autiste, alors l'autre aussi, dans 63 à 98 % des cas (cette fourchette reflète les résultats de différentes études)[5]. De toute évidence, l'autisme a donc une composante génétique. Aucun « gène de l'autisme » n'a été identifié de façon certaine, mais il existe de nombreux suspects, et il semble clair que de nombreux gènes doivent être présents pour causer la maladie. Cela suggère que si un enfant hérite d'un nombre de gènes de l'autisme inférieur au seuil nécessaire pour contracter la maladie, il en présentera peut-être quand même certains symptômes.

Pour nous en assurer, nous avons réalisé une étude sur les fratries incluant un enfant autiste, mais dont les frères et sœurs ne relevaient pas du spectre de l'autisme[6]. Ils avaient pourtant, eux aussi, d'étranges modèles de suivi oculaire. Ils ne détournaient pas le regard du visage d'autrui avec autant d'assiduité que les autistes. Mais, après un examen attentif, ils révélaient un modèle de suivi oculaire et d'activation cérébrale intermédiaire entre celui d'un enfant normal et celui du membre autiste de leur fratrie. L'activité de leur amygdale faisait un bond dès qu'ils regardaient un visage. Elle n'augmentait pas autant que celle de leur frère ou sœur autiste, mais elle augmentait quand même. Face à des visages, ils regardaient la région des yeux beaucoup moins souvent que des enfants au développement normal. Cela confirme l'idée qui sous-tend la théorie du style émotionnel : l'Intuition sociale varie le long d'un continuum, et la ligne de démarcation entre normal et anormal est quelque peu arbitraire.

Nous avons compris, en étudiant ces données, à quel point précisément elle était arbitraire. Nous pensons généralement connaître la différence entre santé et maladie, entre normal et pathologique. Je croyais moi-même que, même si nous pouvions être trompés par les symptômes comportementaux, nous pouvions nous fier aux modèles d'activité cérébrale qui ont été rattachés à un nombre croissant de maladies psychiatriques et dont ils sont, en quelque sorte, la signature. En examinant de plus près les données sur les enfants autistes et normaux auxquels on montrait des visages, j'ai vu que l'activité de l'amygdale chez les enfants autistes était en moyenne bien supérieure à celle des enfants sains. Mais parmi les enfants autistes, elle variait énormément. Et chez certains enfants au développement normal, l'activité de l'amygdale était aussi forte que chez les enfants autistes.

J'ai alors compris que la ligne de démarcation habituellement tracée entre normal et anormal était problématique. Nombre des symptômes langagiers et sociaux de l'autisme – et des processus cérébraux sous-jacents – sont présents dans toute la population. Certaines personnes, sans être autistes, sont incapables de regarder les gens dans les yeux : on parle à leur sujet de « phobie sociale ». Mais cette étiquette, selon moi, ne décrit pas une maladie, qu'il serait facile d'isoler et d'identifier. Ce n'est que le pôle extrême d'une dimension du style émotionnel. Et cela montre, une nouvelle fois, qu'il n'y a pas, en ce qui concerne ces dimensions, de point de rupture magique qui séparerait le normal du pathologique.

PETITE TYPOLOGIE CÉRÉBRALE DE LA DÉPRESSION

La plupart des gens imaginent la dépression comme une présence envahissante et opiniâtre de la tristesse, voire du désespoir. C'est sans doute une description adéquate pour pas mal de victimes de cette cruelle maladie. Mais des recherches plus récentes ont identifié d'autres signes de la dépression, notamment l'incapacité à ressentir du plaisir et d'autres émotions positives, comme la satisfaction, la joie et la fierté. Sans surprise, cette incapacité se traduit par des difficultés à prévoir, à anticiper l'avenir et à accomplir des actes orientés vers un but. Si vous ne pouvez pas vous représenter que tel acte vous apportera du bonheur ou même une sensation d'accomplissement, vous n'avez guère de raison de le préparer, encore moins de l'exécuter.

Tous ces symptômes de dépression reflètent des modèles anormaux d'activité dans le cortex préfrontal et dans d'autres zones du cerveau. L'une de mes premières découvertes, évoquée au chapitre 2, était que les personnes souffrant de dépression avaient une activité du cortex droit bien supérieure à celle du cortex gauche, alors que c'est l'inverse chez les individus sains. (Et, comme nous le verrons au chapitre 10, certains champions du bien-être – les moines bouddhistes, pour les nommer – ont une activation du côté gauche qui bat tous les records.) Plus récemment, pourtant, grâce à des études réalisées sur des dizaines de patients dépressifs, il est devenu clair pour moi que « la dépression » n'est pas une seule chose, comme peut l'être l'arthrite rhumatoïde, par exemple. Autrement dit, il y a bien des manières d'être déprimé. Il s'avère qu'il existe presque autant de types de dépressions que de scarabées, chaque type (de dépression, pas de scarabée) ayant son propre modèle d'activité cérébrale[7]. Cela suggère qu'il faudrait un traitement différent pour chacun des différents sous-groupes.

• Un premier groupe spécifique est formé des patients qui ont **du mal à surmonter l'adversité.** Quand ils rencontrent une difficulté, ils restent longtemps perturbés. Ils sont, en termes de Résilience, extrêmement lents à récupérer, ce qui reflète un niveau moindre d'activation préfrontale du côté gauche. Ils ont du mal à désactiver les émotions négatives une fois qu'elles sont enclenchées.

• Un autre sous-groupe réunit les déprimés qui sont, en termes de Sensibilité au contexte, extrêmement déconnectés. Ils ont **du mal à adapter leurs émotions au contexte.** Par exemple, s'ils sont méfiants et timides dans les situations inhabituelles ou avec les inconnus, ce qui est assez normal, ils ont tendance à appliquer cette attitude aux situations familières. Les personnes présentant ce style émotionnel agissent avec la même réserve guindée avec leurs amis ou avec leur famille qu'avec des inconnus. Cela les empêche d'avoir des interactions sociales épanouissantes, et ils basculent dans la dépression. Autre exemple de déconnexion par rapport au contexte social : au travail, votre supérieur hiérarchique vous reproche de tout faire de travers, de trop bavarder avec les clients ou au contraire de vous montrer trop sec ; naturellement, vous êtes sans cesse sur les nerfs, sûr d'avoir tort quoi que vous fassiez. Si vous avez du mal à adapter vos émotions au contexte social, même chez vous ou parmi des amis, vous êtes habité par l'anxiété, vous craignez sans cesse de commettre un impair. Là encore, vous risquez la dépression. Dans ce sous-groupe, l'IRM révèle que l'hippocampe est plus petit que chez les individus sains. C'est logique : l'hippocampe est la région-clef du cerveau pour analyser le contexte.

• Un troisième sous-groupe rassemble les dépressifs totalement **incapables de conserver une émotion positive** – enthousiasme, bonheur ou espoir. Par opposition aux personnes émotionnellement saines, qui, si elles reçoivent une bonne nouvelle le matin – un ami leur offre des billets pour un concert très demandé –, sont sur un petit nuage pendant plusieurs heures, ces patients n'éprouvent aucune euphorie durable. Ils se situent au pôle négatif de la dimension Perspective ; leur incapacité à faire durer une émotion positive signifie qu'ils ne savourent aucun des bonheurs de la vie. Beaucoup d'entre eux sont aussi, en termes de Résilience, extrêmement lents à récupérer. (Pas tous, néanmoins, et ces deux dimensions sont indépendantes. Beaucoup de gens incapables de conserver une émotion positive sont rapides à récupérer face à l'adversité, tandis que d'autres, qui savent très bien faire durer la satisfaction induite par une expérience positive, n'en sont pas moins lents à récupérer lorsqu'ils essuient un revers.) Le cocktail incapacité à faire durer les émotions positives + incapacité à surmonter l'adversité est une recette infaillible de dépression.

LA DÉPRESSION ET LA DIMENSION PERSPECTIVE

J'ai centré ma recherche sur la dépression sur ce dernier groupe : celui des gens qui ont du mal à faire durer les émotions positives. Curieusement, même si la dépression est généralement considérée comme un trouble émotionnel ou de l'humeur, très peu d'études ont examiné le fonctionnement des émotions chez les patients dépressifs. Cela tient, à mon avis, à une attitude courante en psychiatrie et en psychologie : celle qui consiste à ne pas regarder ce qui se fait à côté et à décréter : « Ce n'est pas mon boulot ! » La psychiatrie n'étudie par l'émotion normale et ne s'intéresse donc pas aux émotions positives ; la psychologie s'y intéresse, mais les psychologues qui étudient l'émotion normale sont rarement en contact avec ceux qui étudient la psychopathologie. Par conséquent, très peu de recherches ont porté sur les dysfonctionnements du processus générant et préservant les émotions positives. Je me suis donc engagé dans la brèche.

Dans l'une de mes premières études, décrite au chapitre 4, nous montrions à des patients dépressifs et à des sujets sains des vidéos d'une à deux minutes, tirées de films comiques, censées susciter un sentiment de bonheur[8]. À ma grande surprise, aussitôt après avoir visionné ces images, les déprimés présentaient à peu près le même niveau moyen d'émotion positive – bonheur, satisfaction, enthousiasme – que le groupe contrôle, sur une échelle de 1 à 5. Les déprimés avaient la même capacité d'émotion positive que les individus sains.

Des années plus tard, j'ai repris les données brutes de cette étude, encore intrigué par ce résultat qui me semblait anormal. Entre-temps, mon travail sur le style émotionnel avait révélé des différences dans la durée que les gens sont capables de conférer aux émotions positives. C'est le cœur même de la dimension Perspective, avec ses positifs extrêmes, qui entretiennent la flamme du bonheur comme un scout entretient les braises d'un foyer, et ses négatifs, chez qui le feu de la joie s'éteint à la première averse. J'ai donc examiné ces données anciennes de plus près, avec une attention toute particulière pour l'enregistrement vidéo des expressions faciales, reflet en temps réel de l'état émotionnel des participants. Cette fois, j'ai vu que, même s'ils avaient une réaction enthousiaste aux images comiques, les déprimés ne pouvaient la conserver longtemps. L'expression des émotions positives sur leur visage s'effaçait rapidement au lieu de s'attarder comme chez les volontaires sains.

Debra, une patiente dépressive ayant participé à l'une de nos études, a parfaitement exprimé ce phénomène en décrivant ses sentiments lors d'un dîner chez une amie. En arrivant et en saluant son hôtesse, Debra a ressenti une véritable bouffée de bonheur. Mais une fois tous les convives attablés, ses sentiments se sont mis à changer : son bonheur initial s'est évanoui et elle a senti s'ouvrir devant elle l'abîme sombre de la dépression. Quand le plat principal a été servi, les aliments n'avaient plus aucun goût pour elle et elle put à peine en prendre une bouchée. Ni la compagnie des invités ni le repas lui-même ne lui procuraient le moindre plaisir, et elle eut envie de s'en aller dès que possible.

Que se passait-il donc dans le cerveau de Debra lors de ce glissement tectonique de son humeur ? Lors d'une expérience récente, mentionnée au chapitre 4, nous avons demandé à des déprimés et à des individus sains de procéder à ce qu'on appelle une réévaluation cognitive[9]. Cette technique consiste à penser à un stimulus (nous montrions aux participants des images choisies pour susciter une sensation de bonheur) de manière à renforcer la réaction émotionnelle. Dans le cas des images réjouissantes, par exemple, nous demandions aux participants d'imaginer que les joyeux événements montrés leur arrivaient à eux ou à des êtres chers. Lorsqu'ils voyaient une mère souriante serrant son enfant dans ses bras, ils étaient encouragés à s'imaginer à sa place. Une fois le principe compris, nous placions les participants dans l'appareil d'IRM et nous leur projetions soixante-douze images, une par une, en leur demandant d'appliquer l'amélioration cognitive à leurs réactions émotionnelles.

Face à la première moitié de la série d'images, le cerveau des déprimés et celui des individus sains avaient à peu près la même réaction. L'activation augmentait dans le noyau accumbens, région cérébrale associée à la motivation et à l'émotion positive. Cette zone est pleine de récepteurs de la dopamine, neurotransmetteur qui aide à motiver l'individu dans sa recherche d'objectifs et de récompenses, ainsi que des opioïdes endogènes, les molécules du plaisir et autres émotions positives. Durant la seconde moitié du diaporama, en revanche, le modèle était très différent. Les participants sains continuaient à manifester un haut degré d'activation du noyau accumbens. Leur réaction augmentait avec le temps, comme si le fait d'avoir « boosté » leur sensation de bonheur contribuait à le renforcer encore, en une boucle de rétroaction positive. Chez les patients déprimés, l'activité du noyau accumbens déclinait nettement durant cette période. Ils étaient incapables de faire durer leurs émotions positives, tout comme notre amie Debra. C'est cela qui s'était passé dans le cerveau de Debra lorsque ses sentiments premiers, de bonheur et d'implication, s'étaient évanouis comme une soupe vite avalée : l'activité de son noyau accumbens était brusquement retombée.

Comme Debra, les participants de notre étude ressentaient les conséquences de cette chute d'activité. Nous leur demandions d'évaluer à quel point des adjectifs comme « heureux », « énergique », « excité », « fier » ou « intéressé » les décrivaient, de « pas du tout » jusqu'à « parfaitement ». Plus l'activation du noyau accumbens était durable, plus ils signalaient d'émotions positives. Telle est donc la base cérébrale de la forme de dépression caractérisée par l'incapacité à préserver une émotion positive : le noyau accumbens laisse retomber cette activité, sans doute à cause d'un dysfonctionnement des connexions entre lui et le cortex préfrontal. Par conséquent, le noyau se met d'abord en marche mais s'arrête très vite, et les émotions positives s'estompent. C'est la marque du pôle négatif de la dimension Perspective, telle que décrite au chapitre 4.

Aucune zone du cerveau n'est une île : il existe une connectivité immense entre les diverses zones cérébrales, même s'il y a, bien sûr, davantage de connexions entre certaines d'entre elles. Avec l'IRMf (imagerie par résonance magnétique fonctionnelle), nous pouvons non seulement identifier les régions qui affichent une activité accrue lors de certaines tâches, mais nous pouvons aussi voir à quel point les différentes zones sont connectées fonctionnellement à d'autres, en déterminant la corrélation entre signaux IRMf dans deux régions ou plus. (Si deux zones « s'allument » de concert davantage que la plupart des autres couples de régions, il y a de grandes chances pour qu'elles soient fonctionnellement connectées, l'activité de l'une causant l'activité de l'autre.) Nous utilisions donc le scan IRMf pour observer les connexions fonctionnelles spécifiquement en jeu lors du renforcement cognitif du plaisir.

Ce que nous avons vu, c'est qu'une région du cortex préfrontal appelée gyrus frontal moyen, impliqué dans la prévision et le comportement dirigé vers un but, était fortement connectée au noyau accumbens durant cette tâche. Quand le gyrus frontal moyen s'activait, le noyau accumbens s'activait aussi. Et tout comme l'activité du noyau chutait chez les déprimés, la connectivité entre le noyau et le gyrus précentral diminuait aussi à mesure que l'expérience se prolongeait. Au départ, le groupe contrôle et les patients déprimés montraient tous une forte connectivité entre ces régions, mais cette connectivité persistait chez les premiers tandis qu'elle déclinait rapidement chez les seconds. Même si le gyrus préfrontal moyen restait actif, il cessait d'envoyer des signaux au noyau accumbens. C'était comme un couple dans lequel l'un des conjoints donne constamment des coups de coude à l'autre pour le tenir éveillé et finit par s'en lasser, tout en restant lui-même éveillé.

C'était une découverte intéressante, car elle suggérait que le déclin de l'activation du noyau accumbens chez les déprimés venait d'un dysfonctionnement de la connexion du cortex préfrontal avec d'autres parties du cerveau. Les patients tentaient d'entretenir leur émotion positive, mais n'y parvenaient pas. Tout comme vous aurez beau essayer d'envoyer votre balle de golf au beau milieu du fairway, si les connexions nécessaires entre cortex moteur et muscles ne sont pas là pour permettre un bon swing, vous n'y arriverez pas. Sans connexions solides entre le cortex préfrontal et le noyau accumbens, vous ne pouvez pas faire durer les émotions positives, et vous risquez de tomber dans la dépression.

EN AVANT !

Si je tenais à identifier les modèles d'activation cérébrale qui sous-tendent différents troubles mentaux, ce n'était pas pour rallonger la longue liste des corrélats neuronaux popularisée par l'avènement de la neuro-imagerie, c'est-à-dire des modèles d'activité cérébrale qui surgissent quand nous éprouvons un sentiment particulier, concevons une pensée particulière ou pratiquons n'importe quelle activité impliquant l'esprit. Tout cela est important et fascinant, mais ce n'est qu'un premier pas. Le but suprême est ce que j'appelle la thérapie comportementale d'inspiration neuronale. Par « inspiration neuronale », j'entends que cette thérapie corrigerait l'activité cérébrale anormale associée à la maladie mentale. La partie « comportementale » renvoie à l'espoir que cela puisse se faire non par la médication mais par l'entraînement mental, la thérapie cognitivo-comportementale et d'autres méthodes consistant à apprendre aux gens à penser de manière différente et, si possible, bénéfique pour eux.

Tous les types de thérapie d'inspiration neuronale, et pas seulement la thérapie comportementale, en sont encore à leurs balbutiements, mais les premiers succès sont assez nombreux pour me laisser croire que nous sommes sur la bonne voie. Je voudrais vous en proposer quelques exemples, issus de mon travail comme de celui d'autres scientifiques.

Pour être certains que les connexions déficientes entre le cortex frontal et le noyau accumbens étaient bien responsables de l'incapacité à conserver les émotions positives, j'ai étudié ce qui se passe quand la thérapie s'avère efficace contre la dépression. Nous avons recruté vingt dépressifs et, après avoir mesuré leur fonctionnement cérébral par IRM, nous leur avons prescrit des antidépresseurs ordinaires pendant huit semaines. Au bout de cette période, certains patients déclaraient ressentir beaucoup plus d'émotions positives alors que d'autres ne montraient guère d'amélioration – ce qui est typique des antidépresseurs, qui aident certains patients et pas d'autres. Mais l'essentiel était ceci : quand les patients ayant plus d'émotions positives tentaient un renforcement cognitif de la satisfaction éprouvée face à des images heureuses, ils affichaient une hausse substantielle de l'activation durable du noyau accumbens et de la connectivité de cette région avec le cortex préfrontal. Autrement dit, le modèle d'activité cérébrale – noyau accumbens au repos et faible connectivité entre ce noyau et le cortex préfrontal – caractérisant l'incapacité à conserver l'émotion positive était remplacé par un modèle plus sain chez les personnes réagissant au traitement par antidépresseurs. Cela suggère que, si les médicaments font effet, c'est en ciblant les circuits qui soutiennent l'émotion positive, peut-être en soutenant les signaux échangés entre cortex préfrontal et noyau accumbens. Pourquoi ont-ils cet effet bénéfique sur certains patients mais pas sur d'autres ? Cela reste un mystère. Nous cherchons à présent à déterminer si les thérapies non pharmacologiques les plus courantes – thérapie cognitive et thérapie interpersonnelle – ont les mêmes effets, au moins sur certains patients dépressifs.

L'une des formes les plus prometteuses de thérapie à base neuronale est issue de ma découverte fondamentale sur les modèles d'activité cérébrale sous-tendant la dépression :

• Les personnes ayant une activité préfrontale plus forte à gauche qu'à droite éprouvent une plus grande sensation de bien-être et de contentement, et celles qui ont une activité préfrontale plus forte à droite qu'à gauche souffrent souvent de dépression[10]. En outre, les personnes ayant un plus haut niveau basique d'activation préfrontale gauche obtiennent de meilleurs résultats en matière d'activation comportementale, qui mesure la force de ce que les psychologues appellent « motivation d'approche ». Les personnes à forte activation comportementale sont tout à fait d'accord avec des phrases comme « Quand j'obtiens ce que je veux, je me sens enthousiaste et énergique » ou « Quand je veux quelque chose, je fais en général le maximum pour l'obtenir ».

• Les personnes ayant un plus haut niveau basique d'activation préfrontale droite obtiennent des résultats élevés en matière d'inhibition comportementale, qui mesure l'anxiété et la propension à « se fermer » face à l'adversité[11]. Les individus atteints d'inhibition comportementale sont tout à fait d'accord avec des phrases comme « J'ai peur de faire des erreurs » ou « Les reproches ou les critiques me font beaucoup de peine ».

Les concepts d'activation et d'inhibition comportementale ont été élaborés par le neuroscientifique britannique Jeffrey Gray et renvoient aux systèmes cérébraux associés aux comportements d'approche et d'évitement. La thérapie par activation comportementale apprend aux patients à aborder les situations nouvelles, même si elles sont vaguement menaçantes, plutôt que d'éviter les difficultés. Elle leur apprend aussi à identifier les activités qui leur apportent de la satisfaction et qui sont compatibles avec leurs objectifs à long terme. Par exemple, un patient évalue le degré de plaisir et d'épanouissement qu'il ressent durant certaines activités, en disant qu'il aime beaucoup lire, rencontrer un petit groupe d'amis intimes et faire du bénévolat dans une boutique de charité. Le thérapeute encourage alors le patient à établir des habitudes régulières qui incluent ces activités au lieu de les laisser advenir au hasard. Au lieu, donc, d'appeler des amis ou de n'aller à la boutique que lorsqu'il en a envie, il s'impose un calendrier strict, programmé dans son téléphone, et s'engage par exemple à « déjeuner le jeudi avec des amis », ou à « faire du bénévolat le mardi matin ». Enfin, le thérapeute aide le patient à abandonner ses idées noires – « Je ne suis pas quelqu'un de bien » ou « Je rate tout ce que j'essaye » – en lui proposant des contre-exemples tirés de son vécu : « Vous avez obtenu votre diplôme universitaire », « Vous avez un emploi malgré la crise », « Votre stagiaire était au bord des larmes tellement elle était émue par ce que vous avez fait pour elle ». Ce peut être n'importe quoi, pourvu que ça marche !

La thérapie par activation comportementale est très prometteuse. Dans un vaste essai randomisé contrôlé, cent quatre-vingt-huit patients souffrant de troubles dépressifs majeurs ont été traités soit par antidépresseurs, soit par thérapie cognitive ou thérapie par activation comportementale[12]. Cent six d'entre eux ont vu leur dépression disparaître au bout de seize semaines. Le taux de réaction immédiat n'est pourtant que la partie émergée de l'iceberg en matière d'évaluation des traitements. Il est encore plus important de voir si l'amélioration est durable.

Les scientifiques ont donc suivi les patients pendant une année entière. C'est parmi les patients traités par antidépresseurs que l'on a constaté le maximum de rechutes, 59 % d'entre eux ayant connu un autre épisode de dépression aiguë avant d'arrêter les médicaments. Chez les patients ayant suivi une thérapie cognitive ou par activation comportementale, le taux de rechute se situait entre 40 et 50 %. Ces résultats indiquent que ces traitements psychologiques sont non seulement efficaces, mais qu'ils limitent les rechutes mieux que les antidépresseurs. Et ils coûtent moins cher.

Nous savons maintenant que la thérapie d'activation comportementale pourrait être le genre de traitement d'inspiration neuronale dont je parlais plus haut. Dans une étude publiée en 2009, des scans IRM ont été réalisés avant et après un traitement par thérapie d'activation comportementale[13]. Les scientifiques ont examiné la réaction des participants lors d'un jeu leur permettant de gagner de l'argent (*gambling task*), alors précisément qu'ils s'apprêtaient à gagner. Après douze semaines de traitement, 75 % des patients montraient une nette réduction des symptômes dépressifs. On constatait aussi une activation accrue du striatum, zone cérébrale qui comprend le noyau accumbens. Ces résultats suggèrent que l'entraînement conçu pour renforcer l'intérêt pour les stimuli de la récompense et réduire les comportements d'évitement entraîne des changements très nets dans les circuits cérébraux susceptibles de prolonger les émotions positives. De telles découvertes nourrissent l'espoir de voir la thérapie d'activation comportementale aider les circuits concernés à étendre la demi-vie du bonheur, de la fierté, de la curiosité et d'autres émotions positives.

STYLE D'ATTENTION ET TDAH

Voici une vieille histoire zen. Un élève dit au maître Ichu : « Veuillez m'écrire une phrase d'une grande sagesse ». Maître Ichu prend son pinceau et trace un seul mot : « Attention. »

L'élève s'étonne : « C'est tout ? »

Le maître écrit : « Attention. Attention. »

L'élève s'énerve : « Cela ne me paraît ni profond ni subtil. »

En réponse à quoi, maître Ichu écrit : « Attention. Attention. Attention. »

Contrarié, l'élève demande : « Que signifie ce mot, *attention* ? »

Maître Ichu répond : « Attention signifie attention. »

C'est à la fois très simple et très complexe ; apparemment facile mais au fond terriblement difficile. Selon le *DSM*, le TDAH, trouble du déficit de l'attention avec hyperactivité, existe sous trois formes, marquées avant tout par l'inattention, par l'hyperactivité/impulsivité, ou par les deux à parts égales. L'inattention vous empêche de vous concentrer sur les détails et vous entraîne donc à commettre des fautes en classe, au travail ou dans d'autres activités. À cause d'elle, vous avez du mal à vous organiser et vous vous laissez aisément distraire. L'hyperactivité se caractérise par l'agitation de vos mains ou de vos pieds, vous vous tortillez sur votre siège, vous bondissez quand vous êtes censé rester assis, et vous parlez trop. L'impulsivité se manifeste quand vous bafouillez une réponse avant que la question soit terminée, quand vous avez du mal à attendre votre tour, quand vous interrompez les autres ou que vous vous mêlez indûment à leurs conversations ou à leurs jeux.

Les données officielles les plus récentes montrent qu'environ 9,5 % des Américains âgés de 4 à 17 ans – soit 5,4 millions de jeunes – ont reçu un diagnostic de TDAH, et ce nombre est en augmentation. Entre 2003 et 2007, le taux de TDAH a gagné à peu près 5,5 % par an. Si la cause précise de cette hausse spectaculaire est inconnue, la génétique seule ne saurait l'expliquer, puisque l'ADN des Américains est très loin de changer aussi vite qu'il le faudrait pour justifier une telle augmentation du TDAH. Celle-ci est probablement due à des facteurs environnementaux ou à un élargissement des critères utilisés pour le diagnostic.

Alors que les symptômes des différents sous-types de TDAH suggèrent que plusieurs processus cérébraux sont déréglés, le problème central semble se trouver dans les circuits responsables de l'attention et du contrôle inhibiteur, qui régit les pulsions. La capacité à se contrôler peut être testée en laboratoire. Dans une expérience typique, on montre à des enfants une série d'images défilant rapidement, des visages par exemple. Ils doivent appuyer sur un bouton chaque fois qu'ils voient un visage neutre, mais pas quand ils voient un visage exprimant une émotion. Dans une expérience incluant cent images, soixante-dix sont neutres et trente sont émotionnellement expressives, donc les enfants devraient appuyer sur le bouton dans 70 % des cas. La plupart des gens se trompent, ils appuient quand on leur montre un visage ému, non parce qu'ils sont incapables de distinguer entre visage neutre et visage en colère, heureux, triste ou surpris (on s'est assuré avant le test qu'ils y parvenaient), mais parce qu'ils ne peuvent inhiber la tentation d'appuyer sur le bouton. Les enfants et les adultes souffrant de TDAH font davantage d'erreurs de ce genre.

L'imagerie cérébrale montre pourquoi. Dans leur analyse de seize études de ce genre, impliquant un total de cent quatre-vingt-quatre personnes souffrant de TDAH et cent quatre-vingt-six sujets sains, les chercheurs du Child Study Center de l'université de New York ont découvert que plusieurs régions du cortex préfrontal importantes pour l'attention sélective et le contrôle inhibiteur étaient sous-actives dans le groupe atteint de TDAH[14]. En particulier, le cortex préfrontal inférieur, centre d'inhibition des pulsions, semblait aux abonnés absents : alors qu'il s'activait chez les sujets sains, il restait endormi chez les enfants et les adultes souffrants de TDAH. (Comme nous le verrons au chapitre 11, ce sont précisément les régions cérébrales que renforcent certaines formes de méditation.)

Une autre caractéristique d'un fonctionnement optimal de l'attention est le verrouillage de phase (quand un stimulus externe se synchronise avec les oscillations cérébrales détectées par les électrodes fixées au cuir chevelu). Là aussi, quand ce processus déraille, cela peut déboucher sur un TDAH : quand des scientifiques de l'université de Toronto ont récemment mesuré la synchronie neuronale chez neuf adultes atteints de TDAH et dix sujets sains, ils ont trouvé une synchronie bien moindre dans le groupe atteint de TDAH[15]. Une fois de plus, l'un des principaux corrélats neuronaux de l'attention sélective connaît un dysfonctionnement dans le cas de patients victimes de TDAH.

Le but de ces études n'est pas d'accumuler de belles images (« Regardez, voici un cerveau atteint de TDAH »). Du moins, cela ne devrait pas l'être. Mon espoir est d'utiliser ces résultats pour identifier l'activité neuronale déficiente et de concevoir des interventions ciblées pour lui rendre un semblant de normalité. Aujourd'hui, le traitement de première intention est médicamenteux, avec notamment des stimulants comme la ritaline, qui ciblent les neurotransmetteurs du cortex préfrontal et améliorent donc l'attention. Les médecins ont tendance à prescrire des médicaments, et cela se comprend : la plupart des enfants traités pour TDAH sont vus par des généralistes qui n'ont ni le temps ni la formation nécessaire pour proposer d'autres formes de thérapie. Les spécialistes sont rares, surtout hors des grandes villes, et même les psychologues et les psychiatres sont soumis à des pressions pour prescrire des pilules plutôt que proposer une thérapie comportementale.

Pourtant, les alternatives méritent un examen approfondi. Même si très peu d'études ont évalué les méthodes comportementales d'entraînement de l'attention (personne, surtout pas les entreprises pharmaceutiques, n'a d'intérêt économique à les financer), celles qui existent sont prometteuses. Dans une étude réalisée en 2011 par une équipe néerlandaise, des enfants atteints de TDAH ont été traités par entraînement de l'attention ou par entraînement perceptif[16]. Dans ce second cas, les enfants de 11 ans apprenaient à mieux voir et entendre, mais sans que l'attention soit sollicitée. Dans le premier cas, ils jouaient à un jeu sur ordinateur, où ils devaient remarquer quand un « bot » ennemi apparaissait et quand leurs points de vie s'amenuisaient dangereusement, et se montrer attentifs de manière générale. Après huit séances d'une heure réparties sur quatre semaines, les enfants ayant suivi un entraînement de l'attention – mais pas ceux qui avaient suivi un entraînement perceptif – montraient une hausse significative sur plusieurs mesures objectives de l'attention, dont la faculté de se concentrer malgré les sources de distraction. Les scientifiques n'ont pas procédé à des scans du cerveau pour identifier les changements dans l'activité neuronale qui expliqueraient cette meilleure attention : cela reste donc à faire. Mais ce que nous savons déjà laisse espérer que l'entraînement mental puisse transformer le cerveau des personnes atteintes de TDAH.

En 2011, alors que j'écris ce texte, des chercheurs tentent, à l'initiative du National Institute of Mental Health, de mieux comprendre les bases cérébrales de la maladie mentale en recoupant des travaux portant sur différents troubles mentaux. L'idée est que certains comportements et traits psychologiques sont communs à plusieurs troubles psychiatriques, que la classification actuelle considère comme sans liens entre eux. Par exemple, un niveau faible d'Intuition sociale est une caractéristique importante de beaucoup d'autistes. Mais on la rencontre aussi dans quantités de troubles d'anxiété, en particulier la phobie sociale, et il existe aussi dans la dépression. De même, la difficulté à conserver l'émotion positive caractérise la dépression mais est aussi présente dans les troubles d'anxiété ainsi que dans la schizophrénie. Cela suggère que les traitements efficaces pour un trouble peuvent aussi être utiles pour un autre avec lequel il partage une dimension particulière du style émotionnel.

À l'heure actuelle, les cliniciens ne traitent pas du tout la dépression de la même manière que les troubles d'anxiété et la schizophrénie, ni l'autisme de la même manière que la dépression, qu'il s'agisse de médication ou de thérapie psychologique. Le National Institute of Mental Health, pour sa part, reconnaît que pour mieux comprendre la base cérébrale du trouble psychiatrique, condition nécessaire pour traiter le trouble, nous devons connaître les dimensions du style émotionnel et identifier leur source dans nos schémas d'activité cérébrale. C'est précisément ce que j'essaye de faire en étudiant les six dimensions du style émotionnel.

Cette approche promet aussi d'améliorer le diagnostic des troubles psychiatriques. Dans l'approche manichéenne traditionnelle, l'individu qui répond à un nombre minimum de critères – six sur les onze symptômes possibles du trouble d'anxiété sociale, par exemple – est déclaré atteint de ce trouble, et l'individu qui ne satisfait pas ces critères en est déclaré exempt. Comme vous le voyez, le style émotionnel propose un cadre bien différent. Tout en reconnaissant la réalité de la maladie mentale, il montre qu'il n'existe pas de limites claires et univoques entre le normal et le pathologique. La décision de transformer votre style émotionnel doit donc se fonder non pas sur un diagnostic arbitraire et manichéen, mais sur votre évaluation subjective du type de personne que vous voudriez être et du type de vie que vous espérez mener.

Il y a quelques années encore, affirmer que le dysfonctionnement de l'activité cérébrale sous-tendant une maladie mentale pouvait être traité par le pouvoir de l'esprit ne vous aurait valu que moqueries (surtout de la part des psychiatres et des neuroscientifiques). Avec la révolution de la neuroplasticité, cette possibilité est, sinon devenue un dogme, du moins entrée dans le discours courant. La capacité de l'esprit à modifier les modèles d'activité cérébrale sera l'objet du prochain chapitre.

8

LA PLASTICITÉ CÉRÉBRALE

Quand j'explique à mes étudiants et au public de mes conférences que chaque individu a son propre style émotionnel, qui reflète des modèles spécifiques d'activité cérébrale, ils en concluent souvent que ce style est fixé une fois par toutes et qu'il a sans doute une origine génétique. J'espère que le chapitre 5 vous a convaincu que votre style émotionnel n'était pas la conséquence directe des gènes hérités de vos parents, mais plutôt un mélange complexe de ces gènes et de votre vécu dans l'enfance. Je veux maintenant vous montrer que le style émotionnel qui vous a porté jusqu'à l'âge adulte ne vous accompagnera pas forcément jusqu'à la fin de vos jours. Le style émotionnel reflète certes les modèles d'activité cérébrale – façonnés ou non par les gènes –, mais cela ne signifie pas qu'il soit figé, statique et immuable. Pendant des décennies, les neurosciences ont affirmé que le cerveau adulte était fixe par essence, dans sa forme comme dans son fonctionnement : elles se trompaient.

Le cerveau possède une qualité appelée neuroplasticité : la capacité à changer de structure et de modèles d'activité de manière importante, non seulement pendant l'enfance, ce qui ne serait guère étonnant, mais aussi à l'âge adulte et tout au long de la vie. Ce changement peut être le fruit d'expériences vécues ou de notre activité mentale interne, nos pensées. Exemple : le cerveau d'un aveugle de naissance qui apprend à lire le braille connaît une hausse mesurable, en volume et en activité, des zones du cortex moteur et du cortex somatosensoriel qui contrôlent le mouvement et reçoivent les sensations tactiles émises par les doigts touchant les caractères en relief[1]. Plus spectaculaire encore, leur cortex visuel – censément conçu pour traiter les signaux émis par l'œil et les transformer en images visuelles – se reconvertit, se mettant à traiter les sensations des doigts au lieu de ce que devraient lui fournir les yeux[2].

Lire le braille est un exemple d'apprentissage sensoriel intense et répété dans le monde extérieur. Mais le cerveau peut aussi changer par réaction aux messages générés en interne, c'est-à-dire à nos pensées et nos intentions. Ces changements peuvent élargir ou réduire la quantité d'espace cortical consacrée à des fonctions spécifiques ; par exemple, quand un athlète pratique la visualisation mentale, en se concentrant sur une série précise de mouvements requise par exemple pour exécuter un plongeon complexe, les régions du cortex moteur qui contrôlent les muscles nécessaires se dilatent. De même, la seule pensée peut renforcer ou diminuer l'activité dans les circuits cérébraux spécifiques qui sous-tendent la maladie psychologique, comme lorsque la thérapie cognitive comportementale parvient à calmer la suractivité du « circuit de l'inquiétude », cause du trouble obsessionnel compulsif. Par l'activité mentale, elle-même produite par l'esprit, nous pouvons délibérément modifier notre cerveau[3].

UN DOGME GRAVÉ DANS LE MARBRE

Impossible de comprendre la neuroplasticité si l'on se fie à ces dessins du cerveau que l'on voit un peu partout, où telle fonction est catégoriquement attribuée à telle région cérébrale : ce point-ci du cortex moteur fait bouger l'auriculaire gauche, ce point-là du cortex somatosensoriel traite les sensations de la joue droite, etc. L'idée d'une correspondance terme à terme entre structure et fonction remonte à 1861, quand l'anatomiste français Pierre-Paul Broca annonça qu'il avait identifié la zone cérébrale produisant la parole : elle se situait à l'arrière des lobes frontaux, déduisait-il de l'autopsie d'un homme qui avait perdu presque l'entière faculté de parler. (Comme le découvreur d'un territoire lui donne parfois son nom, cette zone s'appelle désormais aire de Broca[4].)

À la suite de cette découverte, les scientifiques s'en donnèrent à cœur joie et se mirent à attribuer des fonctions particulières à des emplacements spécifiques du cerveau, comme s'ils établissaient un cadastre. Grâce au neurologue allemand Korbinian Brodmann, dont l'étude du cerveau des cadavres révéla les relations structure-fonction pour cinquante-deux régions distinctes, nous avons maintenant les aires de Brodmann, numérotées de 1 (une partie du cortex somatosensoriel, qui traite les sensations tactiles de certains endroits de la peau) à 52 (pour l'aire parainsulaire, où se rencontrent le lobe temporal et l'insula)[5]. J'ai une tendresse pour la zone 10, la partie la plus antérieure du cortex préfrontal, celle qui a le plus gagné en superficie au cours de l'évolution et qui, semble-t-il, nous permet d'accomplir plusieurs tâches à la fois.

Aucune région cérébrale n'a été aussi précisément cartographiée que le cortex somatosensoriel. Cette bande du cortex va approximativement d'une oreille à l'autre, en passant par-dessus le cerveau ; le cortex somatosensoriel gauche reçoit les signaux émis par le côté droit du corps, et le cortex somatosensoriel droit reçoit les signaux émis par le côté gauche. Mais ce n'est pas une vaste zone réceptrice indifférenciée. À chaque partie du corps correspond un point particulier du cortex somatosensoriel, où les sensations sont traitées. C'est donc en quelque sorte une carte du corps, mais qui ferait sans doute défaillir les cartographes de Google.

Au cours d'expériences réalisées dans les années 1940 et 1950, le neurochirurgien canadien Wilder Penfield découvrit combien cette carte était étrange[6]. Penfield pratiquait la chirurgie cérébrale, en général pour soigner l'épilepsie, mais, avant de passer à l'opération proprement dite, il s'autorisait souvent un petit détour exploratoire. Grâce à un électrochoc léger, Penfield stimulait tel ou tel point du cortex somatosensoriel exposé (le cerveau n'a pas de récepteurs sensoriels et ne sent pas ces petites décharges), en demandant à chaque fois au patient conscient ce qu'il éprouvait. Les patients étaient choqués au premier sens du terme : quand Penfield excitait leur cortex somatosensoriel, ils pensaient qu'il leur avait touché la joue, le front, le bras, la jambe ou toute autre partie du corps. En fait, il avait simplement activé des neurones somatosensoriels. Pour le patient, cette activation ne se distinguait pas de celle qui aurait résulté d'un stimulus physique réel perçu par une partie de son corps. Penfield put ainsi « cartographier » le cortex somatosensoriel, en assignant à chaque point la partie du corps correspondante.

C'est alors qu'il découvrit que l'anatomiste cartographe avait apparemment le sens de l'humour. Même si la main se situe plus bas que le bras, la main du cortex somatosensoriel – la région qui reçoit les signaux venant de la main – jouxte la région qui reçoit les signaux du visage. La représentation somatosensorielle des organes génitaux se trouve juste en dessous de celle des pieds. Et l'échelle est tout aussi aberrante : la représentation somatosensorielle des lèvres est infiniment plus grande que celle du torse et des mollets, tandis que les mains et les doigts sont énormes par rapport aux épaules et au dos, ces Lilliputiens. Tout cela parce que plus elle occupe d'espace cortical, plus une partie du corps devient sensible. Le bout de votre langue, qui possède une vaste représentation somatosensorielle, peut sentir les stries de vos dents de devant, mais le dos de votre main, qui n'a qu'une petite représentation somatosensorielle, ne le peut pas.

À la suite des découvertes de Brodmann, de Penfield et d'autres, la science du cerveau a considéré pendant la majeure partie du XXe siècle que ces relations structure-fonction étaient définitives, idée résumée par la déclaration du neuroanatomiste espagnol Ramón

y Cajal, qui qualifiait en 1913 le cerveau adulte de
« fixe, achevé, immuable[7] ».

Cette croyance déboucha sur l'idée que des modèles particuliers d'activité cérébrale devaient eux aussi être inscrits dans nos gènes et donc être sinon totalement inmmuables, du moins pérennes. De ce point de vue, les maladies mentales comme la dépression pouvaient être causées par un déficit d'activité dans certaines régions du cortex préfrontal et par un excès d'activité dans l'amygdale, les structures biologiques sous-jacentes étant aussi permanentes que nos empreintes digitales. Soyons bien clairs : les neuroscientifiques savaient depuis des décennies que le cerveau adulte pouvait changer au niveau cellulaire, pour encoder de nouveaux faits et de nouvelles compétences, en renforçant les connexions entre neurones. Mais il s'agissait là de changement de détail, pour ainsi dire. Le changement de grande échelle – transformer les relations structure-fonction dépeintes par les superbes cartes du cerveau – était considéré comme impossible.

LES SINGES DE SILVER SPRING

Puis vinrent les singes de Silver Spring[8]. Ces animaux de laboratoire – des macaques rhésus – furent au cœur de l'une des plus célèbres controverses de l'histoire de la recherche biomédicale. À l'Institute for Behavioral Research, à Silver Spring, dans le Maryland, dix-sept singes utilisés dans le cadre d'expériences s'étaient tranché au total trente-neuf doigts, à cause des mauvais traitements qu'ils subissaient de conditions de vie épouvantables, à en croire certains militants. En fait, la principale raison pour laquelle les singes s'étaient coupé les doigts était qu'ils ne ressentaient plus rien dans les phalanges en question. Edward Taub, responsable scientifique du labo, avait rompu les nerfs sensoriels partant de l'un ou des deux bras chez neuf des animaux. (Convaincu que ses expériences permettraient de découvrir un traitement efficace contre l'AVC, Taub voulait voir si un animal avait besoin de rétroaction sensorielle pour remuer un membre ; la réponse était non.) En conséquence de quoi, les singes en question avaient perdu toute sensation dans ces membres.

Cette affaire lança le mouvement pour les droits des animaux aux États-Unis. Une fois les singes sauvés et protégés de toute autre expérience, ils vieillirent en paix et finirent par mourir. Non sans audace, les scientifiques demandèrent à ce que les animaux restants (plusieurs étaient déjà décédés de causes naturelles) rendent un dernier service à la science, puisqu'on allait les euthanasier pour abréger leurs souffrances : leur cerveau pourrait être examiné afin de déterminer ce qui s'était passé après douze ans sans qu'aucune sensation émanant des doigts, des mains ou des bras n'atteigne leur cortex somatosensoriel.

Comme une étude l'a montré en 1991, le résultat de cette privation sensorielle stupéfia un domaine de recherche encore attaché à la théorie du cerveau immuable[9]. La région du cortex somatosensoriel des singes qui traitait initialement les sensations émanant des doigts, des mains et des bras avait changé de travail : n'ayant plus reçu depuis des années aucun signal de ces parties du corps, cette région traitait désormais les signaux émis par le visage. Tout le savoir neuroscientifique du moment aurait voulu qu'après une telle « désafférentation » (c'est-à-dire l'absence de signaux en provenance de la partie du corps censée en envoyer) une région du cerveau fermait boutique, car elle était faite pour cette fonction et uniquement pour cette fonction. Or, ce n'était pas le cas. La zone cérébrale recevant les sensations du visage était passée de 10 à 14 millimètres carrés, soit une « réorganisation corticale massive, d'un ordre de grandeur supérieur à tout ce qui avait jusque-là été décrit », notèrent les scientifiques.

Vers la même époque, d'autres études portant sur des singes – d'une espèce beaucoup plus proche des humains – montrèrent que le cerveau d'un primate adulte pouvait changer en réponse à quelque chose de bien moins extrême et traumatique que l'amputation ou le sectionnement des nerfs : il pouvait changer pour s'adapter à la façon dont les animaux vivaient et se comportaient. Dans une étude fondatrice, des scientifiques de l'université de Californie à San Francisco entraînèrent des douroucoulis à perfectionner le sens tactile de leurs doigts. Dans ce qu'on a appelé l'expérience du disque rotatif, ils apprirent aux singes à tendre la main hors de leur cage pour placer délicatement les doigts sur un disque de dix centimètres aux sillons gravés[10]. Les animaux devaient effleurer le disque, rester en contact avec lui tant qu'il tournait, sans l'arrêter ni s'énerver comme un enfant qui n'arrive pas à attraper un objet. (Vous pouvez parvenir au même effet en essayant de garder les doigts à la surface d'un 33-tours en marche, en essayant de sentir les sillons mais sans arrêter le disque et sans que vos doigts s'en détachent.) Jour après jour, les singes pratiquèrent cet exercice, plusieurs centaines de fois. Résultat : la zone de leur cerveau – le cortex somatosensoriel, pour être précis – qui recevait les signaux des doigts entraînés à sentir les sillons du disque vit son volume multiplié par quatre. Le simple fait de maîtriser un geste qui exigeait une sensibilité extrême du bout des doigts avait poussé une région cérébrale à s'étendre dans un territoire ayant jusque-là une autre fonction (traiter les signaux des autres doigts). Les relations structure-fonction ne sont pas gravées dans le marbre. La disposition physique du cerveau – la quantité d'espace attribuée aux différentes tâches et parties du corps – dépend du comportement de l'animal.

Tout comme la zone du cerveau responsable du toucher dans une partie spécifique du corps, la zone du cerveau responsable du déplacement d'un membre peut changer en fonction du vécu. Quand des scientifiques, toujours à l'université de San Francisco, ont entraîné des singes à extraire une boulette alimentaire d'un minuscule gobelet (trop petit pour que l'animal y mette plus d'un seul doigt), ils découvrirent un changement similaire dans leurs cerveaux : la région du cortex moteur responsable du mouvement du doigt avait doublé, occupant l'espace qui contrôlait auparavant d'autres parties du corps[11].

Qu'en est-il des expériences sur l'humain ? Les changements cérébraux découverts chez les singes sont-ils propres aux singes, cependant que le cerveau humain – sans doute la structure la plus complexe de l'univers, et dont on pourrait croire qu'elle ne se modifie qu'aux risques et périls de son propriétaire – resterait exempt de telles modifications ? Pour le savoir, il nous fallait examiner le cerveau d'individus ayant une expérience sensorielle bien différente de la normale : les sourds et les aveugles.

VOIR LE TONNERRE, ENTENDRE L'ÉCLAIR

Peut-être n'êtes-vous pas étonné que la structure si fine du cortex somatosensoriel et du cortex moteur – la différence entre la région reliée à un doigt et la région reliée à une joue se mesure en millimètres – puisse changer en réaction à l'expérience et au comportement. Mais le cerveau est capable de réorganisations plus spectaculaires encore. Les études réalisées sur des sourds et des aveugles ont permis d'examiner des blocs neuronaux plus vastes et peut-être plus fondamentaux : le cortex visuel, qui occupe près d'un tiers du volume du cerveau et qui est installé vers l'arrière, et le cortex auditif, qui s'étend au sommet du cerveau, au-dessus des oreilles. Vous avez peut-être déjà entendu dire que les aveugles ont l'ouïe particulièrement fine et que les sourds ont une très bonne vue, un peu comme si les dieux compensaient leur handicap. En fait, il arrive souvent que les aveugles ne perçoivent pas les sons faibles, et que les sourds ne détectent pas certains contrastes lumineux subtils que voient les entendants. Cette idée de compensation n'est pourtant pas infondée.

Chez les sourds de naissance, les objets situés dans la vision périphérique sont perçus non seulement par le cortex visuel mais aussi par le cortex auditif[12]. Je répète : le cortex auditif voit. C'est comme si, las de son inaction forcée parce que les oreilles ne lui adressent aucun signal, le cortex auditif s'imposait une reconversion pour traiter les signaux visuels. Ce rezonage a des conséquences pratiques : les sourds détectent plus vite et avec plus de précision le mouvement des objets dans leur vision périphérique[13].

Il se passe quelque chose de comparable chez les aveugles de naissance ou chez ceux qui le sont devenus très tôt. Bien sûr, aucun signal n'atteint leur cortex visuel qui, comme je l'ai dit, est une énorme partie du cerveau, que notre mère Nature ne veut évidemment pas laisser perdre. Chez les aveugles qui lisent bien le braille, le cortex visuel change d'emploi pour traiter les signaux tactiles émis par les doigts lecteurs. Ce résultat était si inattendu que certains des plus éminents neuroscientifiques ont refusé d'y croire et ont recommandé à la revue *Science* de refuser l'article soumis par ses découvreurs. *Nature*, le grand rival de *Science*, a fini par le publier en avril 1996[14].

Le cerveau des aveugles subit aussi une autre transformation[15]. Quand ils utilisent leur audition périphérique — pour localiser la provenance d'un son, par exemple, ce qu'ils ont tendance à faire mieux que les voyants —, ils utilisent leur cortex visuel. Leur cerveau a subi ce que nous appelons une réorganisation compensatoire, de sorte que leur cortex visuel entend. Une fois de plus, William James l'avait deviné. Un siècle avant ces découvertes, dans son *Précis de psychologie* paru en 1892, il se demandait, s'il arrivait que des neurones se croisent à l'intérieur du cerveau, si « nous entendrions l'éclair et nous verrions le tonnerre[16] », préfiguration des profondes altérations fonctionnelles que l'expérience peut entraîner dans le cortex sensoriel primaire.

Voici un dernier exemple de l'ampleur des restructurations opérées par le cerveau, même dans des zones aussi fondamentales que le cortex sensoriel primaire : les aveugles utilisent leur cortex visuel pour se rappeler des mots[17]. La mémoire verbale n'est même pas une faculté sensorielle primaire, mais quand le cortex visuel n'est pas sollicité pour accomplir sa fonction normale, il peut adopter cette fonction cognitive supérieure. (Aucune activation des régions visuelles ne se produit pourtant quand les voyants se rappellent des listes de mots.) Et chez les aveugles, le cortex visuel génère aussi des verbes en écho à des noms (comme « lancer » en écho à « balle »)[18]. Là encore, il n'accomplit pas cette fonction chez les voyants. La capacité du cortex visuel à traiter le langage fut une révélation pour les neuroscientifiques.

Pour récapituler, les premières indications selon lesquelles le cerveau pouvait changer, en attribuant une nouvelle fonction à une région initialement censée faire autre chose, sont venues d'études portant sur des animaux de laboratoire ou sur des personnes aveugles ou sourdes de naissance. Les sceptiques ne sont pas privés de dire qu'il s'agissait là de cas marginaux, que le cerveau humain est trop complexe et sophistiqué pour être aussi malléable, et que le changement en réponse à une situation extrême comme la cécité ou la surdité congénitale n'impliquait pas qu'un changement soit possible dans des circonstances normales. Le jeune cerveau est doté d'une grande plasticité, il peut réorganiser les choses pour compenser l'absence de vue ou d'ouïe, mais cela ne signifie pas, disait-on, que le cerveau adulte normal en soit capable.

Au chapitre 1, j'ai mentionné l'expérience du « pianiste virtuel », dans laquelle Alvaro Pascual-Leone et ses collègues ont découvert qu'il suffisait de penser à un exercice au clavier pour développer la région du cortex moteur chargée du mouvement des doigts. Pascual-Leone a effectué une autre étude pour répondre à ces objections quant à la capacité de changer du cerveau adulte normal. Il s'est demandé si les régions sensorielles primaires, censément immuables, pouvaient être malléables non seulement chez les aveugles ou les sourds de naissance, chez qui cette plasticité peut être considérée comme une aberration, mais aussi chez les personnes en pleine possession de l'ouïe et de la vue.

Pascual-Leone a donc lancé ce qu'il appelait l'expérience des yeux bandés. Avec ses collègues, il a recruté un groupe de volontaires sains pour leur faire passer cinq jours dans l'environnement protégé du Beth Israel Deaconess Medical Center, à Boston – cinq jours pendant lesquels ils ont eu les yeux bandés vingt-quatre heures sur vingt-quatre. Avant qu'on leur mette leur bandeau (équipé d'une pellicule photographique pour que, en cas de triche, la pellicule exposée dénonce le traître), les volontaires subissaient un scan IRM pour permettre aux chercheurs de noter leurs modèles d'activité cérébrale. Tout se déroula comme prévu : quand un volontaire regardait quelque chose, l'activité de son cortex visuel augmentait, et quand il entendait ou touchait quelque chose, l'activité de son cortex auditif ou somatosensoriel augmentait.

Puis les volontaires ont passé cinq jours les yeux bandés. Pour leur éviter de mourir d'ennui, les scientifiques leur avaient autorisé deux activités sensoriellement intenses : apprendre le braille et affiner leur écoute. Le braille se compose de points en relief sur lesquels on passe le bout des doigts (en général l'un des index ou les deux), ce qui soumet ces phalanges à un entraînement tactile intense. Pour le travail sur l'audition, les volontaires entendaient deux sons dans des écouteurs et ils devaient indiquer lequel était le plus aigu. C'est facile quand on compare un baryton et une soprano, mais ça l'est moins quand les deux sons sont plus proches. Au bout de cinq jours de ces exercices, sans aucun apport visuel pour leurs yeux ou leur cortex visuel, les volontaires subirent un nouveau scan IRM.

Cette fois-ci, lorsqu'ils sentaient quelque chose avec les doigts, l'activité de leur cortex visuel augmentait. Quand ils entendaient quelque chose, l'activité de leur cortex visuel augmentait. Le cortex visuel est censé ne traiter que la vue, mais au bout de seulement cinq jours dans un environnement sensoriel inhabituel – rien à voir, mais une stimulation auditive et tactile intense –, le cortex visuel prétendument immuable s'était reconverti pour traiter l'audition et le toucher[19]. Cela montrait qu'un changement de fonction aussi radical peut se produire non seulement chez les aveugles de naissance – chez qui il pourrait prendre des décennies à s'installer, ou serait peut-être sans rapport avec des cerveaux sains – mais aussi chez les personnes dotées d'une vision normale, et en seulement cinq jours. Si le cortex visuel, qui semble être la plus immuable de toutes les régions immuables du cerveau, peut changer de fonction aussi vite, du fait d'un apport sensoriel spécifique doublé d'une privation sensorielle, il est sûrement temps de se demander si le reste du cerveau est aussi fixe qu'on le dit.

Selon toute vraisemblance, le cortex visuel ne développait pas de nouvelles connexions avec les oreilles et les doigts ; en cinq jours, il n'en avait pas eu le temps. Pascual-Leone soupçonne plutôt que « des connexions somatosensorielles et auditives rudimentaires avec le cortex visuel doivent déjà être présentes », vestige d'une époque du développement cérébral où les neurones des yeux, des oreilles et des doigts se connectent avec de nombreuses régions du cortex et pas seulement avec celles qui leur sont normalement affectées. Quand le flux d'information en provenance de la rétine vers le cortex visuel cessait à cause du bandeau, les autres connexions sensorielles étaient réactivées. Même les câbles neuronaux qui n'ont rien reçu pendant des décennies peuvent se remettre à transporter des signaux.

LA NEUROPLASTICITÉ À L'HÔPITAL

Cette découverte – que l'expérience sensorielle pouvait modifier le cerveau – a eu des conséquences concrètes importantes. L'affaire des singes de Silver Spring a coûté à Edward Taub plusieurs années de sa vie, car il a dû faire face à diverses poursuites judiciaires, mais il a finalement pu reprendre la recherche. Alors même qu'il était attaqué pour mauvais traitements infligés aux animaux, Taub affirmait qu'il ne cherchait qu'à aider les patients victimes d'AVC. Dans les années 1990, il a tenu parole, en exploitant la neuroplasticité découverte chez les singes de Silver Spring – dont le cerveau avait été « recartographié », comme nous l'avons vu – afin d'élaborer une thérapie qui a aidé d'innombrables patients à retrouver de la mobilité après un AVC. Puisque, chez le singe, telle zone cérébrale avait appris une nouvelle fonction, Taub en déduisit que les humains chez qui un AVC avait endommagé une partie du cerveau pouvaient entraîner une région cérébrale saine à exercer les fonctions de la partie abîmée.

Il appela ce traitement « thérapie motrice induite par la contrainte[20] ». Je l'illustrerai par l'exemple d'une personne chez qui un AVC avait handicapé une région du cortex moteur, laissant un bras paralysé. Taub lui a mis le bras valide en écharpe et la main valide dans un gant isolant pendant environ 90% de ses heures de veille, deux semaines d'affilée, de sorte que la personne ne pouvait utiliser ces membres et n'avait donc d'autre choix que d'utiliser son bras paralysé pour les activités du quotidien et les exercices de rééducation qu'il lui proposait. À raison de six heures par jours, cinq jours par semaine, ces exercices impliquaient l'usage intensif du bras paralysé, qui était en fait très légèrement fonctionnel. Le patient manipulait des dominos, tenait des cartes, des gobelets, des couverts, prenait des sandwichs, plaçait des chevilles dans des trous : mal, lentement et avec beaucoup d'erreurs, surtout au début. Mais au bout de dizaines d'heures passées ainsi, la plupart des patients faisaient d'énormes progrès et avaient recouvré pour l'essentiel l'usage de leur bras « inutile ». Ils pouvaient s'habiller, se nourrir et ramasser des objets, accomplissant presque deux fois plus de gestes quotidiens que les victimes d'AVC n'ayant pas subi cette thérapie motrice induite par la contrainte. En outre, cette amélioration n'était pas constatée que chez les victimes d'AVC récent. Même chez ceux pour qui l'accident remontait à des années avant le début de la thérapie, l'amélioration était immense : ils redevenaient capables de se brosser les dents, de se coiffer, d'utiliser une fourchette, de boire avec un verre, etc.

L'imagerie cérébrale a révélé la raison de ce succès. Ainsi que Taub l'a découvert, « une importante réorganisation du cerveau liée à l'usage, qui recrute de nouvelles aires substantielles du cerveau », permettait d'assurer les fonctions de zones handicapées par l'AVC[21]. « La zone responsable des mouvements du bras affecté double pratiquement de taille, et des parties du cerveau normalement sans lien, voisines de l'infarctus, sont recrutées. » C'était la première fois qu'une expérience prouvait le réarrangement du cerveau comme résultat de la thérapie physique après un AVC.

Comme l'ont montré les études de Taub et d'autres encore, cette plasticité du cerveau pouvait prendre trois formes. Chez certains patients, une région adjacente dans le cortex moteur remplissait la fonction de la région handicapée. Chez d'autres, le cortex prémoteur, habituellement chargé de prévoir les mouvements sans ordonner leur exécution, reprenait le rôle de la zone endommagée. Et chez d'autres encore, la réorganisation cérébrale était vraiment spectaculaire[22]. Si l'AVC avait handicapé le cortex moteur droit (d'où paralysie du bras gauche), la région correspondante du cortex moteur gauche prenait le relais, sans effet apparent sur sa capacité à poursuivre sa tâche initiale, bouger le bras droit. Bref, le cerveau est capable de recruter des neurones sains pour accomplir la fonction des neurones endommagés. La neuroplasticité permet au cerveau de réattribuer les tâches.

Le dossier en faveur de la neuroplasticité n'était pourtant pas inattaquable. Les sceptiques pouvaient encore dire qu'elle ne se produisait que dans des conditions extrêmes, comme un AVC. Taub allait leur donner tort. Il recruta des violonistes et d'autres instrumentistes pour une étude d'imagerie cérébrale. Il examina la zone qui contrôle les quatre doigts qui dansent sur les cordes pour produire les notes. Ces phalanges subissent un entraînement intensif et doivent posséder d'admirables compétences motrices, tout comme pour les douroucoulis de San Francisco, qui avaient appris à poser délicatement leur doigt sur le disque rotatif. Taub découvrit que ses musiciens n'étaient pas différents des singes. Dans le cortex somatosensoriel des violonistes, la quantité d'espace dévolue aux sensations des phalanges de la main gauche était bien plus grande que chez les non-musiciens, surtout chez ceux qui avaient commencé à jouer sérieusement avant 12 ans (même si cette expansion avait également lieu chez les gens qui se mettaient à l'instrument à l'âge adulte). Un cerveau soumis aux exigences du violon subit des modifications importantes, avec une réorganisation corticale liée à l'usage[23].

« La plasticité est une propriété intrinsèque du cerveau humain. La faculté qu'a le cerveau adulte de se "reprogrammer" pourrait être bien plus grande qu'on ne l'a supposé jusqu'ici », concluait Pascual-Leone avec ses collègues en 2005[24]. La neuroplasticité permet au cerveau de briser les chaînes de son propre génome, qui impose qu'une zone du cerveau « voit » tandis qu'une autre « entend », que tel point du cortex somatosensoriel reçoit les sensations du pouce droit et tel autre les sensations du coude gauche. Ce plan d'inspiration génétique fonctionne très bien pour la plupart des gens, la plupart du temps, mais pas pour tous ni tout le temps : ni quand nous perdons la vue ou subissons un AVC, ni quand nous nous efforçons de maîtriser l'art du violon. Par conséquent, la nature a doté le cerveau humain d'une malléabilité et d'une flexibilité qui le font s'adapter aux exigences du monde où il se trouve. Le cerveau n'est ni immuable ni statique, mais constamment remodelé par notre vécu.

Jusqu'ici, nous avons vu que le cerveau peut modifier la fonction de structures particulières, en réaction aux exigences sensorielles et motrices qui pèsent sur lui. Un entraînement moteur intense pousse le cerveau des victimes d'AVC à se réorganiser d'une manière qui permet aux régions saines de se substituer aux régions handicapées ; une pratique musicale intensive élargit les zones responsables de la sensibilité des phalanges ; l'absence de signaux visuels pousse le cortex visuel à traiter les sons ou le toucher. Dans chacun de ces cas, la cause est externe au cerveau : des signaux sensoriels ou moteurs arrivent en plus grand nombre (chez les violonistes ou les victimes d'AVC en cours de rééducation) ou pas du tout (chez les aveugles et les sourds). Qu'en est-il des signaux issus du cerveau même, c'est-à-dire de nos pensées ?

VICTOIRE DE L'ESPRIT SUR LA MATIÈRE

Au chapitre 1, j'ai raconté une expérience, dans laquelle le simple fait de penser à un exercice de piano développait la région du cortex moteur responsable du mouvement des doigts. Je voudrais vous décrire ici deux autres expériences fascinantes où, pour le dire vite mais non moins justement, l'esprit transforme le cerveau.

Jeffrey Schwartz, neuropsychiatre à l'université de Californie à Los Angeles, a traité de nombreux patients atteints de trouble obsessionnel compulsif. Les victimes de TOC ont des pensées indésirables, intrusives, gênantes, ou des obsessions : elles se demandent si elles ont laissé la gazinière allumée, elles pensent qu'elles vont déclencher une catastrophe si elles marchent sur telle fissure du trottoir. Par conséquent, elles se sentent obligées d'accomplir des rituels, ou compulsions : rentrer chez elles en courant pour vérifier la gazinière ou faire les pires acrobaties pour éviter de marcher sur cette fissure. Les études d'imagerie cérébrale montrent que le TOC se caractérise par l'hyperactivité de deux régions : le cortex orbitofrontal, dont la principale tâche est de remarquer ce qui ne va pas, et le striatum, qui reçoit les signaux émis par le cortex orbitofrontal ainsi que par l'amygdale. Ensemble, le cortex orbitofrontal et le striatum forment ce qu'on appelle le « circuit de l'inquiétude », toujours très actif chez les personnes souffrant de TOC.

Plutôt que de bourrer ses patients de médicaments (les antidépresseurs tels que Prozac, Paxil et Zoloft en aidaient certains, mais jamais complètement ni définitivement), Schwartz eut l'idée d'employer une technique inspirée de sa propre pratique de la méditation bouddhiste. La pleine conscience consiste à observer vos pensées et sentiments du point de vue d'un tiers non critique. Dans *Sattipathana, le cœur de la méditation bouddhiste*, le moine bouddhiste d'origine allemande Nyanaponika Thera la décrit comme une attention « qui ne s'applique qu'aux faits simples d'une perception telle qu'elle se présente, soit par les cinq sens physiques, soit par l'esprit [...] sans y réagir par un acte, une parole ou une remarque mentale[25] ». Dans le cas des victimes de TOC, la pleine conscience consistait à apprendre à vivre un symptôme sans avoir de réaction émotionnelle, et à comprendre que la sensation que quelque chose ne va pas est simplement la manifestation d'une suractivité du circuit du TOC[26]. Le patient se disait : « Mon circuit du TOC produit encore une pensée obsessionnelle. Je sais que ce n'est rien de réel, mais seulement le résultat d'un circuit défectueux. » Après bien des heures passées à apprendre cette technique, les patients devenaient mieux capables de résister aux messages du TOC, et ils déclaraient ne plus être contrôlés par leur maladie. La neuro-imagerie a également montré que l'activité de leur cortex orbitofrontal, cœur même du circuit du TOC, avait chuté de manière spectaculaire par rapport à ce qu'elle était avant la thérapie fondée sur la pleine conscience. Envisager différemment leurs propres pensées avait modifié leurs modèles d'activité cérébrale[27].

Comme cette découverte est cruciale pour ma théorie selon laquelle nous pouvons modifier les modèles d'activité cérébrale liés au style émotionnel, permettez-moi de développer encore un exemple d'entraînement mental. La dépression clinique se caractérise par une suractivité de certaines zones spécifiques du cortex frontal, siège du raisonnement, de la logique, de l'analyse et de la pensée, en particulier des régions associées à la prévision, d'où peut-être ces ruminations infinies auxquelles sont en proie les personnes dépressives. En outre, on constate souvent une sous-activité dans les parties du système limbique (centre des émotions) associées à la récompense et au plaisir. Il semble donc curieux d'envisager la dépression essentiellement comme une sensation oppressante de tristesse, qui devrait se manifester par une activité renforcée du système limbique. En fait, les dépressifs disent éprouver ce qu'on appelle un « émoussement affectif », c'est-à-dire non seulement une incapacité à ressentir de soudaines envolées de joie, mais aussi l'absence de sentiments comme la curiosité ou l'intérêt pour le monde.

La thérapie cognitive comportementale, élaborée dans les années 1960, est à l'origine une forme d'entraînement mental. Elle enseigne aux patients à réagir sainement à leurs émotions, à leurs pensées et à leurs comportements. L'idée est de réévaluer la pensée dysfonctionnelle, pour aider les gens à échapper au modèle qui leur fait se dire : « Elle n'a pas voulu sortir avec moi une deuxième fois, donc je suis un gros nul et personne ne m'aimera jamais. » Les patients apprennent à identifier leur habitude de tout dramatiser, de transformer les menus échecs quotidiens en catastrophes et, grâce à ces compétences cognitives, ils peuvent éprouver tristesse ou déception sans basculer dans l'abîme de la dépression.

Tout comme Schwartz proposait aux victimes de TOC d'identifier les pensées et compulsions obsessionnelles comme étant les produits d'un circuit du TOC, un groupe de psychologues a appris à des dépressifs à considérer leurs idées noires comme de simples phénomènes électriques provenant de leur cerveau. Des chercheurs de l'université de Toronto ont découvert que la thérapie cognitive comportementale avait un puissant effet sur l'activité cérébrale responsable de la dépression[28]. La thérapie réduisait l'activité du cortex frontal et augmentait celle du système limbique. Les patients ruminaient moins et n'avaient plus cette sensation de mort émotionnelle. Leur dépression s'atténuait, et cette amélioration était durable dans la plupart des cas : le taux de rechute après la thérapie cognitive comportementale est bien inférieur à celui qu'on obtient avec les médicaments, qui ne semblent pas plus efficaces qu'un placebo, sauf pour la dépression la plus grave. En ce qui nous concerne, voici l'essentiel : de nouveaux schémas de pensée, appris grâce à la thérapie cognitive comportementale, peuvent modifier l'activité cérébrale de manière fondamentale et permettre aux patients de renoncer à des modèles malsains pour en adopter de nouveaux, plus sains, qui leur redonnent accès à la joie et les préservent de la tristesse ou de la rumination qui s'avèrent si handicapantes.

Bref, la révolution de la neuroplasticité montre que le cerveau peut changer, et ce de deux manières différentes. Il peut changer en fonction des expériences que nous vivons : notre façon de nous mouvoir, de nous comporter, le type de signaux sensoriels qui parviennent à notre cortex. Le cerveau peut aussi changer en réaction à une activité purement mentale, qui va de la méditation à la thérapie cognitivo-comportementale, et permet d'augmenter ou de diminuer l'activité de circuits cérébraux spécifiques.

Dans le prochain chapitre, je décrirai le début de mon propre voyage à la découverte du pouvoir qu'a l'esprit de changer le cerveau.

9

COMMENT J'AI FAIT MON COMING OUT DE MÉDITANT

Je ne dirais pas que c'est *la* raison pour laquelle j'ai choisi de faire mes études à Harvard (et je n'en ai évidemment pas soufflé mot aux responsables des admissions), mais l'un des attraits de cette université était pour moi la présence d'un autre étudiant en psychologie, Daniel Goleman. Dan allait devenir célèbre en tant que spécialiste de psychologie pour le *New York Times*, puis comme auteur du best-seller *L'Intelligence émotionnelle*, mais alors que j'étais étudiant, il attira mon attention par une série d'articles publiés par l'obscur *Journal of Transpersonal Psychology*. En 1971, il écrivit un article intitulé « La méditation comme métathérapie : hypothèses en vue d'un cinquième état de la conscience », suivi en 1972 par « Propos de Bouddha sur la méditation et les états de conscience, 1 : L'enseignement » et « 2 : Typologie des techniques de méditation ». Ni la méditation ni Bouddha n'étaient alors au centre de la recherche en psychologie, cela va sans dire, donc pour un étudiant à Harvard – où la faculté de psychologie incarnait la pensée dominante et où l'hégémonie du behaviorisme rendait la méditation à peu près aussi bienvenue qu'une conférence sur la biologie évolutionnaire dans un colloque créationniste –, leur consacrer des articles savants était pour le moins inédit. J'avais très envie de rencontrer Dan.

Mon premier cours à Harvard, à l'automne 1972, s'inscrivait dans un cursus de psychophysiologie et avait lieu en fin de journée. Je me suis assis à côté d'un type pas très net à coupe afro et, saisi d'une intuition, je lui ai demandé s'il était Dan Goleman. C'était bien lui ! Ma question ne l'étonna pas trop car notre superviseur, Gary Schwartz, avait prévenu Dan que je venais d'arriver. Après le cours, la journée étant terminée pour nous deux, il me proposa de me ramener chez moi. Sa voiture était un minibus Volkswagen. Sur les campus des années 1970, 99 % des minibus VW devaient être décorés de portraits des Doors, des Jefferson Airplane et/ou de Bob Dylan, mais celui de Dan était tapissé, du sol au plafond, de portraits de saints hommes de l'Inde : lamas sur les portes, yogis sur les rétroviseurs, maharishis sur les sièges. On se serait cru dans un ashram ambulant.

Dan m'a invité chez lui, et nous avons passé des heures à parler des raisons qui nous avaient conduits à Harvard, de psychologie, de ce que nous voulions faire de notre vie, des yogis fous, du récent voyage de Dan en Inde pour étudier la méditation et de sa situation inhabituelle : Dan louait une chambre dans la majestueuse demeure de David et Mary McClelland. Comme mon entretien avec David faisait aussi partie des raisons qui m'avaient poussé à m'inscrire à Harvard, je fus ravi de le retrouver. Au chapitre 2, j'ai évoqué l'implication de David dans l'affaire Ram Dass, que Harvard avait fini par renvoyer. En 1972, loin d'en vouloir à l'université, Ram Dass vivait dans le garage situé derrière la maison de David (il allait devenir un écrivain et un guide spirituel de réputation mondiale). Mary, qui avait rencontré David dans un camp quaker et l'avait épousé en 1938, était une femme charmante, pleine d'esprit, et un peintre talentueux qui avait son atelier au sous-sol de leur maison.

Pour un gamin de Brooklyn, être admis dans ce foyer pour le moins hors du commun était comme entrer dans un univers parallèle, et la communauté réunie chez les McClelland devint une source importante d'éducation alternative pendant mes études. Disons simplement que ce qui s'y déroulait ne ressemblait guère à mon quotidien au William James Hall de Harvard. Parmi les visiteurs et pensionnaires bigarrés de la maison des McClelland, beaucoup portaient des vêtements faits à la main, qu'ils avaient rapportés d'Inde. Les séances hebdomadaires de méditation étaient dirigées par Ram Dass en personne. Les repas communs ne réunissaient presque jamais moins de huit personnes. Mais ce qui m'attirait le plus chez ces gens, c'était leur style émotionnel ! Ils étaient résilients, aimables, positifs, apparemment très connectés socialement et d'une remarquable égalité d'humeur. Lors d'une fête donnée pour leur trente-cinquième anniversaire de mariage, les McClelland projetèrent des diapositives évoquant leur parcours conjugal. Je venais de m'installer en couple avec Susan et nous songions au mariage ; je me demandais bien comment ces deux-là avaient réussi à s'en tirer. Quand j'ai posé la question à Mary, elle a fixé sur moi son regard pénétrant et m'a répondu : « Eh bien, ç'a été l'enfer pendant les dix-huit premières années. »

Puisque les McClelland et leur cercle abordaient la méditation avec un mélange extraordinaire de passion et de sérénité, cela éveilla en moi un vif désir de m'essayer plus sérieusement à cette pratique (j'avais assisté à quelques cours à la fac et j'avais suivi des cours de yoga incluant un peu de méditation, mais rien de plus). Maintenant que je connaissais Dan et les McClelland, je me mis à méditer plusieurs fois par semaine – une fois en groupe et seul le reste du temps. Titulaire d'une chaire à Harvard, McClelland avait un pied bien ancré dans le monde de la psychologie universitaire et un autre dans le monde de la transcendance spirituelle ; je pris son exemple comme la permission implicite de tenter d'en faire autant.

VOYAGE EN INDE

Vers la fin de ma deuxième année à Harvard, j'ai annoncé à mes professeurs que je voulais passer trois mois en Inde et au Sri Lanka pour « étudier la méditation ». Cette nouvelle ne suscita pas l'enthousiasme général. L'un me demanda pourquoi je voulais gâcher trois précieux mois avec de telles fariboles, un autre pensa que ce serait la fin de ma carrière scientifique naissante et que je n'en reviendrais jamais. Par chance, il n'était pas indispensable que j'obtienne la bénédiction de la faculté, mais il fallait que je paie les billets d'avion et que je trouve moyen de me nourrir là-bas. Je devais donc me montrer très persuasif auprès de la National

Science Foundation. L'année précédente, j'avais bénéficié d'une bourse prestigieuse qui avait entièrement financé mon inscription et m'avait en plus versé la somme alors coquette de mille dollars par mois. Comment convaincre la NSF de me laisser utiliser cet argent en Inde et au Sri Lanka ? Apparemment (puisque cela a fonctionné), il suffisait de dire que j'allais étudier les liens entre méditation et attention, et entre méditation et émotion. Il était important pour moi d'avoir une expérience directe de la méditation dans les cultures mêmes où elle était née. La NSF accepta et, à la fin du semestre de printemps, en mai 1974, je m'envolai pour l'Asie. Mais pas seul. Je persuadai Susan de m'accompagner ; elle étudiait alors la psychologie à l'université du Massachusetts, à Amherst (elle se réorienta ensuite vers la médecine et devint obstétricienne). L'expérience ne dut pas être trop désastreuse : elle m'épousa en 1976, et nous sommes toujours ensemble.

Notre première étape fut le Sri Lanka, qui s'appelait encore Ceylan, à l'époque. Pendant un mois et demi, nous avons séjourné avec Dan Goleman, son épouse Anasuya et leur fils de deux ans, Govindass (c'était l'apogée de l'influence hindoue sur une certaine frange de l'Amérique), dans une grande maison qu'ils louaient à Kandy, dans la partie montagneuse de l'île. Kandy avait été la dernière capitale royale de Ceylan et on peut y visiter le fameux temple de la dent (de Bouddha), ainsi que divers sanctuaires bouddhistes et hindouistes. Dan et moi nous levions chaque matin de bonne heure, nous revêtions notre sarong et notre tee-shirt de Harvard, nous pratiquions la méditation, puis nous passions des heures à travailler, c'est-à-dire à discuter de la façon la plus scientifiquement rigoureuse d'étudier la méditation. Les après-midi étaient consacrés à nous rendre dans des monastères pour rencontrer des moines, la plupart membres de la tradition Theravada, et à jouer les touristes américains (certes un peu atypiques). Les habitants de Kandy étaient remarquablement accueillants, et nous étions souvent invités à dîner chez des gens que nous connaissions à peine.

La seule véritable ombre à ce tableau par ailleurs idyllique – ombre très large, cependant – était le racisme ordinaire mais brutal du pays. La minorité tamoule était au service de la majorité singhalaise, et le mot « racisme » n'exprime qu'à peine le mépris dont elle était victime. J'avais vu des serviteurs tamouls se coucher la nuit non pas dans un lit mais à terre, dans un coin de la pièce principale, et je ne fus donc pas surpris quand, en 1983, une guerre civile éclata entre ces groupes ethniques, tuant des dizaines de milliers d'individus pour la plupart innocents, avant de se terminer en 2009 par la victoire des forces gouvernementales sur les Tamouls.

En juillet 1974, je partis avec Susan pour le nord de l'Inde, où nous avons passé dix jours dans notre première retraite de méditation, dans l'ancienne station britannique de Dalhousie. À cette époque, se déplacer en Inde signifiait prendre le bus et, quand on avait de la chance, le train (même si nous ne pouvions nous payer que la troisième classe, grouillante de poulets voyageant avec leurs propriétaires). Après un premier trajet en train de nuit jusqu'à Pathankot, nous avons dû nous entasser dans un bus pour Dalhousie. Ai-je dit que c'était en juillet ? En Inde ? Nous n'avions pas tenu compte de la mousson, mais la nature n'avait pas oublié ce détail. Alors que le bus se traînait sur les routes de montagne, sous une pluie incessante, nous avons eu tout à coup l'impression que tout un pan de montagne s'écroulait. Dans un vacarme assourdissant, des blocs de pierre ont commencé à pleuvoir, une mer de boue charriant troncs d'arbres et débris s'est répandue sur la route, et la moitié de la chaussée s'est écroulée dans le ravin. Ce fut ensuite le silence. Je n'entendais plus que la pluie battante… et mon cœur qui tambourinait violemment chaque fois que je regardais le fond du précipice, deux mille mètres plus bas.

Nous sommes restés là pendant six heures, heureux d'être encore en vie. Nous fûmes presque aussi heureux quand un bus en provenance de notre destination finit par arriver… et fut bloqué de l'autre côté de l'éboulis. Puisque nous étions là où l'autre bus voulait être, et inversement, la solution était évidente, bien que peu attrayante : tous les passagers de notre bus sortirent sous le déluge, munis de leurs affaires, escaladèrent avec précaution les débris, puis franchirent le gouffre pour atteindre l'autre côté, tandis que les passagers de l'autre bus en faisaient autant. Chacun était maintenant du bon côté de l'éboulis, mais les bus devaient encore repartir vers leur point de départ. Il y eut donc un épisode intéressant, pendant lequel les véhicules descendirent en marche arrière ces pentes glissantes en épingle à cheveux (comme il n'y avait pas assez de place pour faire demi-tour sur cette étroite route de montagne, il fallut rouler ainsi sur plusieurs kilomètres avant de se retourner vers Dalhousie). Le bus réussit finalement la manœuvre et, par miracle, nous atteignîmes le centre de retraite peu après.

Dirigé par un célèbre professeur de méditation bouddhiste, Goenka, le centre compensait par l'intensité de son programme ce dont il était dépourvu en termes de confort (il n'y avait pas l'eau courante et nous dormions sous tente). Le matin, la cloche nous réveillait à 4 h 30, la première méditation démarrait à 5 heures et tous les retraitants – mais pas les instructeurs, bien sûr – avaient fait vœu de silence. Nous commencions par une heure de méditation assise, puis nous passions à la méditation en marchant, et ce alternativement pendant environ quatorze heures par jour, jusqu'à 10 heures du soir. Ce fut là le rythme de nos dix jours de stage. Nous nous arrêtions pour prendre deux repas par jour ou pour aller aux toilettes, mais, même alors, nous ne rompions pas notre vœu de silence. Un jour d'août, un message écrit fut transmis par un retraitant à un autre : le président Nixon avait démissionné.

Pour notre pratique de la méditation vipassana (conçue pour permettre de « voir les choses comme elles sont réellement »), les instructions de Goenka étaient très précises. Nous devions lentement et délibérément diriger notre attention vers différentes parties de notre corps, l'une après l'autre – vers ce que ressentait le bout de notre nez, les diverses températures de l'air que nous inspirions et expirions, le contact des os de nos jambes avec le sol… et ainsi de suite pour inclure la totalité de nos membres. L'un des buts de cette forme de méditation est d'appréhender comment nos sentiments et nos attitudes changent. Par exemple, la douleur est d'abord douleur mais, à mesure que l'on se concentre sur les sensations corporelles, on commence à comprendre que ce qu'on prenait pour de la douleur est seulement un concept, et si l'on parvient à regarder au-delà du concept, on perçoit un ensemble de sensations – peut-être un picotement dans les pieds, une pression sur les genoux, une brûlure dans les muscles du mollet. L'ensemble de ces éléments aboutit à une douleur, mais si vous vous concentrez sur ses divers composants, la douleur disparaît : les sensations sont toujours là, mais notre manière de leur prêter attention a changé. La nouvelle attitude est plutôt de cet ordre : « Ah, je sens que ça me picote dans les pieds [ou que ça me brûle dans les genoux] », mais l'esprit apprend à ne plus conceptualiser cette galaxie de sensations comme la chose désagréable que l'on nomme « douleur ».

Vous ne serez pas surpris d'apprendre que cette façon de (ne pas) réagir à la douleur ne vient pas naturellement. Dès le deuxième jour, Susan murmurait qu'elle était prête à foutre le camp pour regagner Delhi et que, pour s'efforcer de respecter son vœu de silence, elle allait m'écrire un mot à ce sujet. Nous devions malgré tout aller d'abord au cours assuré ce soir-là par Goenka. « Nombre d'entre vous ressentent probablement bien des douleurs et ont envie de s'en aller, dit-il, mais j'aimerais que vous vous engagiez à rester encore vingt-quatre heures. » Bonne joueuse, Susan s'accrocha (même si elle m'avoua par la suite que, durant la méditation, elle se demandait surtout comment nous allions redescendre la montagne avec cette route effondrée) et, au bout d'une journée supplémentaire, tout changea. Comme Goenka l'avait tacitement prédit, Susan maîtrisa sa douleur, en adoptant une attitude de non-jugement : « Oui, j'ai les genoux qui brûlent et les pieds qui picotent, mais ce ne sont là que des expériences sensorielles distinctes que je refuse d'honorer ou de réifier en les appelant ''douleur''. »

Goenka enseignait que la méditation vipassana offrait une voie vers l'illumination et l'éradication de la souffrance, mais au cours de ma bonne centaine d'heures de méditation silencieuse, je devins convaincu qu'elle avait aussi un énorme potentiel inexploité pour la psychologie et les neurosciences. J'avais vécu un bouleversement radical de ma façon de percevoir le monde, je m'étais débarrassé du concept de douleur comme si ce n'était qu'un grain de poussière sur mon épaule, et je cultivais désormais une sensation profonde et durable de contentement dans l'instant. En tant que scientifique, j'étais certain que cela impliquait un changement dans mon cerveau, sans doute dans les systèmes qui gouvernent l'attention et l'émotion.

QUAND LA MÉDITATION RENCONTRE LA SCIENCE

De retour à Harvard, au début de ma troisième année, je me suis donc lancé dans une petite recherche sur la méditation. Pour une expérience, j'ai étudié avec Dan Goleman cinquante-huit personnes ayant une expérience variable de la méditation, de la méconnaissance totale à plus de deux années de pratique[1]. Nous leur avons distribué un questionnaire psychologique standard, et nous avons découvert – roulements de tambour ! – qu'une expérience plus grande de la méditation était associée à moins d'anxiété et à une plus grande capacité d'attention. Mais cette différence pouvait aussi refléter les prédispositions des non-méditants, des novices et des experts en la matière : la faculté de se concentrer et d'être peu anxieux pouvait aider à se tenir à la méditation pendant deux ans, ce que ne permettait pas forcément une personnalité névrotique et agitée. C'eût été extrêmement naïf de ne pas le reconnaître. Même si je fus euphorique quand l'article fut accepté par le *Journal of Abnormal Psychology*, cette publication n'était pas un gage de reconnaissance. Quand je mentionnai ce travail à l'un de mes professeurs, il répondit : « Richie, si tu veux faire carrière dans la science, ce n'est pas une très bonne façon de commencer. »

Le mépris de la psychologie traditionnelle n'était qu'un des facteurs qui rendaient indésirable toute recherche sur la méditation. Le plus grand obstacle était que l'imagerie cérébrale n'avait pas encore été inventée. Les électroencéphalogrammes assez grossiers que nous utilisions pouvaient détecter l'activité électrique dans les zones du cortex proches de la surface, là où les électrodes étaient collées, mais pas plus loin. La grande majorité du cerveau vivant restait donc opaque à la science, y compris les régions sous-corticales, si importantes pour l'émotion. À long terme, l'impossibilité d'étudier scientifiquement la méditation dans les années 1970 allait se révéler une bénédiction. Cela me permit de consacrer toute mon attention à l'étude de l'émotion et du cerveau, qui finit par mener à l'essor des neurosciences affectives telles que nous les connaissons aujourd'hui. Et quand je fus prêt à étudier la méditation, les outils neuroscientifiques étaient enfin à la hauteur.

Même si la méditation n'entrerait dans ma vie scientifique que vingt ans plus tard, elle était au cœur de ma vie personnelle. Je continuais à pratiquer quotidiennement, en réservant chaque matin quarante-cinq minutes à ce qu'on appelle la méditation de pleine présence. Cette forme de vipassana implique d'être pleinement conscient de l'objet qui domine notre esprit à un moment donné, qu'il s'agisse d'une sensation corporelle, d'une émotion, d'une pensée ou d'un stimulus externe, mais sans le laisser s'emparer de notre conscience. J'alternais la pleine présence ouverte avec la méditation de compassion ou méditation de l'amour bienveillant, pour laquelle je commence par me focaliser sur les êtres qui me sont les plus proches, en souhaitant que toute souffrance leur soit épargnée, et en élargissant le cercle de plus en plus, jusqu'à englober toute l'humanité. J'ai trouvé cette pratique extrêmement bénéfique. J'ai une vie que la plupart des gens qualifieraient de stressante et surchargée ; il n'est pas rare que je travaille soixante-dix heures par semaine ; je dirige un labo avec des dizaines d'étudiants, de thésards, de techniciens et d'assistants ; j'obtiens des millions de dollars de subventions gouvernementales et privées pour payer tout ce monde ; je me bats pour obtenir des fonds et j'essaye de rester à la pointe d'un domaine scientifique où la concurrence est rude. Je pense que si j'arrive à jongler avec toutes ces tâches avec autant de sérénité que possible, c'est grâce à ma pratique de la méditation.

Je m'étais abstenu de parler méditation avec mes collègues scientifiques, car j'avais compris que cet intérêt était trop marginal pour m'aider en quoi que ce soit dans ma carrière. Mais un changement spectaculaire est survenu en 1992. Au printemps de cette année-là, j'ai trouvé le courage d'écrire au dalaï-lama. J'ai eu la présomption de demander au chef du bouddhisme tibétain si je pourrais étudier quelques experts en méditation vivant dans les montagnes entourant Dharamsala, pour déterminer si et comment des milliers d'heures de méditation transformaient la structure ou le fonctionnement du cerveau. Je n'avais pas envie de mesurer les modèles d'activité cérébrale accompagnant la méditation, même si cela pouvait être très intéressant. J'espérais plutôt voir comment des milliers et des milliers d'heures de méditation modifiaient les circuits cérébraux, et ce de façon suffisamment durable pour être perceptible même quand le cerveau ne médite pas. Ce serait un peu comme mesurer la force des biceps d'un culturiste au repos : l'entraînement fait grossir le muscle, et vous pouvez le mesurer même quand le culturiste ne soulève rien d'autre qu'une tasse de café. Les yogis, les lamas et autres moines des montagnes seraient des sujets parfaits, parce qu'ils entreprennent des retraites de méditation qui durent des mois, voire des années, et je soupçonnais que cela avait un effet pérenne sur leur cerveau. Bien sûr, ce qui était parfait pour la science n'était pas forcément parfait pour les méditants. Ils avaient voué leur vie à la contemplation solitaire. Pourquoi accepteraient-ils de prêter leur concours à quelqu'un comme moi ?

J'ai eu de la chance. Le dalaï-lama s'intéressait à la science et à l'ingénierie depuis son enfance, il contemplait la lune avec un télescope dans son palais de Lhassa, il démontait des horloges et des montres, et il se passionnait depuis peu pour les neurosciences. Ma proposition l'intrigua. Il répondit en promettant de contacter les ermites et les lamas qui méditaient dans des cabanes en pierre au pied de l'Himalaya, pour leur demander de coopérer avec mon expérience rudimentaire. Cela ne serait évidemment pas facile. On ne pouvait les joindre ni par courriel, ni par téléphone, ni par pigeon voyageur, et comme le plus proche de ces méditants était enfermé dans une hutte à quatre-vingt-dix minutes du bout de la piste la plus proche, le dalaï-lama ne pouvait pas vraiment passer leur en toucher deux mots au cours de sa promenade quotidienne. Heureusement, le dalaï-lama avait désigné un moine de son entourage comme agent de liaison avec les lamas et les ermites. Ce moine rendait visite à chaque méditant environ une fois par mois, pour leur apporter de la nourriture et s'assurer que tout allait bien (beaucoup de ces méditants étaient très âgés). Au printemps et à l'été 1992, l'émissaire du dalaï-lama leur apporta donc un message inattendu : une requête de Sa Sainteté leur demandant de coopérer avec des inconnus qui se présenteraient dans quelques mois pour mesurer l'activité électrique dans leur tête. Il réussit à persuader dix des soixante-sept méditants de coopérer avec nous.

Je ne m'étais pas embarqué seul dans ce projet. À Dharamsala, en ce mois de novembre, m'accompagnèrent Cliff Saron, que vous avez rencontré au chapitre 2 et qui enseignait désormais à l'université du Wisconsin avec moi, et Francisco Varela, neuroscientifique à l'hôpital parisien de la Salpêtrière (Cliff avait rédigé une demande de financement si convaincante que nous avions obtenu 120 000 dollars d'une fondation privée). Il y avait aussi avec nous Alan Wallace, spécialiste du bouddhisme à l'université de Californie à Santa Barbara, qui avait fait en 1980 une retraite de cinq mois pour méditer dans ces mêmes montagnes, après dix années passées à étudier le bouddhisme tibétain en Inde et en Suisse. Alan avait été le disciple du dalaï-lama au début des années 1970 et il avait reçu de lui l'ordination monastique en 1975. Nous espérions que sa présence nous rendrait plus acceptables aux yeux des méditants.

Nous étions tous logés au Kashmir Cottage, maison d'hôte appartenant au plus jeune frère du dalaï-lama, Tenzin Choegyal. Non content de nous héberger, « T.C. », comme il était surnommé, nous aidait aussi à maîtriser le protocole pour rencontrer le dalaï-lama. En échange, nous avons transformé une de ses chambres en entrepôt d'électronique. À l'époque, le mot « ordinateur » désignait non pas un portable de cinq cents grammes mais un objet gros comme une valise. Le reste du matériel dont nous avions besoin pour notre étude – électroencéphalographes, piles plomb-acide, groupe électrogène et caméras vidéo – remplissait cinq énormes malles. T.C., qui adorait les gadgets, était aux anges.

Le deuxième jour, après un petit déjeuner tibétain traditionnel à base d'œufs et de thé, nous sommes partis tous les quatre vers une esplanade remplie d'enfants qui mendiaient, de vaches paresseuses et de couvertures jonchées de fruits et légumes à vendre. La gigantesque résidence du dalaï-lama était gardée par des soldats indiens munis de fusils automatiques, et la sécurité était stricte : nous fûmes appelés un par un pour le contrôle de nos passeports, nos sacs furent passés aux rayons X, sans oublier la fouille au corps. Une fois jugés sans risque, nous pûmes gravir un chemin sinueux qui longeait la dizaine de constructions situées à l'intérieur de l'enceinte – bibliothèque, quartiers du personnel, bâtiments administratifs, salles d'audience, appartements privés. Nous avons fini par atteindre l'antichambre, sorte d'écrin aux boiseries élégantes, où nous devions attendre d'être convoqués.

J'étais au bord de la panique. Alors que je tentais de concevoir la première phrase que j'adresserais au dalaï-lama, j'étais si nerveux que je ne pouvais rien articuler d'à peu près cohérent. Mon cœur battait à tout rompre. Une sueur froide ruisselait sur mon front et j'étais à deux doigts de la crise d'angoisse quand le secrétaire du dalaï-lama, un moine d'âge moyen, vêtu de l'incontournable robe safran, entra dans l'antichambre et annonça que nous allions être reçus.

Il nous conduisit dans la pièce voisine, meublée d'un vaste canapé pour les visiteurs, d'un grand fauteuil pour le dalaï-lama, d'une petite chaise pour son interprète, aux murs ornés de *thangkas* multicolores (ces peintures sur soie brodée), avec des statues des divinités bouddhistes à terre et sur des étagères. J'avais été désigné comme porte-parole du groupe, mais je ne comprenais plus pourquoi j'avais un jour cru possible d'avoir quelque chose à offrir au dalaï-lama ; j'étais sûr que nous lui faisions perdre son temps. Pourtant, dans les quinze ou vingt secondes qu'il fallut à chacun de nous pour le saluer et nous présenter – il connaissait déjà Alan et Francisco –, ma terreur et mon anxiété s'évanouirent entièrement, laissant place à un profond sentiment de sécurité et d'aisance. Je savais tout à coup que j'étais exactement là où je devais être. Les mots me venaient avec facilité et je m'entendis proposer au dalaï-lama de nous aider à étudier les capacités mentales et le fonctionnement cérébral d'individus qui avaient passé des années à entraîner leur esprit, pour voir si cet entraînement transformait ou non le cerveau.

Malgré ses multiples occupations et responsabilités – mettre un terme aux souffrances du peuple tibétain, se conserver les bonnes grâces de ses hôtes indiens, moderniser l'éducation monastique, veiller à sa propre pratique spirituelle –, le dalaï-lama avait trouvé le temps de se renseigner sur les neurosciences. Il était intrigué par la possibilité que la science occidentale ait quelque chose à apprendre des hommes qui consacrent leur vie à l'entraînement mental dans la tradition du bouddhisme tibétain, et il se réjouissait que cet intérêt émane de scientifiques occidentaux sérieux.

Voilà pourquoi lors de ce premier matin à Dharamsala, en novembre 1992, nous partîmes chargés comme des mulets, Cliff Saron, Alan Wallace, Francisco Varela et moi. En quittant Kashmir Cottage, nous n'avions pas encore bien saisi la logistique nécessaire pour emporter tout notre matériel dans les montagnes où, je le répète, le méditant le plus proche se trouvait à quatre-vingt-dix minutes de marche de la route la plus proche. Une jeep nous mena au bout de cette

« route », et nous avions embauché des sherpas pour porter les sept sacs à dos contenant chacun trente kilos de matériel électronique et autre, mais quand nous avons prudemment commencé à gravir la montagne, je me suis dit à plusieurs reprises que nous étions dingues. La première fois, c'est quand le « chemin » est devenu si étroit que moi qui pèse soixante-cinq kilos tout mouillé, j'ai eu envie d'être plus maigre pour mieux me coller contre la montagne et éviter de m'écraser six cents mètres plus bas. La deuxième fois, c'est quand les rochers nous barrant le passage nous ont obligés à choisir entre passer par-dessus ou les contourner. « Passer par-dessus » signifiait franchir un obstacle haut de un mètre cinquante. « Les contourner » signifiait mettre un pied d'un côté du bloc de pierre, s'y accrocher et balancer l'autre pied de l'autre côté en espérant que le reste du corps suive au lieu de basculer dans le précipice. Je ne sais pas si toutes les divinités du panthéon bouddhiste ont entendu nos prières, mais nous avons survécu.

Finalement, nous avons aperçu une cabane en pierre. C'est là que nous avons trouvé un moine que je désignerai du titre honorifique de Rinpotché 1 (nous leur avons promis l'anonymat), dont la retraite largement silencieuse durait depuis dix ans. Âgé d'une soixantaine d'années, de santé fragile, Rinpotché 1 était l'un des méditants les plus expérimentés sur la liste du dalaï-lama, mais il ne manifesta guère de sympathie pour notre mission. (Alan Wallace, que Rinpotché 1 se rappelait avoir rencontré durant les mois qu'il avait passés en retraite parmi eux, traduisait nos questions en tibétain et les réponses du lama en anglais.) Nous cherchions simplement à établir un contact, à expliquer notre objectif et à présenter les expériences que nous espérions mener. Il y avait notamment le test de Stroop, où le nom d'une couleur est écrit dans une couleur différente, comme « bleu » imprimé en rouge, le but étant de lire le mot sans se laisser perturber par la couleur d'impression. Ce test de concentration évalue la capacité à écarter les distractions. Mais Rinpotché 1 expliqua avec une modestie incroyable que sa propre pratique de la méditation était au mieux médiocre (ce qu'il attribuait à un problème de vésicule biliaire), et que si nous voulions découvrir les effets de la méditation, nous n'avions qu'à méditer nous-mêmes ! Nous avions oublié que l'humilité est une valeur centrale du bouddhisme tibétain, et que même décrire sa propre méditation passe pour de la vantardise. Nous avons laissé Rinpotché 1 dans sa cabane sans même l'avoir interrogé, *a fortiori* sans l'avoir soumis à un électroencéphalogramme.

Nous n'avons pas eu beaucoup plus de chance avec Rinpotché 2, même s'il avait été l'un des professeurs d'Alan Wallace. Dans son cas, le problème venait d'autres scientifiques. Rinpotché 2 nous parla d'un yogi réputé, Lobzang Tenzin, également venu des montagnes surplombant Dharamsala, qui s'était rendu à la faculté de médecine de Harvard pour participer à ce qui aurait dû être une étude non invasive de la méditation. Les chercheurs de Harvard avaient cependant prélevé du sang de Lobzang, qui était mort trois mois après son retour à Dharamsala. Rinpotché 2 était persuadé que les scientifiques avaient tué son ami. Autre problème, nous dit-il au cours de ce qui devint un débat de trois heures : il est absurde de vouloir mesurer l'esprit, qui est informe et non physique. Si nous parvenions à mesurer quoi que ce soit, ce serait absolument sans pertinence pour comprendre les effets de la méditation.

Et il en fut de même pour les moines numéro 3, 4… jusqu'à 10. L'un d'eux nous conseilla aimablement de prier le dalaï-lama pour la réussite de notre travail. Un autre nous suggéra de revenir dans deux ans, quand il aurait peut-être réussi à atteindre le *shamatha*, mot sanskrit qu'on peut traduire par « quiétude méditative », dont le but est de bloquer toutes les distractions afin que l'esprit puisse se focaliser sur un objet avec clarté et stabilité. D'autres craignaient que nos tests bizarres ne perturbent leur pratique méditative. Pourtant, une idée revenait constamment : les mesures physiques étaient tout simplement inadéquates pour discerner les effets de la méditation sur l'esprit. Un électroencéphalogramme pour détecter la compassion cultivée par la méditation ? Plaisanterie ! Arrivé à notre dernier moine, nous avions perdu 10 à 0.

Malgré l'échec scientifique, j'avais l'impression, à un autre niveau, d'avoir remporté un succès. L'un des moines avait été incarcéré pendant de nombreuses années et torturé dans une prison chinoise au Tibet, avant de finir par s'évader. Il nous décrivit avec une précision stupéfiante les changements qu'il avait vécus d'instant en instant grâce à la méditation de compassion, pratiquée régulièrement durant sa captivité. La tristesse, le désespoir et la colère qui avaient d'abord rempli son esprit avaient peu à peu cédé la place à un sentiment de compassion, y compris pour ses geôliers, atteints d'un mal spirituel dont ils n'étaient pas responsables, et qui étaient donc ses compagnons de souffrance. Cette extraordinaire capacité pouvait sans doute nous apprendre quelque chose sur l'esprit et le cerveau.

Au bout de dix jours à parcourir les montagnes, nous avons fini par renoncer à recueillir des données scientifiques sur les méditants. Avant de quitter Dharamsala, pourtant, nous avons eu une nouvelle audience avec le dalaï-lama, pour lui expliquer que nous avions abandonné tout espoir de collecter les premières données sur les effets neurologiques de la méditation à long terme. Nous nous étions heurtés à un mur, les méditants se méfiaient de nos machines et avaient été effrayés par ce qu'avaient subi d'autres moines ayant coopéré avec des scientifiques occidentaux. Après avoir écouté notre piteux bilan, le dalaï-lama s'écria : « Et si vous essayiez avec des méditants de longue date, mais qui sont allés en Occident et qui sont davantage familiarisés avec la pensée et la technologie occidentales ? » Aucun des moines des montagnes n'avait eu de contact réel avec l'Occident ni avec la science, ce pourquoi ils craignaient que les électrodes perturbent leur pratique de la méditation. Au lieu de vouloir les tester sur le terrain, peut-être pouvions-nous inviter dans nos laboratoires des moines plus ouverts sur l'Occident et les observer dans un environnement que nous maîtrisions mieux. (En plus, cela nous dispenserait du trekking dans les montagnes avec des centaines de kilos de matériel !). Je fus aussitôt convaincu. Et quand le dalaï-lama promit de parler de nous à quelques membres de son entourage, je sus que nous avions gagné.

Il avait néanmoins une requête à nous faire. La recherche psychologique semblait se concentrer presque exclusivement sur les émotions négatives – anxiété, dépression, peur et tristesse. Pourquoi les scientifiques ne pouvaient-ils employer les outils de la neurobiologie moderne pour étudier des vertus positives comme la générosité et la compassion ? Je n'ai pas su que lui répondre. J'ai bredouillé que la recherche biomédicale en Occident était surtout motivée par le désir de traiter la maladie, et que ce modèle avait été importé dans la recherche sur les émotions : puisque l'anxiété, la dépression, etc., sont des problèmes et même des maladies, elles obtiennent la part du lion en matière d'attention scientifique, alors que l'amour et la bonté, n'étant pas des problèmes, sont en général négligés. Mais, alors même que je fournissais cette explication, elle sonnait faux à mes propres oreilles. Plus nous en saurions sur les émotions positives, mieux nous pourrions aider les gens à les cultiver. Pourtant (comme je l'appris une fois rentré aux États-Unis), le mot « compassion » ne figurait même pas dans l'index des principaux manuels de psychologie. Je décidai de faire tout mon possible pour y remédier. Et je déclarai au dalaï-lama que je ferais tout ce que je pourrais pour faire apparaître la compassion sur la carte scientifique. Je jurai aussi de ne plus dissimuler mon intérêt pour la méditation, de faire mon coming out auprès de mes collègues. J'étais désormais professeur à l'université du Wisconsin et j'avais remporté plusieurs prix pour mes recherches. Qu'avais-je à y perdre ?

DES MOINES AU LABO

À Madison, je me plongeai dans la recherche sur les fondements neuronaux du style émotionnel, sur la maîtrise des émotions et les différences individuelles de réactivité émotionnelle, mais je posai aussi les fondations d'une étude rigoureuse sur la méditation. Quand on voit comment la presse évoque la recherche scientifique, on a l'impression que le chercheur imagine une question intéressante, recrute des volontaires à étudier, puis obtient des résultats fascinants. Cela paraît si simple ! D'abord, il est si laborieux d'obtenir de votre université l'autorisation de procéder à une recherche sur des êtres humains – et je ne parle pas de chirurgie invasive ou d'expérimentation médicamenteuse, mais simplement de faire remplir des questionnaires – que certains labos emploient une personne à plein temps rien que pour la paperasserie qu'implique tout projet de recherche. En outre, une fois réglés les détails du projet (ce qui peut demander beaucoup de temps), une expérience nouvelle exige toujours une programmation informatique, qui peut prendre des mois, et tout nouveau protocole implique de nombreux tests-pilotes, où l'on fait passer quelques participants par toutes les étapes prévues – là encore, cela peut durer des mois.

La promesse du dalaï-lama de nous recommander auprès de méditants experts porta ses premiers fruits en 2001, quand je vis entrer dans mon labo l'un des êtres humains les plus extraordinaires que je connaisse. Matthieu Ricard, né en France en 1946, était moine bouddhiste depuis 1979, mais sa vocation avait pris des voies un peu tortueuses. Matthieu est le fils de

Jean-François Revel, philosophe réputé, et de Yahne Le Toumelin, peintre abstrait ; il a grandi dans l'incroyable ferment intellectuel du Paris de l'après-guerre. En 1972, il a soutenu sa thèse de biologie moléculaire à l'Institut Pasteur, où il a travaillé avec le prix Nobel François Jacob et, la même année, il a décidé de renoncer à une carrière scientifique conventionnelle pour s'installer dans l'Himalaya, où il a suivi une formation de moine bouddhiste.

Pour combler l'abîme entre la science moderne et les traditions séculaires du bouddhisme tibétain, Matthieu était donc la personne idéale : il comprenait la nécessité d'un groupe contrôle et la régression linéaire, mais il était aussi un grand adepte de la méditation. Il avait déjà livré son cerveau à la science en autorisant Francisco Varela, l'un de mes compagnons d'infortune dans « l'étude » manquée à Dharamsala, à mesurer son activité cérébrale alors qu'il méditait, mais les résultats n'avaient jamais été publiés. Quand le dalaï-lama contacta des méditants familiers de l'Occident et/ou de la science pour participer à de telles expériences, Matthieu (qui a passé beaucoup de temps avec Sa Sainteté, en tant qu'interprète durant des voyages en Europe) fut le premier à se porter volontaire.

Matthieu est venu à Madison en mai 2001. Nous savions que nous voulions mesurer l'activité cérébrale pendant la méditation, probablement par IRM, mais cela n'allait pas de soi. Les scans colorés qui enchantent le public (« Et voici votre cerveau sur Tetris ! ») ressemblent à peu près autant aux données réelles qu'un Rembrandt ressemble à une palette couverte de taches de peinture. D'abord, les données brutes sont des affichages numériques ; les rouges, les bleus et autres couleurs attribués à certaines parties du cerveau sont des choix arbitraires. Surtout, l'IRMf ne mesure pas l'activité cérébrale isolément ; tout ce qu'elle montre apparaît lorsqu'on soustrait l'activité du cerveau au repos ou dans tel état basique de l'activité durant la tâche qui vous intéresse, qu'il s'agisse de remuer un doigt ou de former l'image mentale d'Angelina Jolie. L'état de base est donc essentiel : il ne doit rien inclure qui risque d'empiéter sur l'activité qui vous intéresse. Par exemple, si vous vous intéressez à l'activité neuronale qui produit une image mentale, vos participants à l'état de base ne doivent rien regarder, parce que le cerveau utilise en partie les mêmes mécanismes pour former une image mentale et pour percevoir une réalité extérieure. Que pouvons-nous donc utiliser comme état de base, ou condition de contrôle, à soustraire de l'état de méditation ?

Autre question : combien de temps Matthieu devrait-il méditer avant d'être « dans un état méditatif » ? On n'appuie pas sur un interrupteur pour entrer dans un état méditatif. Nous devions laisser à Matthieu le temps d'y parvenir et de s'y installer suffisamment. Matthieu lui-même jugerait s'il était ou non dans un état méditatif. La traduction littérale du mot sanskrit pour *méditation* est « se familiariser » : l'adepte est alors familier de son propre esprit. Tout comme un œnologue qui goûte un cru familier le reconnaît aussitôt, le méditant expérimenté reconnaît qu'il est dans un état méditatif. Pourtant, si nous attendions trop longtemps pour recueillir les données IRM ou si nous laissions la méditation s'éterniser, nous risquions d'abuser de la capacité de Matthieu à rester immobile dans le très inconfortable appareil IRM. Du point de vue de la recherche, l'idéal serait une alternance de courtes périodes de méditation et de courtes périodes à l'état de base.

Après quelques tâtonnements, Matthieu décida que deux minutes et demie était la bonne durée pour chaque séance de méditation. Pour l'état de base, il suggéra le *lung ma bstan*, expression tibétaine qui décrit un état mental où l'on n'est ni endormi ni méditatif mais où l'on ne prête attention à rien de particulier. Selon Matthieu, cet état impliquait de ne rien essayer de faire, de ne se laisser perturber par aucune émotion ou pensée : c'était un état d'indifférence neutre. Pour l'état méditatif, il proposa d'alterner la méditation de compassion avec la méditation de pleine présence et la méditation de dévotion (où le méditant visualise l'un de ses principaux maîtres spirituels et se concentre sur les puissants sentiments de respect, de gratitude et de dévouement que celui-ci lui inspire). Nos programmeurs passèrent une nuit blanche à rédiger le code informatique organisant la collecte de données dans l'IRM, afin que le flux de données soit marqué à chaque changement d'état mental – de la méditation de compassion à l'état de base, par exemple. Le code informatique permet aussi de projeter différents stimuli sur l'écran vidéo à l'intérieur de l'appareil. Le timing, ici, est essentiel, car nous devons pouvoir dire, en déchiffrant les données brutes : « Ah, c'est là que Matthieu est passé du *lung ma bstan* à la méditation de dévotion. »

Bien sûr, dès que nous avons commencé, le lendemain matin, ce fut la catastrophe. À peine Matthieu s'était-il glissé dans l'appareil, à peine avait-il mis les écouteurs qui devaient nous servir à communiquer avec lui et ajusté les lunettes à fibre optique grâce auxquelles nous lui projetterions des instructions visuelles que le logiciel tomba en panne, interrompant le scan. Depuis notre salle de contrôle, nous avons regardé par la vitre pour être sûrs que Matthieu allait bien, puis nous lui avons expliqué dans l'interphone qu'il devrait attendre un peu, le temps qu'un souci soit réparé dans le logiciel. Il fallait réécrire le code tout de suite, pendant que Matthieu patientait gentiment.

Quand nous fûmes prêts à redémarrer, j'ai lu mon script : « Okay, Matthieu, *lung ma bstan*. » Trois minutes d'attente. « Matthieu, maintenant, méditation de compassion, s'il vous plaît. » Deux minutes et demie. « Maintenant, *lung ma bstan*. » Au bout de six de ces cycles, Matthieu a fait une courte pause, et nous sommes passés à l'attention focalisée. Matthieu se concentrait sur un point apparu sur un écran vidéo à l'intérieur de l'appareil IRM, là encore en alternant avec le *lung ma bstan*. Ensuite, six cycles de méditation de pleine présence, où Matthieu élargissait son champ d'attention jusqu'à englober tout un panorama, comme s'il contemplait le monde d'une hauteur de quinze mille mètres.

En général, il n'y a pas grande urgence à traiter et à analyser les enregistrements IRM, mais ce n'était pas une séance ordinaire. Le dalaï-lama devait se présenter chez moi le lendemain matin.

Quand j'étais à Dharamsala, en avril 2000, pour l'une des rencontres entre le dalaï-lama et des scientifiques occidentaux régulièrement organisées par le Mind and Life Institute, il m'avait posé tout un tas de questions sur les méthodes que nous utilisions pour étudier le cerveau et ce qu'elles nous permettaient de déduire du fonctionnement cérébral. Comment fonctionnait l'électroencéphalogramme ? À quelle vitesse changeait-il ? Et l'IRM et la tomographie par émission de positons, en quoi étaient-elles plus efficaces ? À l'époque, l'université du Wisconsin construisait un nouveau labo d'imagerie cérébrale, le Waisman Laboratory for Brain Imaging and Behavior, que je dirige. Répondant de mon mieux au dalaï-lama, je finis par lui dire : « Votre Sainteté, j'aimerais beaucoup vous faire visiter mon laboratoire, afin de vous montrer exactement comment nous réalisons ces mesures. » Il ne fallut que trois minutes pour fixer une date avec l'un de ses assistants, un peu abasourdi (le dalaï-lama n'est pas seulement le leader spirituel des 2,5 millions de bouddhistes tibétains, il était alors aussi le chef du gouvernement tibétain en exil, et son agenda était donc bien garni, entre les leçons spirituelles et les réunions à la Maison Blanche !). Il viendrait au labo en mai.

Et le mois de mai est arrivé très vite.

Après la séance avec Matthieu, j'ai fait travailler toute la nuit une équipe de trois étudiants pour analyser les données. J'avais très envie de disposer des premiers résultats de cette étude sur les méditants de longue date – enfin, sur un méditant de longue date – pour les présenter au dalaï-lama le lendemain. À 6 h 30 du matin, j'ai couru au labo, l'estomac noué, sans savoir encore si nous avions obtenu quoi que ce soit d'utile. Mes trois étudiants épuisés étaient en train d'avaler du café fort ; nous tenions tous à l'adrénaline et à la caféine, car nous sentions bien qu'il s'agissait d'un moment de rencontre historique entre l'Orient et l'Occident, le bouddhisme et la science, les moines et l'IRM. Et voici ce que nous avons observé sur les données de Matthieu : se livrer à certaines formes de méditation entraîne dans le fonctionnement cérébral des changements spectaculaires que nos outils peuvent mesurer. Nous nous sommes tous assis devant des écrans d'ordinateur. Les étudiants avaient élaboré des images structurelles du cerveau de Matthieu, sur lesquelles des taches de couleur représentaient différents degrés d'activation pour chaque état de méditation comparé au *lung ma bstan*. J'ai voulu voir côte à côte la compassion, l'attention focalisée, la pleine présence et la dévotion. Le cerveau galopant et le cœur battant face à la première image d'un cerveau méditant, j'ai été frappé par les différences entre les quatre types de méditation. Même si ce qui distinguait ces différents états était purement mental – seules les pensées Matthieu changeaient –, les images cérébrales montraient de nettes différences dans les modèles d'activité. J'étais certain que nous avions franchi un seuil et que l'histoire était en train de s'écrire.

Après m'être assuré que les séances avec Matthieu n'avaient pas été une totale perte de temps, je montai accueillir le dalaï-lama, dont l'arrivée avait tout l'apparat d'une visite officielle. Il voyage avec tout son personnel et ses interprètes (même si son anglais est assez bon) et, comme un chef d'État en déplacement, avec son service de sécurité. C'est donc un groupe assez nombreux qui m'a suivi dans les couloirs et s'est entassé dans les labos. Le dalaï-lama était ravi, avant même que nous ayons abordé quoi que soit qui touche à la neuroscience. J'ai eu bien du mal à le faire ressortir de notre salle des machines, où les techniciens utilisent une perceuse à colonne, des scies de précision, du matériel métallurgique, des tours automatiques et des étaux pour fabriquer les appareils dont nous avons besoin et que nous ne pouvons trouver dans le commerce. Le dalaï-lama aime à raconter que, sans toute cette histoire de réincarnation du treizième dalaï-lama (selon laquelle il fut identifié, à l'âge de 2 ans, comme le successeur du précédent chef du bouddhisme tibétain), il serait devenu ingénieur. Dans son enfance, au palais de Lhassa, il aimait démonter des phares de voiture, par exemple, et il n'avait jamais perdu son goût pour les gagdets. La perceuse à colonne l'a fasciné.

Quand j'ai finalement réussi à entraîner tout le monde dans la salle IRM, j'ai croisé les doigts pour que mon petit tour de magie fonctionne. L'un des mes étudiants s'est glissé dans l'appareil, tandis que le dalaï-lama et moi regardions depuis la salle de contrôle. Une fois le matériel allumé, j'ai attendu une minute ; j'ai demandé à l'étudiant immobile d'agiter les doigts de la main droite. Après un rapide traitement des données, le cortex moteur s'est illuminé (ça marche quasiment à tous les coups, c'est pourquoi j'utilise toujours ce tour pour montrer comment l'IRM reflète l'activité cérébrale). Mais pour le dalaï-lama, ce n'était qu'un début. Il a voulu que je demande à l'étudiant de simplement *penser* à bouger les doigts. Aucun problème : le cortex moteur s'est à nouveau enclenché, mais moins que lors du mouvement véritable. Le dalaï-lama était ravi qu'un phénomène aussi purement mental qu'une intention ou une visualisation produise une activité cérébrale aussi similaire à quelque chose de plus physique (un mouvement des doigts, en l'occurrence).

Nous sommes ensuite allés au Fluno Center, un centre de congrès appartenant à l'université où séjournait le dalaï-lama, pour une réunion consacrée aux dernières découvertes scientifiques sur la méditation. C'est là que je voulais lui parler de notre expérience avec Matthieu. J'ai projeté sur grand écran les images qui venaient d'être traitées quelques heures auparavant. Comme Matthieu était notre unique sujet, j'ai signalé au dalaï-lama qu'on ne pouvait pas attacher trop d'importance à ces résultats, mais qu'il semblait bien que des choses différentes se passaient dans le cerveau durant les quatre états méditatifs et durant l'état de base. Pendant la méditation de compassion, l'insula et le cortex moteur étaient fortement activés. Durant l'attention focalisée, le réseau habituel des zones de l'attention, dont les cortex préfrontal et pariétal, étaient activés. Durant la méditation de pleine présence, on constatait une activation de nombreuses zones cérébrales. Et durant la méditation de dévotion, on notait une forte activation du cortex visuel, sans doute quand Matthieu visualisait son maître.

Le dalaï-lama voulait être sûr : il n'y avait pas eu de changement dans les stimuli externes, n'est-ce pas ? Cela reflétait une activité purement mentale, comme l'étudiant qui *pensait* simplement à bouger les doigts ? Oui, lui ai-je affirmé, en trouvant ces résultats formidables mais tout en sachant que ce n'était pas de la science, ou du moins pas encore. Nous n'avions travaillé que sur un seul sujet, pendant une seule séance, et tout cela ne valait peut-être rien. La science est un processus long, laborieux, voire ennuyeux ; nous n'annoncerions rien tant que nous n'aurions pas de données rigoureuses recueillies auprès de très nombreux méditants. Et (même si j'ai gardé cela pour moi), il n'était pas si étonnant que la méditation produise des modèles d'activité cérébrale spécifiques. Cela va sans dire : tout ce que fait l'esprit, et donc le cerveau, se caractérise par des modèles spécifiques d'activation neuronale dans des zones spécifiques, tout comme vos muscles ont des modèles particuliers d'activité électrique quand vous faites de l'exercice physique.

Le dalaï-lama le voyait plus clairement que nous : le domaine des neurosciences contemplatives était né. Même s'il avait bien compris qu'il faudrait des années avant que nous ayons assez de données pour tirer des conclusions sur la façon dont la méditation non seulement produit des modèles distincts d'activité cérébrale en temps réel mais aussi entraîne des changements durables dans cette activité – de sorte que l'esprit d'un méditant diffère de celui d'un non-méditant, même quand il n'est pas en train de méditer –, il pensait que ces recherches avaient un potentiel propre à transformer l'humanité. L'entraînement mental permettrait de cultiver les qualités positives de l'esprit, comme les bouddhistes l'enseignent depuis longtemps et le ressentent, il pourrait soulager de grandes souffrances, en augmentant la réserve mondiale de compassion et d'affection. Mais nous vivons à une époque où la science est reine. Il faudrait un peu plus que le témoignage des bouddhistes pour persuader les gens du potentiel de l'entraînement mental. Il faudrait toute la rigueur de la démarche scientifique.

Des années plus tard, j'ai repensé à ce jour à la lumière de ces propos de Francis Crick, Prix Nobel et codécouvreur de la structure de l'ADN, au sujet des nouveaux domaines scientifiques hybrides : « Dans la nature, les espèces hybrides sont en général stériles, mais dans la science, c'est le contraire qui est souvent vrai. Les sujets hybrides sont souvent d'une fertilité étonnante, alors que si une discipline scientifique reste trop pure, elle dépérit. »

Rester trop pur ne risquait pas d'être un problème. Je m'étais engagé à utiliser les outils de la science occidentale moderne pour éclairer les phénomènes et étudier les méthodes d'entraînement mental qui forment le cœur de l'enseignement bouddhiste depuis vingt-cinq siècles. En réunissant deux approches pour comprendre la nature de cette réalité, j'espérais obtenir une vision plus complète et moins biaisée de l'esprit humain. J'espérais que la réunion de ces deux mondes allait déboucher sur la vigueur hybride évoquée par Crick et non sur un croisement stérile.

Au prochain chapitre, je décrirai le début de mon voyage personnel à la découverte de la manière dont l'esprit peut changer le cerveau.

10

LE MOINE DANS LA MACHINE

Peu après notre « triomphe » dans les montagnes de Dharamsala – la fameuse « étude » à laquelle pas un seul des moines contactés n'accepta de participer –, j'ai compris que la recherche sur les experts en méditation avait quelques inconvénients ; la difficulté à obtenir leur coopération n'était que l'un d'entre eux. Plus fondamentalement, ceux qui consacrent leur vie à la spiritualité et à l'entraînement mental, qui accumulent des milliers d'heures de shamatha, de vipassana ou d'autres formes de méditation, ne sont peut-être pas représentatifs de l'humanité, pour le dire gentiment. Très rares sont ceux qui, parmi nous, choisissent de consacrer d'aussi longues périodes à la contemplation et à l'entraînement mental silencieux. Même si je découvrais un jour que les modèles d'activité dans le cerveau des méditants de longue date étaient nettement différents de ceux des novices ou des non-méditants (ce que j'ai fait, je le raconterai plus loin), cela ne signifierait pas forcément ce que cela semblerait signifier : le cerveau des méditants de longue date pouvait être différent de celui d'autres mortels parce qu'ils étaient nés comme cela. Peut-être cette différence congénitale les avait-elle poussés à choisir une vie contemplative. Peut-être la différence cérébrale n'était-elle pas le *résultat* de la méditation mais sa cause. Puisque nous n'avions pas de données sur le cerveau des moines avant qu'ils se mettent à la méditation, nous ne pouvions pas exclure cette hypothèse.

C'est là seulement une des raisons pour lesquelles j'ai mis en attente mes projets d'étude sur la méditation. Une autre était que les gens font les gros yeux quand ils apprennent que par adepte « de longue date » de la méditation, je parle de plus de dix mille heures de pratique. Autrement dit, deux heures par jour, sept jours sur sept, pendant sept cent quatorze semaines, c'est-à-dire près de quatorze ans. Vous n'avez pas le temps de méditer deux heures par jour, mais seulement une ? Alors ça fera vingt-huit ans. À vous de calculer le reste, mais les conséquences sont claires : la plupart des gens qui ont une famille, un emploi et d'autres choses à faire (comme dormir et manger) savent qu'ils ne méditeront jamais autant au cours de leur vie.

Ces questions – les méditants de longue date avaient peut-être dès la naissance un cerveau inhabituel ; la plupart des gens ne franchiraient jamais le cap des dix mille heures de méditation – appelaient une solution : au lieu de comparer les méditants aux non-méditants, je devais étudier les effets de la méditation à court terme et voir si le cerveau des praticiens occasionnels changeait au fil du temps.

LA RÉDUCTION DU STRESS PAR LA PLEINE CONSCIENCE

L'occasion de réaliser une étude longitudinale sur la méditation se présenta en 1999. J'étais alors membre d'un réseau de recherche sur les interactions esprit-corps créé par la MacArthur Foundation (connue pour son « prix des génies »), un groupe interdisciplinaire d'une douzaine de scientifiques et de savants qui se réunissait cinq ou six fois par an pour évoquer des recherches marginales que ne financeraient jamais les organismes traditionnels. Même si je touchais chaque année un financement du National Institute of Mental Health depuis 1978, je savais que c'était peine perdue de demander à cet organisme une bourse pour étudier la méditation. Au cours de ces trois jours de réunion, nous avons envisagé la possibilité d'étudier la réduction du stress basée sur la méditation de pleine conscience (*mindfulness based stress reduction*, MBSR), et MacArthur nous a généreusement octroyé près de 250 000 dollars dans ce but.

La MBSR est la forme de méditation laïque la plus largement enseignée dans les facultés de médecine en Amérique du Nord et en Europe. Élaboré par Jon Kabat-Zinn, de la faculté de médecine de l'université du Massachusetts à Worcester, ce cours de huit semaines vous apprend à pratiquer la pleine conscience, forme de méditation où vous adoptez le non-jugement et la conscience de l'instant. Permettez-moi de présenter chacun de ces éléments. Par « conscience », je veux dire que, assis dans un endroit calme, vous vous concentrez sur ce que ressent votre corps, sur les pensées et émotions que génère votre esprit. Vous commencez par sentir la pression de la chaise. Ou la tension dans vos jambes. Ou la position de votre coude par rapport à votre épaule. Puis vous pouvez remarquer que durant cet inventaire mental de vos sensations physiques, il vous vient à l'esprit une interrogation sur votre déjeuner. Ou bien vous remarquez que votre esprit est soudain apaisé. La conscience « de l'instant » renvoie à la façon dont vous accueillez chaque sensation ou pensée au fur et à mesure qu'elles se présentent. Enfin, l'attitude de « non-jugement » est la clef de voûte. Si vos jambes se sentent tendues, vous ne vous reprochez pas d'être incapable de vous détendre ; votre réaction est plutôt du genre : « Ah, ces jambes… intéressant. » De même pour toute pensée ou émotion : vous vous abstenez de les mener aussi loin que vous le feriez normalement (*Hum, le déjeuner. Il faut que je rachète de la mayonnaise. Je prendrai peut-être simplement une salade. Il faut que je mange moins. Pourquoi penser à tout ça alors que je devrais méditer ? Je n'y arriverai jamais*). Si ces pensées surviennent, au lieu de les prendre à cœur, vous les observez de façon désintéressée, du point de vue extérieur d'un observateur impartial. Ce ne sont que les émanations intéressantes des synapses de votre cerveau et de son potentiel d'action.

Aujourd'hui, en 2011, des dizaines d'essais cliniques ont prouvé que la MBSR pouvait soulager la détresse psychologique de personnes ayant survécu à un cancer du sein, réduire les effets secondaires chez les bénéficiaires de greffes d'organes, atténuer l'anxiété et la dépression chez les victimes de troubles d'anxiété sociale, ou encore aider les gens à affronter la douleur chronique. Mais, en 1999, il n'existait encore aucun essai randomisé contrôlé de la MBSR, et on ignorait à peu près tout de ses effets biologiques. C'est cela que nous voulions changer.

Nous avons donc contacté Promega, une société de biotechnologie implantée tout près de Madison, dont le P.-D.G., Bill Linton, est un ancien élève de l'université du Wisconsin et un membre de certains conseils consultatifs de l'établissement. Lors d'une réception, nous avons discuté de mon travail, et il m'a confié combien il s'intéressait à la méditation et à la nature de la conscience. Peut-être cet homme accepterait-il que je mène une étude un peu dingue sur ses employés. Je lui ai donc fait mon petit discours : pouvions-nous venir dans ses bureaux, mes collègues et moi, pour enseigner à ses employés la méditation de pleine conscience et évaluer ensuite à quel point cela avait affecté leur santé et leur fonctionnement mental ?

Bill fut enthousiaste. Il nous donna accès à la messagerie de sa société, ce qui nous a permis de recruter des volontaires. Nous avons organisé quatre séances d'information en un mois, où j'expliquais que certains des volontaires apprendraient une technique de réduction du stress dérivée de la méditation bouddhiste, tandis que d'autres seraient placés sur « liste d'attente », dans un groupe contrôle : ils feraient l'objet des mêmes évaluations que leurs collègues, mais sans avoir suivi les cours de réduction du stress. La répartition au sein des groupes ferait l'objet d'un tirage au sort. Une fois l'étude terminée, les personnes figurant sur la « liste d'attente » pourraient à leur tour apprendre la MBSR. Nous avions besoin de ce genre de groupe contrôle pour être sûrs que les employés apprenant la MBSR et ceux qui ne l'apprendraient pas aient la même motivation et éprouvent le même intérêt à suivre les cours. Si nous n'avions pris que des volontaires pour la MBSR, nous serions revenus à notre problème initial : impossible de savoir si les personnes décidant d'apprendre la méditation étaient d'avance différentes de celles qui refusaient. Nous avons finalement obtenu quarante-huit volontaires, nombre suffisant pour avancer. C'était à Jon de jouer.

Quand j'ai fait la connaissance de Jon Kabat-Zinn en 1973, il venait d'accepter un poste à l'université du Massachusetts pour élaborer un programme de réduction du stress. Ce n'était pas exactement un parcours ordinaire pour quelqu'un qui venait de soutenir une thèse en biologie au Massachusetts Institute of Technology, mais Jon savait déjà qu'il voulait se consacrer à tirer les leçons de sa propre pratique de la méditation pour la présenter de manière à être compris du commun des mortels qui n'avaient jamais eu le moindre contact avec cette discipline. Bien entendu, quand j'ai parlé à Jon de l'étude que je lançais, il fut non seulement ravi d'y participer mais il voulut dispenser lui-même le cours de MBSR. Ce serait pour la MBSR le premier véritable essai randomisé contrôlé, et Jon voulait vivre ce grand moment[1].

La logistique n'avait rien d'évident. Non seulement Jon allait assurer le cours – une séance de deux heures et demie chaque semaine pendant huit semaines –, mais il ferait également passer un entretien à chaque participant potentiel avant le cours et procéderait ensuite au débriefing avec nous. Et en plus, après le sixième cours, il y aurait une retraite d'une journée entière. Évidemment, Jon accumula un nombre impressionnant de miles sur son programme de fidélité, puisque pendant dix semaines d'affilée il fit l'aller-retour en avion entre Madison et le Massachusetts. Et même rester bloqué une nuit à Chicago ne le découragea pas.

Avant le premier cours, en septembre 1999, nous avons recueilli les données de base de tous les volontaires. Nous avons mesuré leur activité cérébrale par électroencéphalogramme, en nous focalisant sur le cortex préfrontal, parce que c'est là que l'asymétrie gauche-droite est associée aux émotions positives ou négatives et à une plus ou moins grande Résilience. Nous leur avons aussi distribué des questionnaires pour évaluer leur degré d'anxiété et de stress, en leur demandant s'ils étaient d'accord avec des affirmations comme « Je m'inquiète trop pour des broutilles » ou « J'ai souvent des idées noires ».

Puis les participants tirés au sort ont commencé à apprendre la MBSR, le non-jugement et la conscience de l'instant. Jon a commencé avec la pleine conscience de la respiration : on se concentre sur le souffle, qui entre et qui sort, plus ou moins vite, on sent l'air qui circule dans les voies nasales... Puis il est passé à la pleine conscience du corps : étendez-vous sur le dos et, calmement et lentement, notez les sensations des différentes parties de votre corps ; sentez le sol contre vos omoplates et vos coudes ; sentez vos orteils se déployer quand vos pieds se détendent ; sentez le picotement dans vos chevilles... Jon demanda à chaque participant de manger un raisin sec, de faire durer cet acte cinq minutes, en notant mentalement la moindre sensation tandis qu'ils mâchaient, savouraient et, pour finir, avalaient. Il leur a appris le yoga de pleine conscience, où l'on passe par des postures simples (comme le « chien tête en bas », où vous formez un V inversé avec votre corps, les mains à terre et le postérieur en l'air) pour susciter une plus grande conscience des sensations corporelles. Jon introduisait aussi de la poésie dans son cours, en choisissant des textes qui traduisent certaines des qualités mentales essentielles à la pleine conscience (les poèmes soufis de Rumi, mystique persan du XIIIe siècle, s'y prêtaient parfaitement). Après le sixième cours, la retraite durant toute la journée du samedi permettait à Jon d'entraîner les participants à une pratique plus intensive, notamment une longue méditation silencieuse.

J'ai décrit cette formation en détail pour montrer que, même si huit semaines peuvent paraître bien peu par rapport aux milliers d'heures accumulées par les méditants de longue date, le stage était intense – assez, espérais-je, pour entraîner des changements importants et mesurables dans le style émotionnel. Les dimensions Résilience et Perspective nous intéressaient particulièrement.

Le stage s'est terminé vers Thanksgiving, c'est-à-dire alors qu'arrivaient les premières grippes. Nous en avons profité pour vacciner tout le monde – ceux qui avaient suivi les cours et le groupe contrôle, pour des raisons que j'expliquerai plus loin. Et nous avons pris une nouvelle fois toutes les mesures que nous avions prises au départ (activité électrique cérébrale et questionnaires). Après quoi, il était temps d'examiner tout ce que nous avions collecté.

Le premier résultat notable fut que les symptômes d'anxiété chutaient d'environ 12 % parmi ceux qui avaient suivi le cours de MBSR, mais augmentaient légèrement dans le groupe contrôle. Le groupe MBSR montrait aussi un glissement significatif vers une plus grande activation frontale gauche-droite : par rapport à ce qu'il était avant le cours, le niveau d'activation avait triplé au bout de quatre mois. Dans le groupe contrôle, cette activation était moindre au terme de l'étude qu'au début. (Ils étaient peut-être déçus de ne pas avoir pu suivre les cours de MBSR.) Nous avons aussi réalisé des prélèvements sanguins avant et après le vaccin contre la grippe : là encore, nous avons pu constater les effets de la MBSR. Les méditants produisaient un niveau d'anticorps de 5 % supérieur, signe que leur système immunitaire réagissait plus efficacement que chez les personnes du groupe contrôle. Curieusement, les participants ayant une réaction cérébrale plus forte à la MBSR avaient aussi une plus forte réaction au vaccin antigrippal. Cela confirmait à mes yeux le fait que l'activité cérébrale et le système immunitaire sont associés, comme nous l'avons suggéré au chapitre 6 : les émotions positives (caractéristiques des personnes rapides à récupérer pour la dimension Résilience, et positives pour la dimension Perspective) dynamisent le système immunitaire, entre autres effets bénéfiques sur la santé physique.

En matière de Résilience et de Perspective, la MBSR peut vous pousser vers l'extrémité du spectre en améliorant votre capacité à gérer le stress. Mieux affronter le stress, c'est mieux rebondir après un échec, et c'est voir le monde d'un œil plus optimiste. Je suppose que cela passe par une redéfinition des habitudes mentales. Nous avons tous une manière habituelle de réagir aux défis émotionnels, et ces habitudes sont les produits complexes de la génétique et de l'expérience. L'entraînement à la pleine conscience modifie ces habitudes en rendant plus probable l'utilisation de tel circuit neuronal plutôt que tel autre. Si la réaction habituelle à un échec était, pour les signaux neuronaux, d'aller du cortex frontal, qui détermine le sens d'une expérience, jusqu'au système limbique, où l'amygdale attache une intense valence émotionnelle négative à cette expérience, alors la pleine conscience peut créer un circuit neuronal différent. La même expérience est toujours traitée par le cortex frontal, mais les signaux n'atteignent pas l'amygdale (ou du moins, ils sont moins nombreux à le faire). Au lieu de quoi, ils s'évanouissent, comme une mauvaise humeur s'atténue au cours d'une bonne journée. Résultat : ce qui était auparavant une expérience stressante ou une épreuve ne déclenche plus de sentiment d'anxiété, de peur ou de capitulation fataliste. Le chemin habituellement parcouru par les signaux neuronaux a changé, tout comme un cours d'eau au trajet précis peut être détourné après un soudain orage, par exemple, et s'installer dans un nouveau lit. La méditation de pleine conscience, pour sa part, détourne les flux de l'esprit.

Plus spécifiquement, la pleine conscience enseigne à l'esprit de nouvelles manières de réagir à l'expérience et aux pensées. Auparavant, vous vous sentiez paniqué, dépassé à la pensée de tout ce que vous auriez à accomplir le lendemain (emmener les enfants à l'école, assister à une réunion professionnelle importante, appeler un plombier pour réparer la fuite sous l'évier, contacter le fisc à propos de cette erreur dans votre déclaration d'impôts, préparer le dîner…). Désormais, la pleine conscience envoie vos pensées vers un nouveau canal : vous pensez encore à tout ce que vous avez à faire, mais quand le sentiment de panique apparaît, vous le considérez avec objectivité. Vous vous dites : « Oui, bien sûr, ce sentiment de panique commence à s'infiltrer dans mon cerveau », mais vous prenez du recul et vous le laissez passer, en sachant que le laisser s'emparer de votre cerveau ne vous aiderait en rien. La pleine conscience modifie ces habitudes mentales en exploitant la plasticité des connexions cérébrales, elle en crée de nouvelles, en renforce d'anciennes et en affaiblit d'autres.

Voilà pourquoi, au cours de cette expérience, nous avons découvert ces changements dans le cerveau. Nos élèves du cours de MBSR montraient une plus grande activité dans les circuits du cortex préfrontal gauche, parce que cette forme d'entraînement mental leur apprenait à rediriger leurs pensées et leurs sentiments (qui ne sont que la manifestation physique des impulsions électriques parcourant les neurones), en réduisant l'activité dans le cortex préfrontal droit, lié aux émotions négatives, et en la relocalisant dans le côté gauche, qui accentue la résilience et le bien-être. Ce nouveau canal transporte de plus en plus de vos pensées et sentiments, créant un cercle vertueux. Plus vos pensées prennent la voie d'une moindre anxiété, plus votre Résilience augmente, plus votre Perspective est positive, ce qui incite encore davantage vos pensées et vos sentiments à emprunter cette nouvelle voie.

UNE RETRAITE DE RECHERCHE

D'autres formes de méditation promettent d'affecter plusieurs dimensions du style émotionnel, plus directement encore que la MBSR, comme allait nous l'apprendre notre étude suivante. La plupart des formes de méditation incluent des instructions explicites pour réguler l'attention – se concentrer sur sa respiration, par exemple. Il faut donc souvent surveiller les variations de l'attention, et si votre esprit se met à vagabonder, le ramener doucement sur votre respiration. Je me suis alors demandé si pratiquer une forme de méditation qui cultive l'attention renforcerait notre capacité à focaliser cette dernière. Devient-on plus conscient de son environnement ? Plus conscient de soi ? Autrement dit, en quoi ces pratiques affectent-elles les diverses dimensions du style émotionnel ?

Pour aborder certaines de ces questions, nous avons lancé un projet inédit, dans un cadre très différent de notre labo habituel : un centre de retraite méditative, dans la ville pittoresque de Barre, dans le Massachusetts. Dans une campagne boisée à la sortie de la ville, l'Insight Meditation Society propose des retraites intensives où l'on pratique la méditation bouddhiste, essentiellement une méditation de pleine conscience qui encourage à prêter attention à l'instant présent sans porter de jugement. La plupart des cours ont lieu dans le bâtiment principal, un ancien monastère catholique à la façade ornée de quatre imposantes colonnes blanches. Sur le fronton est inscrit le mot *metta*, « l'amour bienveillant », en sanskrit. Pour les bouddhistes, *metta* est le désir que tous les êtres sensibles trouvent le bonheur et les causes du bonheur et c'est l'un des quatre « Incommensurables » (les autres sont la compassion, ou le souhait que tous les êtres sensibles soient libérés de la souffrance et des causes de la souffrance ; la joie altruiste, ou le souhait que tous les êtres sensibles trouvent la joie exempte de souffrance ; et l'équanimité, ou le souhait que tous les êtres sensibles soient libres de préjugés, d'attachement et de colère).

À l'été 2005, l'IMS a gracieusement fourni à mon équipe de recherche une petite maison, où nous avons installé un laboratoire temporaire, afin de tester les gens avant et après leur retraite de trois mois. La retraite était tout à fait intensive : sept jours sur sept, les participants se levaient à 5 heures et passaient ensuite seize heures – jusqu'au coucher, à 21 heures – dans le silence total, sans établir de contact visuel avec qui que ce soit, même lors des repas. Les seules exceptions étaient les entretiens bihebdomadaires avec un professeur de méditation : les retraitants décrivaient alors leur pratique et les obstacles éventuels qu'ils rencontraient. Les retraitants passaient leur temps de veille à méditer, à manger ou à accomplir une heure de travail quotidien (nettoyage des locaux ou préparation des repas végétariens). La plupart d'entre eux consacraient plus de douze heures par jour à la méditation, soit plus de mille heures en trois mois. Comme on peut l'imaginer, il aurait été trop dérangeant de tester les participants durant la retraite, donc nous nous sommes bornés à intervenir quelques jours avant qu'ils commencent et trois mois plus tard, après qu'ils avaient terminé. Pour notre groupe contrôle, nous avons recruté des habitants de Madison, comparables aux retraitants pour l'âge et le sexe.

Nous avons choisi d'examiner si cette pratique intense de la méditation avait un effet sur l'attention – sur deux aspects en particulier[2]. Le premier est le clignement attentionnel, ce phénomène que j'ai décrit au chapitre 3. Il faut presque le voir pour le croire : quand l'information change rapidement dans notre environnement et que nous cherchons certains stimuli, cibles ou événements particuliers, nous pouvons passer à côté de ces signes s'ils apparaissent en succession très rapide, en général à moins d'une demi-seconde d'intervalle. Cela peut se produire, par exemple, dans un jeu vidéo où vous devez capturer des créatures qui surgissent à l'écran. Si la deuxième apparaît un tiers de seconde après la première, vous ne la verrez même pas (et vous serez encore moins capable de la capturer avec votre souris). C'est comme si, après avoir enregistré sa première cible, notre attention « clignait » et manquait la deuxième.

Le clignement attentionnel n'est pas simplement un artefact de laboratoire ; il existe aussi dans le monde réel. Nous sommes constamment bombardés par une avalanche de stimuli, même dans des environnements relativement calmes. Pensez à la dernière fois où vous avez eu une conversation importante. Beaucoup de gestes non verbaux, de subtiles expressions faciales, d'infimes mouvements des yeux, et ainsi de suite, constituent une dimension essentielle de la conversation et transmettent des informations cruciales. Pourtant, ces gestes et expressions apparaissent si rapidement que les clignements attentionnels vous en font manquer un grand nombre, et que vous passez donc à côté de signaux riches en indices sociaux et émotionnels.

Les psychologues ont avancé une hypothèse pour expliquer le clignement attentionnel : le cerveau investit tellement de ses ressources d'attention pour détecter la première cible qu'il ne lui en reste plus assez pour la deuxième. Pour percevoir les cibles suivantes, il faut que l'attention se « réinitialise », qu'elle trouve un second souffle. Selon cette « hypothèse du surinvestissement », si vous parvenez à limiter la quantité d'attention nécessaire pour percevoir la première cible, il vous en restera assez pour percevoir la deuxième et votre attention ne clignera donc pas. Voilà pourquoi nous nous intéressions à la méditation : le vipassana inclut ce qu'on l'appelle « l'attention nue », qui consiste à diriger son attention sur les pensées, émotions et sensations présentes mais sans juger ces objets mentaux, sans s'en faire un sujet de préoccupation. Nous nous demandions si la pratique de l'attention nue pouvait réduire la quantité de ressources attentionnelles nécessaires pour détecter une cible initiale et en laisser davantage pour la deuxième, et donc éliminer le clignement attentionnel.

Dans notre étude, nous présentions très rapidement une série de lettres, à raison de dix par seconde. De temps en temps, un chiffre s'y glissait. Les participants devaient signaler tous les chiffres qu'ils voyaient. Dans une séquence comme R, K, L, P, N, E, 3, T, U, S, 7, G, B, J (présentée en 1,4 seconde), les gens devaient donc repérer le 3 et le 7. La plupart des gens n'ont aucune difficulté à repérer le 3, mais beaucoup manquent le 7 ; leur attention cligne. C'est comme s'ils étaient si excités d'avoir repéré le 3 que leur esprit se fixe sur ce chiffre et les empêche de voir le 7. Nous avons fait passer ce test à tous les retraitants avant leur méditation intensive, et à nouveau après leur retraite de trois mois, ainsi qu'au groupe contrôle. Comme prévu, le clignement attentionnel affectait tout le monde au début, le second chiffre étant manqué dans environ 50 % des cas (avec des variations individuelles, comme toujours). En plus de ce test, nous mesurions l'activité cérébrale avec un électroencéphalogramme. Sans surprise, le cortex visuel était très actif quand les gens repéraient le premier chiffre. Mais chez ceux qui manquaient le second (c'est-à-dire la moitié des futurs méditants et la moitié des membres du groupe contrôle), cette région était au repos.

Après un entraînement intense à la méditation, les résultats étaient tout autres. Aucune amélioration chez le groupe contrôle, comme nous le pensions : il ne suffisait donc pas de passer le test deux fois pour améliorer ses résultats. Mais chez les retraitants, on a constaté un net déclin du clignement attentionnel et donc une bien plus grande capacité à détecter la seconde cible : 33 % de plus en moyenne.

L'activité cérébrale était encore plus étonnante. Quand un individu parvenait à repérer la seconde cible, la région cérébrale de l'attention était moins active en présence du premier chiffre que lors du premier test. Autrement dit, le degré d'activation en réponse au premier chiffre déterminait si le second chiffre serait perçu. Une moindre activation pour le premier chiffre correspondait à un plus fort taux de détection du second. L'hypothèse du surinvestissement devait être juste : le clignement attentionnel résulte d'un investissement excessif de nos ressources attentionnelles pour percevoir une cible, ce qui nous en laisse trop peu pour la deuxième ; mais il suffit d'investir moins dans la perception de la première pour qu'il nous reste de quoi détecter la seconde. Pouvoir focaliser son attention de manière calme et durable sans trop d'excitation maximisait la performance pour cette tâche, et c'était le genre d'attention que les participants avaient appris et développé au bout de trois mois de retraite.

Nous avons aussi examiné une autre forme d'attention chez les retraitants. L'attention sélective reflète notre capacité à nous concentrer sur certains stimuli et à en ignorer d'autres. Les gens font cela constamment, bien sûr, car nous ne pourrions pas nous focaliser sur tous les stimuli qui assaillent nos yeux, nos oreilles et notre peau ; par exemple, au volant de votre voiture, vous focalisez votre attention sur les voitures qui vous entourent (enfin, je l'espère), plutôt que sur le contact de la ceinture de sécurité sur votre poitrine. Mais qu'est-ce qui détermine ce choix ? Ce peut être la force du signal reçu : peut-être l'image des voitures produit-elle dans le cerveau une activité électrique plus forte que le contact de la ceinture de sécurité. Ou bien il y a des signaux que nous jugeons importants : un processus mental supérieur permet peut-être un scan rapide des informations qui nous arrivent et renforce les images des voitures en atténuant celle du contact de la ceinture. Ce que nous voulions voir, c'était si les gens peuvent être délibérément sélectifs au lieu de simplement laisser certains stimuli capter leur attention parce qu'ils sont plus forts ou plus importants.

Pour tester cela, nous avons à nouveau invité les futurs retraitants dans notre petite maison de l'IMS. Dès que les participants étaient confortablement assis et avaient compris le protocole, nous leur diffusions des sons dans leurs écouteurs : un son aigu et un son grave dans chaque oreille. Comme je l'ai brièvement décrit au chapitre 3, ils ne devaient s'intéresser qu'à un seul type de stimulus dans une seule oreille – par exemple, le son aigu dans l'oreille droite – et appuyer sur un bouton quand ils entendaient le son-cible. Au bout de quelques minutes, nous changions les instructions : ils devaient maintenant ne prêter attention qu'au son grave dans l'oreille droite (puis au son aigu dans l'oreille gauche, etc., jusqu'à épuisement de toutes les variations possibles). Les sons arrivant au rythme d'environ un par seconde, l'exercice n'avait rien de facile, surtout lorsqu'il durait vingt minutes. En moyenne, les gens manquaient 20 % des sons-cibles, soit parce qu'ils oubliaient d'appuyer sur le bouton quand ils entendaient le bon son dans la bonne oreille, soit parce qu'ils appuyaient à tort lorsqu'ils entendaient la mauvaise note dans la bonne oreille ou n'importe quel son dans la mauvaise oreille. (Évidemment, avant le début du test, nous avions vérifié que chaque participant avait une audition normale.)

Trois mois de pratique méditative avec formation de l'attention allaient-ils améliorer les résultats à ce test ? Après leur retraite, nous avons de nouveau testé les méditants ainsi que le groupe contrôle. Ceux-là ne montraient aucune amélioration, prouvant une fois encore que la familiarité avec le test n'aidait guère. Mais les retraitants ont obtenu des résultats nettement meilleurs : ils réagissaient correctement à davantage de sons-cibles et faisaient moins d'erreurs en appuyant sans raison sur le bouton. Leur taux de réussite était passé de 80 à 91 %. Une autre découverte était encore plus frappante : les méditants, mais pas les membres du groupe contrôle, étaient devenus beaucoup plus stables dans leur performance. Le temps qu'ils mettaient avant d'appuyer sur le bouton à juste titre était devenu plus régulier, avec une variation de 110 millisecondes ; dans le groupe contrôle, comme parmi les futurs retraitants, la réaction était tantôt lente, tantôt rapide (le temps de réaction varie aussi énormément chez les personnes souffrant de TDAH). Après la retraite, les variations du temps de réponse ont diminué de 20 %, alors que pour le groupe contrôle, elle a même augmenté.

Là encore, en plus de mesurer la performance, nous enregistrions l'activité cérébrale avec un électroencéphalogramme pendant ce test d'attention sélective. Ce qui nous a fait bondir, c'est la mesure de ce qu'on appelle verrouillage de phase. Comme nous l'avons vu au chapitre 4, ce modèle d'activité électrique reflète le degré auquel les ondes cérébrales – ou, plus scientifiquement, les oscillations corticales – se synchronisent avec un stimulus externe. Avec un degré élevé de verrouillage de phase, un stimulus externe déclenche un modèle clair d'oscillations corticales faciles à distinguer des oscillations d'arrière-plan – mais seulement si le cerveau n'est pas un chaos de pensées et d'errances mentales. Dans ce cas, la réaction à un stimulus externe est aussi difficile à distinguer de cette cacophonie que le clapotis d'une pierre lancée au milieu d'une mer agitée : il y a tellement d'autres ondes et perturbations que le bruit du caillou est presque imperceptible. Mais si la pierre tombe dans les eaux parfaitement calmes d'un lac, les cercles qui se forment autour d'elle se voient comme le nez au milieu de la figure. Un cerveau calme est comme un lac immobile. Quand un stimulus externe apparaît, il déclenche des oscillations nettes, synchronisées avec l'arrivée du stimulus. Plus un participant manifestait ce verrouillage de phase, plus il était précis dans la tâche sollicitant l'attention sélective.

Une nouvelle étude intéressante confirme que l'entraînement mental peut modifier les modèles cérébraux sous-tendant l'attention[3]. Au Massachusetts Institute of Technology et à Harvard, des scientifiques ont demandé à la moitié d'un groupe de participants de pratiquer pendant huit semaines la MBSR, tandis que l'autre moitié patientait sur une liste d'attente. Avant le début de l'entraînement, les scientifiques ont pris des mesures similaires à un électroencéphalogramme, mais concernant les champs magnétiques plutôt que l'activité électrique. La magnétoencéphalographie utilise un appareil qui ressemble à un énorme sèche-cheveux. Elle est plus précise spatialement, ce qui était précieux : les participants devaient se focaliser sur leur main ou leur pied, variante du test de l'attention sélective que j'avais appliqué au centre de retraite. Après l'entraînement à la MBSR, l'activité cérébrale des participants concentrant leur attention sur leur pied changeait de façon très particulière : les ondes alpha, qui reflètent le repos cortical, augmentaient dans la partie du cortex somatosensoriel consacrée au sens du toucher sur la peau de la main ! Le groupe contrôle ne montrait aucune hausse comparable. Ces résultats confirment que la méditation de pleine conscience transforme les bases neuronales de l'attention, en l'occurrence en minimisant l'activation de zones sans pertinence pour l'objet de l'attention. Fondamentalement, l'entraînement mental aide l'esprit à réduire les bruits de fond et à se concentrer sur les informations utiles.

PEUT-ON S'ENTRAÎNER À LA COMPASSION ?

Après cette découverte – trois mois d'entraînement à la méditation suffisaient à modifier des fonctions mentales aussi fondamentales que le clignement attentionnel et l'attention sélective –, je fus plus que jamais convaincu que les changements cérébraux accompagnant la méditation devaient se produire très vite. Pas la peine d'être un athlète de la méditation, avec plus de dix mille heures au compteur. En fait, c'est la question qu'on me pose le plus souvent quand j'évoque notre étude sur les adeptes de longue date : les gens me regardent de travers, sûrs de ne jamais consacrer autant de temps à entraîner leur esprit, et il y a toujours quelqu'un pour me demander si une pratique bien moins intensive peut quand même être bénéfique. Pour ce qui est de l'attention, la réponse est oui, à mon avis, et, au prochain chapitre, je décrirai en détail un programme capable de produire les changements que nous avons identifiés dans le cerveau des retraitants.

Mais qu'en est-il des autres qualités si frappantes chez les moines ? Après les tests réalisés au centre de retraite, j'étais prêt à réessayer d'étudier les méditants de longue date. J'avais déjà les résultats préliminaires recueillis auprès de Matthieu Ricard. Avec son aide et celle du dalaï-lama, j'ai voulu voir quels autres effets la méditation pouvait avoir sur le cerveau.

Quand on fait de la recherche scientifique sur des volontaires humains, la procédure habituelle consiste à recruter d'abord le maximum de gens, puis à leur faire passer des tests. Impossible avec les méditants de longue date. Les gens qui ont derrière eux plus de dix mille heures de méditation bouddhiste ne courent pas les rues – en tout cas pas à Madison. Il fallait donc improviser. Peu après avoir étudié le cerveau de Matthieu et avoir reçu la visite du dalaï-lama, ces deux personnages ont fait savoir autour d'eux que, si un praticien de la méditation expérimenté prévoyait de se rendre aux États-Unis, notamment dans le Midwest, il devait se mettre en contact avec moi. Cette méthode a marché. J'ai d'abord été contacté par Tenzin Rinpotché, un moine âgé de 41 ans, né au Tibet et installé en Inde, qui venait enseigner aux États-Unis. Puis ce fut le tour de Sopham Rinpotché, un moine de 54 ans, originaire du Bhoutan, qui était prêt à venir spécialement en Amérique pour participer à l'étude. Il a fallu du temps pour rassembler le nombre minimum de sujets requis, mais au bout de dix-huit mois, j'avais réussi à faire venir à Madison huit moines (dont Matthieu), âgés de 34 à 64 ans, ayant une expérience de la méditation Nyingmapa et Kagyupa allant de dix mille à cinquante mille heures. Le tout pour qu'on leur colle sur le cuir chevelu un filet à électrodes et pour qu'ils méditent dans un appareil à vous rendre claustrophobe, aussi assourdissant qu'un marteau-piqueur.

Dans le cadre de la première étude, je m'intéressais à un phénomène appelé synchronie neuronale[4]. Comme son nom l'indique, ce phénomène se produit quand des neurones dispersés à travers le cerveau s'activent en même temps. Les recherches d'autres labos avaient lié la synchronie neuronale des ondes cérébrales à haute fréquence avec des processus mentaux comme l'attention, la mémoire, l'apprentissage et la perception consciente ; on soupçonne qu'en s'activant simultanément ces neurones font fonctionner ensemble des réseaux éloignés, de sorte que les processus cognitifs et émotionnels deviennent plus intégrés et cohérents.

Comme nous avons suivi la même procédure pour chaque moine, je vais vous parler de Tenzin Rinpotché. Il est arrivé au labo un matin et, après lui avoir expliqué ce que nous avions en tête (c'était beaucoup plus simple qu'avec les moines des montagnes de Dharamsala), nous lui avons placé sur la tête le filet muni de cent vingt-huit électrodes. Le filet maintient les électrodes en place, mais il faut quand même les humidifier une par une pour être sûr que le contact électrique est bon, processus laborieux qui nous laissait largement le temps de discuter avec le participant du protocole expérimental et de nous assurer qu'il comprenait ce qui allait se passer. Mon collègue Antoine Lutz, scientifique français qui a joué un rôle-clef dans cette étude, s'en chargeait. Il demandait d'abord à Rinpotché de rester assis, l'esprit neutre, pendant soixante secondes. Après avoir pu ainsi déterminer son activité électrique de base, nous passions à la méditation. Antoine demandait à Rinpotché de commencer la méditation de la « compassion inconditionnelle ». Matthieu, qui avait conçu l'étude avec nous, décrit l'état méditatif qui en résulte comme « une disponibilité sans limite à aider les êtres vivants ». Cette forme de méditation ne requiert pas que l'on se concentre sur un objet, un souvenir ou une image en particulier ; elle génère simplement des sentiments de bienveillance et de compassion, qui « imprègnent l'esprit comme un mode d'être ». Cet état est appelé compassion pure ou non référentielle (*dmigs med snying rje*, en tibétain). Vingt secondes plus tard, nous commencions l'électroencéphalogramme. Nous recueillions les données pendant soixante secondes, puis nous demandions à Rinpotché d'arrêter de méditer. Il se reposait trente secondes, puis nous répétions la séquence trois fois, pour un total de quatre blocs de méditation. Nous avons répété la procédure pour Matthieu et les six autres moines qui sont venus à Madison. « Nous tentons d'engendrer un état mental où la compassion imprègne l'esprit tout entier, sans aucune autre considération, sans raisonnement ou pensée discursive », expliquait ensuite Matthieu.

Pour notre groupe contrôle, nous avons recruté des étudiants de Madison et nous leur avons fait suivre un cours accéléré de méditation de compassion. Nous leur demandions de penser à un être cher, leurs parents ou leur fiancé(e), et de se laisser envahir par des sentiments d'amour ou de compassion (dans ce dernier cas, en imaginant ladite personne dans une situation triste ou douloureuse, et en souhaitant qu'elle soit libérée de toute souffrance). Après avoir essayé pendant une heure, ils cherchaient à susciter ce sentiment en direction non plus seulement d'une personne, mais de

« tous les êtres sensibles », sans penser précisément à un individu en particulier.

Je ne voulais pas formuler de conclusion hâtive en me fiant aux résultats d'un unique méditant, mais dès que j'ai regardé l'électroencéphalogramme de Rinpotché, j'ai deviné qu'il se passait quelque chose de remarquable. Quand j'ai eu les données des huit moines, j'en ai eu la certitude. D'une part, la production d'ondes gamma par le cerveau pendant la méditation était plus forte que tout ce que signalait la littérature scientifique. Il s'agit là d'ondes à haute fréquence qui sous-tendent l'activité mentale supérieure, comme la conscience. Même si le groupe contrôle qui venait tout juste d'apprendre la méditation de compassion montrait lui aussi une légère hausse de cette activité gamma, la plupart des moines manifestaient une très forte hausse. Puisque la taille de l'onde gamma dépend du nombre de neurones activés en même temps, cela indiquait que d'énormes quantités de neurones dispersés s'activaient avec un formidable degré de précision temporelle, comme dans la mieux réglée des comédies musicales hollywoodiennes. Les ondes gamma augmentaient peu à peu au fil de la méditation, ce qui reflète le fait que la synchronisation neuronale prend du temps à s'installer. Puisque la synchronie neuronale sous-tend nombre de processus mentaux supérieurs comme la perception et l'attention, j'y voyais la preuve que la méditation pourrait entraîner des changements fondamentaux dans le fonctionnement du cerveau, ce qui aurait des conséquences importantes pour notre capacité à apprendre et à percevoir. En particulier, une forte activité des ondes gamma et la synchronie neuronale pourraient être la signature cérébrale de ce que les bouddhistes disent ressentir durant la méditation : un changement dans la qualité de leur conscience de l'instant, qui apporte une immense clarté perceptuelle. C'est comme si une brume mentale se soulevait, une brume dont vous ne saviez même pas qu'elle vous empêchait de percevoir.

En utilisant l'IRMf, nous avons identifié les régions actives durant la méditation de compassion[5]. Dans presque tous les cas, l'activité renforcée était plus intense dans le cerveau des moines que chez le groupe contrôle. L'activité de l'insula, une zone importante pour les signaux corporels associés à l'émotion, et celle de la jonction temporo-pariétale, importante pour l'empathie, étaient amplifiées de manière spectaculaire chez les méditants de longue date. Un immense circuit qui s'active à la vue de la souffrance montrait aussi une activité plus grande chez les moines. Même chose pour les régions responsables de la préparation des mouvements, comme si le cerveau des moines avait hâte d'aller porter secours aux personnes en détresse. Quand j'ai demandé à Matthieu comment cela s'expliquait, il a réfléchi à ce que lui fait ressentir la méditation de compassion, surtout lorsqu'il pense à un être cher en détresse, et il a décrit « une disposition totale à agir, à aider ».

L'électroencéphalogramme des moines lorsqu'ils étaient à l'état de base, lorsqu'ils se reposaient dans le calme mais sans méditer était encore plus étonnant pour moi que la hausse de la synchronie neuronale durant la méditation : là aussi, l'activité gamma et la synchronie neuronale étaient nettement plus fortes que chez le groupe contrôle. Cela indiquait que la méditation ne se caractérisait pas seulement par des modèles spécifiques d'activité cérébrale (ce qui n'a en fait rien de surprenant), mais qu'elle produisait une hausse durable de l'activité gamma et de la synchronie neuronale. Peut-être l'attention requise par la méditation et la compassion qu'elle génère étaient-elles des compétences que l'on pouvait acquérir ou augmenter par le biais d'un entraînement.

Je ne pouvais exclure la possibilité d'une différence préexistante dans le fonctionnement cérébral entre les moines et les novices, ni que cette différence soit la cause d'une bien plus grande synchronie gamma. Mais le fait que les moines totalisant le plus d'heures de méditation affichent la plus forte synchronie gamma, tant à l'état de base que durant la méditation, m'avait convaincu des changements produits par l'entraînement mental, hypothèse que j'ai formulée dans l'article de 2004 décrivant cette étude.

CONCENTREZ-VOUS, S'IL VOUS PLAÎT, RINPOTCHÉ

Puisque nous n'avions pas une réserve illimitée de moines disposés à nous laisser étudier leur cerveau pendant des heures, j'ai eu le culot de leur demander de participer à une autre étude parallèle. Après leur avoir fait alterner méditation de compassion et méditation d'amour bienveillant avec un filet à électrodes sur la tête puis dans l'appareil IRM, je les ai persuadés de faire la même chose pour une forme de méditation appelée « concentration sur un point ». Dans cette pratique, le méditant focalise son attention sur un seul objet, comme son souffle ou une effigie de Bouddha, en renforçant sa concentration attentionnelle jusqu'à atteindre un état de tranquillité où toute préoccupation liée aux autres pensées et émotions est peu à peu éliminée ; seule la focalisation sur le souffle ou sur Bouddha emplit l'esprit. En même temps, le méditant s'observe, il note toutes les pensées ou états mentaux autres que sa concentration sur un objet. Il peut remarquer une somnolence, noter à quel moment le « bavardage mental » fait irruption. Matthieu explique ainsi cet état de concentration : « On tente de focaliser toute son attention sur un seul objet, de la maintenir sur cet objet et de la ramener à cet objet lorsqu'on s'aperçoit que l'on a été distrait par les perceptions externes ou par les pensées internes. On résiste à la somnolence, on ne se laisse pas entraîner par l'agitation mentale ni par le bavardage des pensées internes. Si c'est ce que vous ressentez, revenez calmement mais délibérément à l'objet de votre méditation en vous concentrant précisément. » Pour l'état neutre, les yeux restent ouverts comme pendant la méditation et « votre état émotionnel n'est ni agréable ni désagréable. Vous restez détendu. Essayez d'être dans l'état le plus ordinaire sans vous engager dans un état mental actif, sans chercher à vous souvenir de quelque chose, sans prévoir quoi que ce soit, sans regarder activement un objet. »

Notre étude des retraitants au centre de méditation de Barre avait déjà montré qu'un cours intensif de méditation pouvait améliorer l'attention sélective et réduire le clignement attentionnel. Je me demandais ce que plus de dix mille heures de méditation pouvaient accomplir.

Pour notre étude, comme nous devions travailler dans les limites de l'appareil IRM, nous avions décidé de projeter un point sur un écran fixé à l'intérieur[6]. Une fois le moine installé, Antoine Lutz lui demandait de commencer ou d'arrêter sa méditation, selon un programme calibré grâce au logiciel. Après quatre-vingt-dix secondes de repos, Antoine demandait au moine de passer à la méditation d'attention (« *Shamatha*, s'il vous plaît, Rinpotché »), que le moine faisait durer deux minutes quarante secondes. Puis Antoine disait « *Lung ma bstan* » et le moine revenait à l'état neutre pendant environ quatre-vingt-dix secondes, le tout pendant un total de dix cycles. Il nous a fallu environ un an et demi pour réunir des données sur quatorze moines en tout, et sur les vingt-sept membres du groupe contrôle (là encore, des étudiants à qui l'on faisait subir un cours accéléré sur la méditation de concentration et qui la pratiquaient pendant quatre ou cinq heures au total, par tranches de trente minutes, avant le début de l'expérience).

La première chose que nous avons constatée était exactement ce que nous attendions : les réseaux cérébraux responsables de la vision et de l'attention étaient plus actifs pendant la méditation que pendant le repos. En particulier, le cortex préfrontal dorsolatéral (qui détecte dans l'environnement les objets exigeant l'attention), le cortex visuel (qui voit), le sillon frontal supérieur, l'aire motrice supplémentaire et le sillon intrapariétal (tous impliqués dans l'attention) étaient bien plus actifs pendant la méditation que pendant le repos, chez les moines comme chez les méditants novices. Rien de surprenant. Mais le diable, ou l'ange, en l'occurrence, se cachait dans les détails. Dans l'ensemble, les novices avaient une activation moindre dans les régions de l'attention par rapport aux méditants experts. Mais quand nous avons divisé les experts en deux groupes, dont l'un totalisait de 10 000 à 24 000 heures de méditation, et l'autre entre 37 000 et 52 000 heures, nous avons constaté un fait intéressant : si les moines ayant moins d'heures de pratique avaient une plus forte activation des réseaux de l'attention que les novices, les moines totalisant le maximum d'heures avaient une activation *moindre*. Le graphique ressemblait à un U inversé : l'activation commençait par augmenter avec le nombre d'heures de pratique de la méditation, puis chutait dès lors que ce total d'heures dépassait les 25 000 environ.

Cela m'a rappelé le cas des cyclistes : pour monter une pente raide, un amateur passionné pédale plus fort et plus vite qu'un novice – ce qui reflète une plus grande capacité musculaire –, mais un participant au Tour de France gravit la même colline presque sans effort. Les méditants les plus expérimentés pouvaient maintenir leur concentration avec encore moins d'effort que les membres du groupe contrôle. Cela correspondait à ce que nous avaient dit les moines. Lorsqu'ils pratiquaient cette forme de méditation pour la première fois, cela demandait un effort considérable, mais, avec l'expérience, ils pouvaient atteindre un état de vive concentration au prix d'un effort minimal. Cela correspond aussi à ce qu'un moine ressent durant une séance de méditation : un effort est nécessaire pour atteindre d'abord l'état de focalisation, mais on s'y installe ensuite, et un effort mental moindre est requis pour maintenir ce degré d'attention. Cela coïncidait également avec ce que nous avions constaté chez les retraitants de Barre lors du test du clignement attentionnel : grâce à la pratique de la méditation, leur activité mentale devenait plus calme mais non moins efficace, ce qui leur permettait de remarquer le premier stimulus à la faveur d'un effort d'attention minime, et leur en laissait assez pour remarquer le second.

Comment savions-nous que les experts montrant une si faible activation du circuit de l'attention ne laissaient pas leur esprit dériver vers d'autres pensées, comme le désir de sortir de ce fichu appareil pour aller déjeuner ? Durant leur méditation de concentration, toutes les six ou dix secondes, nous envoyions deux secondes de son dans leurs écouteurs (indispensables pour que les participants puissent entendre quelque chose malgré le vacarme de l'appareil IRM) : des sons soit neutres comme un bruit d'ambiance enregistré dans un restaurant, soit agréables comme les gazouillis d'un bébé, soit troublants comme les hurlements d'une femme. Cela aurait dû suffire à distraire n'importe qui, mais ce n'était pas le cas. En entendant ces sons, les novices montraient bien une réduction de l'activité des zones de l'attention et ils cessaient d'être focalisés sur le point. Chez les méditants habitués, on constatait aussi une réduction de cette activité. Les novices manifestaient une activité accrue dans les régions cérébrales associées aux pensées non contrôlées, à la rêverie et au traitement des émotions, ce qui reflétait sans doute leur agacement face à ce qui venait déranger leur concentration. Chez les méditants experts, aucune hausse de ce genre dans les régions liées à la distraction. Ils restaient focalisés. Par rapport au groupe contrôle, ils montraient aussi une activation moindre de l'amygdale en réaction aux sons émotionnels. Là encore, l'activation était inversement proportionnelle aux heures de pratique : plus d'heures de méditation se traduisaient par une activation moindre. Cette découverte confirme qu'un niveau avancé de concentration peut juguler la réactivité émotionnelle, surtout quand cette réactivité risque de perturber la concentration.

Cette étude, que nous avons publiée en 2007, prouvait que les systèmes d'attention du cerveau pouvaient faire l'objet d'un entraînement. Comme tout exercice – musculation, cyclisme ou apprentissage d'une langue étrangère –, cela provoque un changement durable du système concerné. En l'occurrence, ce changement est la capacité de conserver une concentration très affûtée pour une activité de moins en moins importante du circuit cérébral de l'attention.

L'AMOUR BIENVEILLANT OBSERVÉ PAR IRM

Je voulais en savoir plus sur les effets durables de la méditation de compassion et d'amour bienveillant et, une fois de plus, Matthieu m'a permis d'exaucer ce vœu. Cette fois, il m'a aidé à trouver six méditants de longue date, et j'ai recruté par annonce des personnes désireuses d'apprendre la méditation de compassion. Pour vous donner une idée de ce qu'implique cette forme de méditation, je voudrais répéter comment

Matthieu l'expliquait à nos recrues, auxquelles il dispensait un cours accéléré (une heure d'instruction suivie de quatre heures de pratique personnelle). « Pendant la séance d'entraînement, vous penserez à quelqu'un qui vous est cher, un de vos parents, de vos frères et sœurs, votre fiancé(e), et votre esprit se laissera envahir par un sentiment d'amour altruiste (souhaiter le bien-être) ou de compassion (souhaiter l'absence de souffrance) pour cette personne. Après l'entraînement, vous élargirez ce sentiment à tous les êtres, sans penser à une personne en particulier. Dans l'appareil, vous tenterez de générer cet état d'amour bienveillant et de compassion jusqu'à ce qu'un sentiment inconditionnel de bienveillance et de compassion imprègne tout votre esprit, comme une manière d'être, sans aucune autre considération ou pensée discursive. » Nous utilisions ensuite la même approche fondamentale que pour l'étude de la méditation d'attention, en demandant aux moines et aux novices d'alterner entre état de repos et état méditatif lorsqu'ils étaient dans l'appareil.

La tradition bouddhiste enseigne que, grâce à la méditation de compassion, les sentiments d'empathie naissent plus facilement, sans effort, et souvent accompagnés d'un désir d'agir pour le bien d'autrui. Nous n'allions pas recruter nos volontaires sur le site d'un accident de voiture pour voir comment ils se comportaient, mais l'activité cérébrale que nous avons mesurée suggère que cette tradition avait raison.

Comme pour l'étude de l'attention, nous diffusions des sons alors que les volontaires se trouvaient dans l'appareil d'IRM : des sons neutres (le restaurant), agréables (le bébé) ou pénibles (les cris). Chez tous les moines, la force de l'activation en réponse aux cris était plus grande durant la méditation de compassion qu'au repos, et plus grande que chez les méditants novices. C'était visible grâce aux pics d'activité dans l'insula, essentielle pour activer les réactions corporelles jouant un rôle dans la sensation de la souffrance d'autrui et donc dans l'empathie. L'activité augmentait aussi dans cette région (mais pas autant qu'en réaction aux cris de la femme) quand nos volontaires entendaient le bébé gazouiller – là encore, davantage chez les méditants experts que chez les novices, et davantage à l'état méditatif qu'à l'état de repos – ce qui confirme la vision bouddhiste traditionnelle, selon laquelle la méditation de compassion renforce le sentiment d'amour bienveillant en réponse à la joie des autres. En fait, quand nos moines et nos novices signalaient que telle séance de méditation avait été exceptionnellement propice pour cultiver la compassion, l'activité de ces régions de l'empathie était la plus forte.

Il y avait aussi une plus grande activation chez les moines que chez les novices dans un circuit associé à la lecture des états émotionnels et mentaux d'autrui, notamment le cortex préfrontal médian, la jonction temporo-pariétale, le sillon temporal supérieur postérieur et le cortex cingulaire postérieur. L'activité était plus grande dans le côté droit que dans le côté gauche pour plusieurs de ces régions, surtout la jonction temporo-pariétale et le sillon temporal supérieur postérieur, modèle qui est associé à l'altruisme autodéclaré. La plus forte hausse dans l'activation de ce circuit chez les experts que chez les novices suggère que les experts sont mieux aptes à détecter la souffrance d'autrui.

Le modèle d'activité cérébrale de ces gens *lorsqu'ils ne méditaient pas* était tout aussi curieux. Comme je l'ai dit plus haut, une mesure de ce genre indique si la méditation cause des changements durables dans le cerveau, changements qui persistent en arrière-plan même lorsque l'on n'est pas en train de méditer. L'électroencéphalogramme montrait que les oscillations gamma dans le cortex préfrontal étaient beaucoup plus prononcées dans le cerveau des méditants experts que dans celui des novices, avec une hausse notable de l'activation dans les régions associées à l'attention. Apparemment, la méditation de compassion réinitialise le cerveau, de sorte qu'il est toujours prêt à réagir à la souffrance des autres. La réaction diffère selon les circonstances, mais la méditation de compassion semble modifier le cerveau – en renforçant les oscillations gamma et en augmentant l'activation dans un circuit important pour l'empathie – de sorte qu'il y a toujours une réaction, quelle qu'elle soit. C'est un peu comme avoir une équipe de secouristes en attente : elle est prête à intervenir d'un instant à l'autre, tout comme le cerveau dans lequel la capacité de compassion a été cultivée.

LA COMPASSION À GRANDE VITESSE

Ayant établi que la méditation pratiquée de longue date pouvait entraîner dans le cerveau des changements susceptibles d'augmenter le compassion (j'écris

« pouvait » à cause de l'éventualité évoquée au début du chapitre : une étude comme celle-ci ne permet pas de déterminer si le cerveau des moines est ainsi grâce à la méditation, ou si leur cerveau originellement hors du commun les a poussés à se consacrer à une vie contemplative), j'ai voulu voir si une courte expérience de la méditation pouvait avoir un effet similaire.

En 2007, nous avons donc recruté quarante et un volontaires pour une étude qui, leur annoncions-nous, allait leur enseigner une technique pour améliorer leur bien-être. Nous les avons répartis de façon aléatoire en deux groupes : l'un apprendrait la méditation ; l'autre, la réévaluation cognitive. Dérivée de la thérapie cognitive, la réévaluation cognitive est une technique où – je simplifie très grossièrement – vous analysez une croyance néfaste pour vous demander si elle est fondée. Par exemple, quelqu'un qui souffre de dépression et qui pense n'avoir aucun talent apprend à adopter une attitude différente : cette personne dispose de certaines compétences formidables mais, dans certaines circonstances, beaucoup de gens ne donnent pas le meilleur d'eux-mêmes ; ce n'est pas la faute de cette personne, mais peut-être simplement de la situation où elle se trouve. De plus, la réévaluation cognitive l'encouragerait à ne pas éviter à l'avenir les situations où ce sentiment est apparu pour la première fois ; la personne pourrait ainsi apprendre à se sentir bien dans cette situation. Sur ce point, la thérapie consiste à signaler les erreurs de réflexion qui ont produit ces croyances ; le thérapeute et le patient travaillent ensemble pour aller à l'encontre de ces erreurs et pour minimiser l'évitement de la situation problématique. Cela aide la personne à distinguer entre causes internes et causes externes ; en attribuant la faute aux secondes plutôt qu'aux premières, la réappréciation cognitive peut considérablement améliorer le bien-être chez les dépressifs, des études l'ont montré. Même si cette technique peut paraître un peu simpliste, la réévaluation cognitive est l'un des traitements psychologiques les plus éprouvés pour la dépression et les troubles d'anxiété.

Le premier groupe a appris une forme de méditation de compassion. L'idée fondamentale est de visualiser et de contempler différents groupes de personnes. Vous commencez par visualiser un être cher – plus précisément, un être cher à une époque de sa vie où il a souffert. Avec cette image en tête, vous vous concentrez ensuite sur le souhait que sa souffrance prenne fin, et vous répétez en silence une phrase comme « Puisses-tu être libéré de toute souffrance, puisses-tu connaître la joie et la tranquillité », pour vous aider à vous focaliser sur cette tâche. Vous tentez aussi de remarquer toutes les sensations viscérales qui naissent en vous durant cette contemplation, en particulier autour du cœur – des battements qui ralentissent, peut-être, ou qui deviennent plus vigoureux, ou encore une sensation de chaleur dans la poitrine. Enfin, vous essayez aussi de ressentir la compassion sur le plan émotionnel au lieu de simplement y penser sur le plan cognitif. Après avoir fait cela pour un être cher, vous élargissez peu à peu le cercle de compassion pour y inclure d'abord vous-même, puis quelqu'un que vous êtes capable de reconnaître sans le connaître vraiment (le facteur, le chauffeur de bus, l'agent de police…), puis peut-être un voisin ou une personne qui travaille au même endroit que vous mais dont vous ne savez pratiquement rien, puis, plus difficile, une personne qui vous agace ou vous énerve, et enfin toute l'humanité. En utilisant un programme d'instruction en ligne, ce groupe a pratiqué la méditation de compassion trente minutes par jour pendant deux semaines.

Dans le groupe de réappréciation cognitive, les participants commençaient aussi par visualiser la souffrance d'un être cher, mais on leur suggérait de « recadrer » la souffrance. Le recadrage est une technique consistant à adopter différentes croyances quant aux causes de votre comportement ou des circonstances de votre vie. En l'occurrence, vous voyez que la souffrance pourrait ne pas être aussi extrême que d'autres formes de souffrance, et que tout pourrait bien se terminer, ou vous vous focalisez sur le fait qu'il existe d'énormes différences d'ampleur et de gravité dans l'adversité. On apprenait aussi aux membres du groupe à ne pas attribuer les choses négatives à des qualités leur appartenant, mais à voir la souffrance comme le résultat de circonstances externes. Par exemple, la raison pour laquelle quelqu'un ne trouve pas de conjoint n'est pas inhérente à lui-même, mais tient au fait que son travail l'empêche de sortir et de rencontrer des gens – or, c'est là quelque chose que nous pouvons contrôler et qui peut changer. Le groupe de réévaluation cognitive recevait aussi ses instructions en ligne, et a lui aussi pratiqué trente minutes par jour pendant deux semaines.

Comme d'habitude, avant le début de l'entraînement, nous avons réalisé des scans cérébraux de tous les participants. Pendant qu'un volontaire était couché dans l'appareil, nous lui présentions des images de souffrance humaine (un enfant brûlé ou une famille victime d'un accident de voiture). Nous nous concentrions sur l'amygdale, connue pour son rôle dans les sentiments de détresse. À l'encontre des idées reçues, nous pensions qu'après un entraînement à la compassion cette région ne serait plus aussi active en réponse aux images de souffrance. Le sentiment de détresse fait obstacle au désir d'aider – marque de la compassion – parce que, si vous souffrez vous-même, vous n'avez guère de réserve pour la souffrance des autres. En outre, nous pensions que le cortex préfrontal serait davantage activé parce que, en tant que siège des fonctions cognitives supérieures, il détient dans ses circuits complexes la représentation neuronale des buts de l'entraînement à la compassion : alléger la souffrance d'autrui.

Au bout des deux semaines d'entraînement, nous avons à nouveau enregistré l'activité cérébrale grâce à l'IRM tandis que les volontaires regardaient des images de souffrance. Ceux qui avaient été formés à la méditation de compassion présentaient un changement frappant dans leur fonctionnement cérébral, surtout dans l'amygdale : ils tendaient à montrer moins d'activation en réponse aux images de souffrance après l'entraînement à la méditation de compassion. Pouvait-il y avoir un effet d'habituation, version de labo de la « fatigue compassionnelle » que les gens éprouvent à force de voir s'enchaîner les tragédies humaines ? Pas selon notre groupe contrôle : chez ceux qui avaient été formés à la réévaluation cognitive, l'activité de l'amygdale en réponse aux images de souffrance était tout aussi forte qu'avant leur formation.

Cette baisse de l'activité de l'amygdale après l'entraînement à la compassion avait aussi des effets dans le monde réel. Après leurs deux semaines de formation, nous avons demandé à chaque participant de jouer à un jeu où il faut prendre des décisions économiques, jeu conçu pour mesurer le comportement altruiste. Pour gagner jusqu'à trente dollars (somme non négligeable pour des étudiants), ils étaient invités à jouer en ligne contre des adversaires vivants installés dans un autre bâtiment du campus. (En réalité, il n'y avait pas d'adversaires vivants ; ils jouaient contre un ordinateur. Nous avons tenté de leur faire croire qu'il y avait des humains de l'autre côté, eux aussi connectés à Internet, en faisant semblant de téléphoner à un scientifique censé se trouver avec ces adversaires et réclamant plus de temps pour qu'ils puissent lire les instructions.) Dès que tous les participants étaient prêts, nous leur expliquions qu'il y avait trois joueurs : un dictateur, une victime (appelons-la Jo) et eux-mêmes. Tout le monde sauf Jo a trente dollars pour commencer. Le dictateur offre à Jo une partie de son argent. S'il lui en donne très peu, disons cinq dollars, le participant peut dépenser un peu de son argent pour rendre la transaction plus juste, peut-être dix dollars. La somme que donne le participant est aussi prise au dictateur et offerte à Jo : dans cet exemple, Jo obtient donc vingt dollars en plus des cinq. Le participant, de son côté, a trente dollars moins dix, soit vingt.

Le responsable de l'expérience quittait alors la pièce, en laissant le participant prendre seul sa décision. Le but était d'être certain que la décision du participant n'était pas due à la pression implicite qu'il ressentait si on le regardait. Nous n'avons analysé que les données des participants qui croyaient à cette situation (soit 75 % d'entre eux).

On aurait pu penser qu'un individu ne ressentant guère de détresse face à la souffrance d'autrui (même si la souffrance de Jo n'était pas déchirante) n'aurait aucune raison de vouloir atténuer cette souffrance. Mais c'est le contraire qui se produisait. Les participants ayant suivi un entraînement à la méditation de compassion, et dont l'activité de l'amygdale en réponse aux images de souffrance avait diminué, étaient bien plus susceptibles de donner à Jo une partie de leur argent. En moyenne, ils dépensaient 38 % de plus que ceux qui avaient suivi la formation à la réévaluation cognitive.

Nous en avons conclu que la méditation de compassion entraînait trois changements. D'abord, elle diminue la détresse personnelle, ce que reflète l'activation moindre de l'amygdale. Ensuite, elle augmente l'activation de zones du cerveau associées au comportement orienté vers un but, comme le reflète l'activation accrue du cortex préfrontal dorsolatéral (en l'occurrence, le but est de soulager la souffrance du joueur exploité par un autre joueur). Enfin, elle augmente la connectivité entre le cortex préfrontal, l'insula (où se produisent les représentations du corps) et le noyau accumbens (siège de la motivation et de la récompense). Au lieu d'être déprimées par la souffrance, les personnes formées à la méditation de compassion développent une forte disposition à soulager la souffrance et à vouloir le bonheur des autres.

Permettez-moi de récapituler ce qu'ont montré nos études sur les méditants experts et sur les effets d'un cours de méditation relativement bref :

• La réduction du stress basée sur la pleine conscience renforce l'activation préfrontale gauche ; c'est la caractéristique des personnes extrêmement rapides à récupérer en termes de Résilience, avec une plus grande capacité à rebondir après une épreuve stressante.

• Une période plus intensive de méditation de pleine conscience améliore l'attention sélective et réduit le clignement attentionnel, ce qui vous fait gagner en concentration sur le spectre de l'Attention. Dans les deux cas, la pleine conscience renforce la régulation préfrontale des réseaux cérébraux impliqués dans l'attention, notamment en renforçant les connexions entre le cortex préfrontal et d'autres zones cérébrales importantes pour l'attention.

• La méditation de compassion peut vous pousser vers le pôle positif de la dimension Perspective ; elle renforce les connexions entre le cortex préfrontal et d'autres régions cérébrales importantes pour l'empathie.

• La méditation de compassion facilite aussi l'Intuition sociale, selon toute vraisemblance.

• On pourrait penser que la plupart des formes de méditation favorisent la Conscience de soi, du moins celle qui vous rend plus à l'écoute de vos sensations corporelles comme le rythme cardiaque, mais nous avons découvert que ni les formes tibétaines de méditation de pleine conscience ni les formes liées au yoga Kundalini n'étaient associées à de meilleurs résultats au test mesurant la conscience qu'une personne a de son rythme cardiaque.

• Enfin, nous savons très peu de choses sur l'impact des différentes formes de méditation sur la dimension Sensibilité au contexte ; il n'existe pas de recherche systématique sur la facilité avec laquelle un individu peut moduler ses réactions émotionnelles en fonction dudit contexte.

Dans le dernier chapitre, nous verrons comment certaines techniques spécifiques peuvent vous aider à modifier votre position sur le spectre des six dimensions du style émotionnel.

11

COMMENT TRANSFORMER VOTRE STYLE ÉMOTIONNEL

Ce que vous venez de lire – sur la découverte du style émotionnel, ses origines dans l'enfance et la découverte des modèles cérébraux qui déterminent où nous nous situons sur le spectre des six dimensions – retrace mon propre parcours scientifique, guidé par la certitude que les émotions méritent d'occuper une place centrale dans l'étude de l'esprit, autant que les pensées. Sans l'avoir vraiment cherché, je me suis aperçu que chacun d'entre nous était une combinaison unique des dimensions Résilience, Perspective, Intuition sociale, Conscience de soi, Sensibilité au contexte et Attention qui, prises toutes ensemble, décrivent comment vous percevez le monde et y réagissez, comment vous interagissez avec les autres et comment vous affrontez cette course d'obstacles qu'est la vie. Mon parcours scientifique a eu pour point culminant les études sur les méditants experts, décrites au chapitre précédent, qui ont montré que nous avons le pouvoir de vivre notre vie et d'entraîner notre cerveau de manière à modifier notre position sur le spectre des six dimensions du style émotionnel. Et c'est là que j'en arrive maintenant.

Je voudrais d'abord régler rapidement, et néanmoins respectueusement, la question de l'école de pensée selon laquelle « tous les styles se valent ». Comme je l'ai laissé entendre au chapitre 1, il existe certains styles émotionnels, certaines positions sur le continuum des six dimensions, qui rendent la vie plus difficile et plus pénible qu'elle ne doit l'être. Je ne prétends absolument pas que nous devions tous viser le milieu de chaque dimension. J'ai connu un tas de gens productifs, créatifs et fascinants qui assumaient leur vision lugubre de la vie (Perspective négative), leur hypersensibilité au contexte, leur manque de Résilience et leur Conscience de soi aiguë, des gens qui n'auraient pu imaginer vivre avec un style émotionnel différent. Même si vous vous reconnaissez dans ce portrait, même si vous voulez conserver ce pessimisme, cette sensibilité, cette névrose qui fait que vous êtes vous-même, vous aimeriez peut-être modifier un peu votre Attention, ou un autre aspect de votre style émotionnel, s'il vous empêche de forger les relations et d'atteindre les succès auxquels vous aspirez.

Une autre raison de vouloir changer est qu'occuper certaines positions sur le spectre de telle ou telle dimension pourrait vous être plus bénéfique, selon les situations. Vous estimez peut-être que votre Perspective pessimiste et négative vous incite à travailler plus dur (« Ce projet s'annonce comme un vrai désastre, donc je dois m'y investir à fond et annuler tous mes autres engagements de la semaine »), mais qu'il serait bon de vous rapprocher du pôle positif dans certaines situations sociales (« OK, je sais que je peux briller en société, allons-y ! »). Dans ce cas, la capacité de réguler à volonté votre position à l'intérieur de chaque dimension vous permettrait de réagir au mieux en toutes circonstances.

Cela est possible, jusqu'à un certain point. Vous pouvez choisir d'avoir une Attention plus ou moins concentrée. Vous pouvez décider de récupérer plus ou moins vite face à l'adversité. Vous pouvez choisir de voir le verre à moitié plein plutôt qu'à moitié vide. Et vous pouvez entraîner votre cerveau à être plus ou moins socialement intuitif, conscient de soi et sensible au contexte. Mais il y a des limites au progrès possible. Comme nous ne savons pas de quelle plasticité le cerveau émotionnel est susceptible, je ne peux pas vous promettre que vous pourrez passer d'un extrême à l'autre, et voir tout en rose alors que vous voyiez tout en noir, mais je pense que vous pouvez déplacer le curseur dans un sens ou dans l'autre. C'est important, parce qu'aucun des pôles d'un spectre n'est dans l'absolu meilleur ou pire que l'autre. Là encore, tout dépend de qui vous êtes, de ce que vous voulez, de ce qui fonctionne pour vous, de vos valeurs, et de votre situation. Je connais beaucoup de savants qui sont convaincus qu'être satisfait – se situer du côté positif de la dimension Perspective –, c'est être naïf, niais et inconséquent. Ou, comme qui dirait, « Qui est heureux n'a sûrement rien compris à la situation ».

Même si vous n'allez pas jusqu'à adopter le point le plus négatif de la dimension Perspective, vous devez réfléchir à ce que vous souhaitez. La plupart des gens choisiront sans doute de s'orienter vers l'extrémité positive, renforçant leur capacité à faire durer les émotions positives, mais une Perspective excessivement positive peut être tout à fait inadaptée et nous causer des ennuis. Les gens qui ont une Perspective systématiquement positive sont souvent incapables de retarder la satisfaction de leurs désirs. Ils ont du mal à évaluer les situations de manière réaliste, et leur optimisme excessif (« Je ne vois pas pourquoi je ne pourrais pas manger cette part de gâteau, je passerai un peu plus de temps à la gym demain » ou « Je crois que je vais acheter ces chaussures magnifiques, même si ça fait exploser mon budget, je n'aurai qu'à faire des heures supplémentaires ce mois-ci ») les pousse parfois à prendre de mauvaises décisions. Par conséquent, ils sont incapables de résister à la tentation immédiate pour atteindre un objectif plus lointain. Pour une raison assez semblable, ils peuvent avoir du mal à tirer la leçon de leurs erreurs : leur Perspective positive les pousse à voir leur erreur et ses conséquences comme étant sans importance, et l'expérience ne leur apprend rien (« Je n'ai pas eu ce poste parce que je ne me suis pas montré assez enthousiaste durant l'entretien ? Oh, je suis sûr que ça se passera mieux devant mon prochain employeur potentiel »). Des découvertes récentes suggèrent que certains individus ayant un très haut niveau d'émotion positive sont aussi plus enclins aux comportements à risque (abus de nourriture ou d'alcool, consommation de drogue). Ils sont aussi plus susceptibles de négliger les menaces, leur optimisme les rendant aveugles au danger. Une Perspective excessivement négative, à l'inverse, peut saper toute motivation et détruire votre vie sociale et professionnelle. Si vous supposez que rien de bon n'arrivera jamais, vous risquez de renoncer à l'amour, au travail et à la vie avant même d'essayer.

De même, on pourrait croire au premier abord qu'une plus grande Conscience de soi est préférable. Après tout, nous aimerions tous comprendre pourquoi nous éprouvons tel ou tel sentiment et ce que notre corps essaye de nous dire. Mais d'innombrables événements se produisent à l'intérieur de notre cerveau et de notre corps dont nous sommes inconscients. Ce n'est pas nécessairement une mauvaise chose. Inutile d'avoir conscience de tous les calculs mentaux nécessaires pour produire une phrase grammaticale, par exemple ; vous ne pourriez plus jamais en prononcer une. Vous n'avez peut-être pas besoin d'avoir conscience de tous les signaux corporels associés à l'émotion ; s'ils sont intenses, comme les pics de la pression sanguine et du rythme cardiaque, ils pourraient vous accabler et vous empêcher de penser et de voir clairement. Et il vaut mieux ne pas avoir conscience des signaux cérébraux qui régulent la respiration et le fonctionnement de votre cœur ; l'avalanche d'informations noierait tout le reste. Voici un cas plus réaliste de Conscience de soi extrême : les gens qui tressaillent à l'idée du contact de la laine ou de matériaux synthétiques contre leur peau, et qui jurent que cela leur donne l'impression que des insectes leur courent sur tout le corps. De même, vous connaissez peut-être quelqu'un qui ne peut tout simplement pas manger de (complétez ici par la phobie alimentaire qui vous paraît la plus agaçante), car cela lui donne le sentiment d'être ballonné, hébété ou nauséeux. Plutôt qu'un comportement névrotique censé attirer l'attention, cette hypersensibilité peut refléter une Conscience de soi extrême, une très forte capacité à percevoir les sensations sur la peau et dans le tube digestif. Voilà pourquoi la nature nous a rendus oublieux de tant de choses.

La plasticité de certaines des six dimensions a été mieux prouvée que d'autres. Par conséquent, nous disposons aussi de preuves plus solides des effets de certaines formes d'entraînement mental. De nouvelles recherches sont nécessaires pour identifier la forme optimale d'entraînement selon les individus. Pourtant, nous avançons dans la bonne direction, vers des interventions comportementales d'inspiration neuronale : des formes d'entraînement mental qui, en ciblant les modèles d'activité cérébrale et les circuits neuronaux spécifiques sous-tendant les six dimensions du style émotionnel, peuvent changer votre position sur le spectre de chacune d'elles.

Bien que mon travail se soit focalisé sur les bases cérébrales du style émotionnel, changer de position pour certaines des dimensions, ou pour toutes, n'est pas la seule solution. Au lieu de modifier votre style émotionnel pour qu'il corresponde mieux avec votre monde, vous pouvez changer votre monde, votre environnement immédiat et la façon dont vous structurez votre vie, pour mieux tenir compte de votre style émotionnel. Prenons le cas de Mike, l'adolescent autiste que je vous ai présenté au chapitre 7. Il minimise son besoin d'interaction avec autrui et réduit ainsi les efforts que la présence d'autres gens coûte à son amygdale suractive. De même, une personne qui n'est pas particulièrement sensible au contexte social et a donc du mal à se comporter de manière adéquate dans différentes situations peut trouver un emploi qu'elle exerce depuis chez elle. Ainsi, elle n'a pas à réajuster son comportement chaque fois que son environnement social change, entre chez elle et son lieu de travail et de même au retour, chose que son hippocampe a du mal à faire. Et une personne lente à récupérer en termes de Résilience pourrait opter pour un emploi qui ne l'oblige pas à affronter des situations de crise, et ainsi se protéger des conséquences de la mollesse de son cortex préfrontal. Si vous connaissez votre style émotionnel, vous pouvez vous fabriquer une vie qui en tienne compte.

Mais ce type d'arrangement n'est pas toujours possible ; nous n'avons pas toujours le choix de travailler depuis chez nous, et encore moins de changer brusquement de carrière. En outre, même si vous avez l'occasion de modifier votre environnement physique ou social, les avantages risquent d'être éphémères. L'emploi dont vous pensiez qu'il vous éviterait de devoir sans cesse affronter des crises, et qui devait donc mieux convenir à votre manque de Résilience, ne vous protège en rien des crises personnelles qu'on ne peut éviter : mort d'un être cher, catastrophe naturelle ou maladie. À l'inverse, changer votre style émotionnel en intervenant sur la machinerie neuronale qui le sous-tend promet des résultats plus durables. Dans les pages suivantes, je propose donc des suggestions spécifiques pour vous montrer comment construire un univers professionnel et relationnel qui utilise les forces de votre style émotionnel et s'accommode de ses faiblesses. Je me focaliserai néanmoins sur la possibilité de modifier votre position sur chacune des six dimensions en ciblant leur fondement cérébral. C'est toute la différence entre lire des livres en gros caractères et subir une opération des yeux.

Vous pouvez éventuellement revenir au chapitre 3 et à ses questionnaires, pour vous rappeler votre style émotionnel. C'est votre point de départ. Après ce préambule, voici comment vous pouvez changer votre position sur le spectre de chaque dimension et modifier votre environnement pour mieux en tenir compte.

PERSPECTIVE

Pour décider si vous souhaitez avoir une Perspective plus positive ou plus négative, il vous faut savoir si vous souffrez de dépression légère (ou pire), à un pôle, ou si au contraire vous agacez vos amis et collègues par votre constant optimisme irréaliste, à l'autre pôle. Une Perspective excessivement positive, comme nous l'avons dit, vous empêche aussi de tirer les leçons de vos erreurs et de différer la satisfaction immédiate pour obtenir plus tard une récompense plus intéressante. L'incapacité à retarder la gratification est la marque d'une Perspective extrêmement positive. Déplacer votre position vers l'extrémité négative résoudrait ces deux problèmes. D'un autre côté, une Perspective excessivement négative peut saper votre motivation et vider vos relations humaines de toute joie ; devenir plus positif ajouterait un peu de sel à votre existence.

Comme nous l'avons vu au chapitre 4, une Perspective positive reflète une forte activité du striatum ventral (du noyau accumbens, en particulier, qui traite le sentiment de récompense), du pallidum ventral (également interconnecté au striatum ventral, et doté d'une sensibilité exquise au plaisir hédonique) et du cortex préfrontal qui, par sa fonction de planification, aide à soutenir l'activité du noyau accumbens. Une Perspective négative reflète une faible activité dans ces zones et de faibles connexions entre elles. À en juger d'après la popularité des livres et des sites Internet qui promettent les secrets du bonheur, je parie que la majorité des gens souhaitent augmenter leur capacité à conserver les émotions positives plutôt que de rester démoralisés. Il faut donc augmenter l'activité du striatum ventral ou du cortex préfrontal, ou des deux, et renforcer les connexions entre eux.

L'une des fonctions principales du cortex préfrontal est de prévoir les choses. Vous pouvez donc la renforcer exactement comme vous renforceriez vos biceps : par l'exercice. Quand vous vous trouvez dans une situation où vous êtes tenté par une récompense immédiate mais où vous savez qu'un choix plus malin, plus sûr, plus sain, meilleur d'une manière ou d'autre, est d'attendre une récompense ultérieure et supérieure, prenez le temps de vous focaliser sur cette récompense à venir plus tard. Regardez ces brownies que vous avez confectionnés pour le dessert et, plutôt que de les goûter dès 15 heures, convoquez dans votre esprit l'image mentale du dîner. Représentez-vous apportant les brownies à table. Imaginez votre culpabilité à la perspective d'en manger un deuxième. Visualisez votre tour de taille ou votre taux de cholestérol. Et maintenant, imaginez combien vous savourerez votre brownie avec votre famille ou vos amis parce que vous saurez que vous n'avez pas abusé auparavant. Si nécessaire, trouvez de quoi détourner votre attention du brownie de 15 heures. Cette stratégie renforce la fonction de planification du cortex préfrontal en vous forçant à envisager une issue future positive.

Ce que je vais suggérer semblera peut-être aussi aberrant que de dire à un alcoolique de passer plus de temps au bar, mais tant pis : recherchez les situations où une récompense immédiate vous attire, et résistez à la tentation ! Ne soyez pas trop ambitieux au départ. Si vous voulez résister aux sirènes du shopping, allez dans les magasins sans votre carte de crédit, mais avec un peu de liquide en cas d'urgence. Vous pourrez ainsi vous entraîner à résister, et d'autant plus aisément que vous n'avez pas la somme nécessaire pour faire des achats. Mais, en vous focalisant sur les avantages que vous procurera l'argent ainsi économisé (financer les études de vos enfants, rembourser votre prêt immobilier), vous consoliderez votre résistance, vous renforcerez votre cortex préfrontal et votre striatum ventral, pour le jour où il sera plus difficile de résister à une promesse de gratification immédiate. Entraînez-vous chaque jour un quart d'heure, en passant tout ce temps à visualiser la récompense ultérieure. Continuons avec cet exemple : une fois capable de vous focaliser sur la récompense différée, augmentez la difficulté en allant dans les magasins avec votre carte de crédit. Ne vous accablez pas de reproches si vous faites une rechute : vous avez le droit de vous faire plaisir de temps à autre. L'idée est qu'en exerçant votre capacité de prévision et de planification vous consolidez votre cortex préfrontal et sa connexion au striatum ventral. Simplement, veillez à bien vous accorder le plaisir différé une fois le moment venu : après avoir imaginé que vous devez d'abord payer le nécessaire avant de vous autoriser un achat superflu, sentez-vous libre de réellement procéder audit achat lorsqu'il est devenu possible. Ainsi, vous entraînez votre esprit à croire que l'avenir imaginé finit par advenir.

Focalisez-vous chaque jour sur divers types de récompense différée : pour votre santé, pour votre porte-monnaie, pour vos relations personnelles. Essayez de pratiquer cet exercice chaque jour pendant une semaine, et voyez si cela fait une différence. Même si vous ne pouvez pas regarder dans votre cerveau pour voir si les connexions entre cortex préfrontal et striatum ventral ont été renforcées, si vous vous apercevez que vous pouvez plus facilement réévaluer les avantages relatifs d'une récompense immédiate et d'une récompense différée (et rejeter la première), c'est que l'opération a porté ses fruits. Et vous êtes désormais mieux capable de conserver vos émotions positives.

Un autre moyen de renforcer les connexions entre le cortex préfrontal et le striatum ventral est une technique appelée « thérapie du bien-être », élaborée par Giovanni Fava, de l'université de Bologne[1]. Conçue pour renforcer les diverses composantes du bien-être – autonomie, maîtrise de l'environnement, relations interpersonnelles positives, épanouissement personnel, motivation, acceptation de soi – cette thérapie permet aux gens de progresser vers le pôle positif de la dimension Perspective, et donc de conserver plus longtemps leurs émotions positives. Même si nous ne disposons pas de scans du cerveau avant et après, tout ce que nous savons sur les circuits cérébraux sous-tendant ces composantes donne à penser que la thérapie du bien-être renforce le cortex préfrontal et ses connexions avec le striatum ventral.

Chaque jour pendant une semaine, faites ces trois exercices :

• Notez l'une de vos qualités et une qualité d'une personne avec qui vous avez interagissez régulièrement. Faites cela trois fois par jour. Dans l'idéal, changez de caractéristique chaque fois, mais si ne trouvez rien d'autre que le côté « serviable » de votre collègue de bureau, ce n'est pas grave.

• Exprimez régulièrement votre gratitude. Faites attention lorsque vous dites « merci ». Regardez droit dans les yeux la personne que vous remerciez et efforcez-vous de ressentir le maximum de gratitude authentique. Tenez votre journal ; tous les soirs, notez le nombre de fois où vous avez éprouvé une connexion réelle, même brève, avec une autre personne alors que vous exprimiez de la gratitude.

• Complimentez régulièrement les autres. Cherchez les occasions de le faire, comme quand une mission a été bien accomplie sur votre lieu de travail, quand votre voisin a embelli son jardin, ou même quand une inconnue porte un manteau magnifique. Regardez droit dans les yeux la personne que vous complimentez. Dans votre journal, notez le nombre de fois où vous avez éprouvé une connexion réelle avec la personne que vous complimentiez.

Au bout d'une semaine, prenez le temps de réfléchir aux changements que vous avez remarqué dans votre Perspective. Selon toute vraisemblance, vous découvrirez que vos émotions positives durent un peu plus longtemps et que vous devenez plus optimiste. (À propos, je ne vous conseille pas de vous mettre à insulter les gens ni d'être ingrat si vous estimez avoir une Perspective trop positive. Tenez-vous-en plutôt à la prévision d'issues négatives futures, comme je l'explique plus loin.) Comme pour l'exercice physique, vous aurez sans doute besoin de trouver comment entretenir vos acquis. Une fois que votre Perspective sera devenue aussi positive ou négative que vous le souhaitiez, il est important de continuer les exercices à une fréquence suffisante pour vous maintenir dans la zone optimale à vos yeux.

Si, au lieu d'adopter une Perspective plus positive, vous souhaitez vous déplacer vers le pôle négatif de cette dimension, alors votre but est de réduire l'activité du noyau accumbens ou du striatum ventral, ou des deux, ou d'affaiblir les connexions entre eux. Si vous vous trouvez trop optimiste, au point d'en être coupé du réel, vous devriez envisager les issues négatives possibles de tel ou tel comportement. Si vous envisagez un achat onéreux, prenez le temps de réfléchir aux possibles conséquences négatives de ce choix. Si vous êtes tenté d'acheter une nouvelle voiture alors que la vôtre roule très bien, mettez noir sur blanc tout ce qui pourrait vous détourner de ce projet, tout ce qui pourrait aller de travers : sa valeur baisse énormément dès que vous vous mettez au volant et quittez le concessionnaire, vous devrez faire beaucoup plus attention en conduisant ou en vous garant afin d'éviter le moindre accroc (ce qui vous était bien égal avec votre voiture actuelle), les remboursements mensuels vous obligeront à vous priver d'autres choses que vous aimez, etc.

Si vous avez besoin d'aller vite, en plus ou à la place des exercices qui modifieront les bases neuronales de votre dimension Perspective, vous pouvez transformer votre environnement afin de tenir compte de votre position sur ce spectre. Si vous tentez de vous déplacer vers le pôle positif, remplissez votre lieu de travail et votre maison de rappels encourageants, optimistes, de rappels des moments et des gens heureux qui donnent un sens à votre vie (des photos des êtres qui vous sont chers ou de lieux que vous associez à un fort sentiment positif). Changez souvent d'image, jusqu'à une fois par semaine, afin de ne pas vous y habituer ; il peut s'agir des mêmes gens et des mêmes lieux, mais de photos différentes. Si vous préférez, à l'inverse, rendre votre Perspective *moins* positive, entourez-vous de rappels des menaces à votre bien-être : descriptions de catastrophes naturelles, menaces environnementales et économiques. (Étant donné l'état de la planète, il devrait suffire d'écouter une radio d'information ou de lire les grands titres de la presse quotidienne.)

Tout comme Mike avait trouvé un arrangement qui lui permettait de vivre mieux malgré son autisme, il est possible de modifier votre environnement pour que votre Perspective ne soit plus un handicap. La première étape est de trouver des gens qui pensent comme vous ; rien n'est plus inconfortable que d'être LA personne super négative au sein d'un groupe de gens qui voient le verre à moitié plein, ou d'être LA personne super positive parmi des gens dont l'humeur ordinaire est la terreur existentielle. En outre, puisque les individus occupant le pôle négatif de la dimension Perspective ont souvent un faible niveau d'énergie, il peut être bon de vous trouver un métier pas trop exigeant, où l'on dépasse rarement le nombre d'heures prévues ; travailler dans la finance ou le journalisme si vous vous situez à l'extrémité négative de la dimension Perspective n'est sûrement pas une bonne idée. Vous vous sentirez bien mieux dans un emploi où il est bon d'envisager le pire d'une personne ou d'une situation : services de sécurité, forces de l'ordre, ou poésie angoissée.

CONSCIENCE DE SOI

« Inconscience béate » est une expression trompeuse : être aveugle et sourd à ce que votre corps tente de vous dire est le meilleur moyen de passer à côté d'importants signes de maladie : une fièvre qui signale une infection ou un serrement de poitrine annonciateur d'une attaque cardiaque. Être opaque à soi-même a aussi des conséquences dans les relations humaines : si vous ne vous rendez pas compte que votre pression sanguine augmente et que votre risque cardiaque accélère parce que vous êtes en colère, il y a peu de chances que votre énervement se dissipe avant une réunion cruciale à votre travail, avant de rencontrer l'un des enseignants de votre enfant, avant de reprendre votre voiture à l'heure de pointe, ou de faire n'importe quelle chose pour laquelle votre colère sera mauvaise conseillère. D'un autre côté, être extrêmement conscient de soi peut conduire à l'hypocondrie et aux crises de panique, ainsi qu'à la paralysie de votre vie émotionnelle. Si vous êtes constamment assiégé de messages sur l'état de votre esprit et de votre cœur (« Oh oh, voilà que je suis à nouveau nerveux » ou « Et voici le raz-de-marée de la colère »), votre existence peut devenir difficile.

Au chapitre 4, j'ai expliqué que les personnes ayant un haut de degré de conscience de soi (émotionnelle ou physique) avaient une plus forte activation de leur insula, alors que les personnes ayant une conscience de soi très limitée avaient une moindre activation de cette zone. À l'extrême, un très haut niveau d'activité de l'insula semble associé à une hyperconscience du moindre petit changement de votre respiration ou de votre rythme cardiaque, qui se produit parfois dans le trouble de panique. Pour progresser vers le pôle « conscient de soi », vous devez augmenter l'activation de votre insula ; pour vous en éloigner, vous devez la diminuer.

Grâce aux recherches sur le trouble de panique, nous savons comment réduire l'activité de l'insula qui vous rend trop conscient de vous-même. Le traitement le plus reconnu pour le trouble de panique est la thérapie cognitive comportementale. Avec cette approche, les patients apprennent à recadrer ou à réévaluer l'importance d'indices corporels internes. Par exemple, si vous ressentez une douleur dans la poitrine ou une autre sensation que vous interprétez comme un signal de danger, dites-vous que vous éprouvez beaucoup de sensations qui sont parfaitement inoffensives, et que celle-ci doit en être une aussi. Ce genre de recadrage cognitif, qui réduit l'activité de l'insula, entraîne souvent une réduction considérable des symptômes de panique.

Au lieu de devenir moins conscient de votre corps, de vos pensées et de vos sentiments en réduisant l'activité de votre insula, vous pouvez aussi réduire la réactivité du reste de votre cerveau aux signaux de l'insula. Il s'agit fondamentalement de modifier votre rapport à vos pensées, émotions et sensations corporelles afin de ne pas être pris dans une boucle sans fin, qui se renforce constamment (votre cœur s'arrête de battre ; vous vous dites « Je suis en train de faire une crise cardiaque » ; votre rythme cardiaque accélère brusquement ; et ainsi de suite) et de ne pas en venir à la conclusion hâtive qu'un aspect de ce que vous ressentez est signe de catastrophe imminente. Le truc, c'est d'empêcher votre esprit de ruminer en réponse à ces indices internes. Au lieu de viser la Conscience de soi excessive qui vient de l'insula, l'idée est donc de réduire l'activité de l'amygdale et du cortex orbitofrontal, qui forment un circuit attribuant une valeur émotionnelle aux pensées et aux sensations. En réduisant l'activité de ce circuit, le cerveau peut commencer à percevoir les pensées, émotions et sensations de façon moins hystérique, sans les juger, pour que nous ne nous laissions plus accaparer par notre bavardage interne. On reste très conscient de soi, mais ce n'est plus handicapant.

Pour réduire l'activation de l'amygdale et du cortex orbitofrontal, l'un des moyens les plus efficaces est la méditation de pleine conscience. Avec cette forme d'entraînement mental, vous vous habituez à observer vos pensées, sentiments et sensations d'instant en instant, sans les juger, en les envisageant simplement comme ce qu'ils sont : des pensées, des sentiments, des sensations, rien de plus et rien de moins. En apprenant à observer sans juger, vous pouvez briser la chaîne d'associations qui naît en général de chaque pensée. « Oh, il faut que j'arrête de me tracasser pour mon travail » devient : « Ah, c'est intéressant, une pensée concernant mes problèmes au travail vient d'entrer dans ma conscience. » « Aïe, mon genou me fait trop mal » devient : « Tiens, tiens, un signal de mon genou a atteint mon cerveau. » Si ces observations tournent au jugement, comme elles ont tendance à le faire (« Je n'aurais pas dû attendre la dernière minute pour rendre ce rapport ! »), essayez de revenir au processus de simple observation.

Il faut souvent une pratique considérable pour installer ces habitudes de pleine conscience, mais nos recherches indiquent qu'on remarque très vite une petite différence. Beaucoup de gens déclarent en ressentir les bienfaits après seulement vingt minutes de pratique.

La meilleure formation à la pleine conscience que je connaisse est un cours de MBSR, la forme laïque de méditation de pleine conscience la plus largement enseignée aujourd'hui dans les centres médicaux. Le site Internet du centre de pleine conscience de l'université du Massachusetts propose ce type de cours. Vous pouvez aussi vous procurer un CD qui fournit des instructions détaillées sur la méditation de pleine conscience, comme ceux réalisés par Jon Kabat-Zinn ou Sharon Salzberg.

Si vous voulez faire un essai avant de suivre un vrai cours de méditation de pleine conscience, vous pouvez commencer par prendre conscience de votre propre respiration :

• Choisissez un moment de la journée où vous êtes particulièrement vif et éveillé. Asseyez-vous, par terre ou sur une chaise, en maintenant le dos droit et en gardant une posture détendue mais ferme, afin de ne pas vous endormir.

- Maintenant, concentrez-vous sur votre respiration, sur les sensations qu'elle distille dans votre corps. Remarquez les mouvements de votre diaphragme chaque fois que vous inspirez et que vous expirez.
- Focalisez-vous sur le bout de votre nez, en notant les différentes sensations qu'entraîne chaque respiration.
- Quand vous remarquez que vous avez été distrait par des pensées ou des sentiments sans rapport avec l'exercice, ramenez simplement votre attention sur votre respiration.

Vous pouvez pratiquer les yeux ouverts ou fermés, selon ce qui vous paraît le plus confortable. Je vous recommande des séances de cinq à dix minutes, idéalement deux fois par jour. Quand vous vous sentirez plus à l'aise, vous pourrez adopter des séances de plus en plus longues.

Quand vous sentez que vous vous êtes habitué à la respiration de pleine conscience, abandonnez votre respiration comme ancrage de votre attention et laissez celle-ci se poser sur ce qui domine votre esprit conscient à ce moment précis, qu'il s'agisse d'une pensée, d'un sentiment ou d'une sensation corporelle. Cultivez la conscience de ce qui se passe sans y penser et sans le juger.

Vous pouvez essayer un autre exercice que je pratique, le « scan corporel » :

- Asseyez-vous par terre ou sur une chaise, en maintenant le dos droit et en gardant une posture détendue mais ferme, afin de ne pas vous endormir.

- Promenez votre attention à travers tout votre corps de manière systématique, d'un point au point voisin, orteil, pied, cheville, jambe, genou… Remarquez la sensation attachée à chaque membre – picotement, pression ou température. Ne pensez pas aux parties du corps, mais concentrez-vous sur les sensations. Vous cultivez ainsi la conscience de votre corps dans le cadre du non-jugement.
- Si vous commencez à vous laisser entraîner par une série de pensées ou de sentiments, vous pouvez vous refocaliser sur votre respiration afin de calmer votre esprit.

Je recommande d'essayer le scan corporel pendant cinq à dix minutes, idéalement deux fois par jour. Au bout de quelques semaines, vous devriez vous rendre compte que votre rapport à vos pensées, sentiments et sensations a changé : vous êtes désormais capable de les accueillir avec moins de panique, de jugement ou d'obsession. Vous êtes capable d'en prendre conscience sans vous laisser aspirer par le tourbillon qu'ils créent souvent. En renforçant la conscience sans jugement, vous empêchez vos pensées et sentiments de confisquer votre esprit.

Paradoxalement, l'une des stratégies les plus efficaces pour augmenter l'activité de l'insula, et donc devenir *plus* conscient de soi, est aussi de pratiquer la méditation de pleine conscience. Une étude de 2008 a découvert que les personnes qui pratiquent la méditation de pleine conscience tous les jours depuis huit ans ont une insula plus grande que les personnes du même âge et du même sexe qui ne méditent pas[2]. Comment la même pratique peut-elle à la fois augmenter et réduire la Conscience de soi ?

La réponse tient à la façon dont la Conscience de soi apparaît et à ce que nous entendons exactement par cette notion. Si vous êtes tellement envahi par les sensations internes que vous avez du mal à fonctionner, c'est sans doute que vous avez un niveau normal de signaux internes, et donc un niveau normal d'activité de l'insula, mais que vous réagissez à ces signaux par des pensées et sentiments catastrophistes. Dans cette situation, la méditation de pleine conscience transformera votre réactivité aux signaux en baissant le volume dans votre amygdale et votre cortex orbitofrontal. Mais si vous avez du mal à distinguer les indices corporels internes, la méditation de pleine conscience peut les amplifier en renforçant le rôle de l'insula. Autrement dit, la méditation de pleine conscience a un effet régulateur sur l'esprit. Si vous manquez de Conscience de vous-même, elle peut vous aider à rendre vos sensations internes plus saillantes et plus vives. Si vous êtes hyperconscient, que vous sentez et entendez vos signaux internes trop fort et trop intensément, elle peut vous conférer une égalité d'humeur qui vous rendra moins sensible à tout ce bruit interne. Cette équanimité contribuera finalement à faire disparaître ce bruit.

Comme pour chaque dimension du style émotionnel, un changement durable sera obtenu grâce à la pratique mentale modifiant les modèles d'activité neuronale concernés. Mais vous pouvez aussi réorganiser votre environnement pour encourager ou décourager la Conscience de soi. Pour booster la Conscience de soi, réduisez les distractions et choisissez un environnement paisible, où il est plus facile de percevoir les sentiments et les sensations internes. Ce sont là les « signaux » que vous devez détecter ; tout ce qui vous entoure, c'est le bruit. En réduisant le bruit, vous pouvez augmenter le ratio signal/bruit. Pour réduire la Conscience de soi, faites le contraire : organisez votre environnement de manière à avoir plus de stimuli externes sur lesquels vous concentrer. Laissez la radio allumée, par exemple, mais sans non plus que cela devienne un bruit de fond. Faites plusieurs choses à la fois, relevez vos courriels tout en regardant la télévision, ou écoutez de la musique en travaillant. Cela vous laissera moins de ressources attentionnelles à consacrer aux sensations internes, et cela réduira votre ratio signal/bruit.

ATTENTION

Un indice évident pour savoir si vous êtes trop concentré en termes d'Attention : vos proches ou vos collègues se plaignent de ce que vous ne les entendiez même pas quand vous travaillez. Autre indice : vous vous concentrez tellement sur un aspect d'une situation que vous ne voyez plus le tableau d'ensemble, comme l'étudiant qui se préoccupe tant de la police de caractères et de la mise en pages d'un devoir à rendre qu'il ne s'aperçoit même pas que sa dissertation est incohérente. D'un autre côté, être non concentré est un enfer, qu'une bonne partie de l'industrie pharmaceutique est ravie de traiter, surtout si vous êtes un adolescent. Vous n'entendez pas ce qu'on vous dit parce que vous êtes dans votre bulle, vous êtes souvent incapable de terminer une tâche sans vous laisser distraire par une autre, et, quand vous lisez, vous vous apercevez, arrivé au bas d'une page, que vous avez oublié ce qu'il y avait en haut.

Le pôle « concentré » de la dimension Attention est le résultat d'une activation renforcée dans les régions cérébrales – notamment le cortex préfrontal et le cortex pariétal – qui constituent un circuit d'attention sélective. Le cortex préfrontal est essentiel pour maintenir l'attention, tandis que le cortex pariétal sert de gouvernail au cerveau, en dirigeant et en focalisant l'attention sur des cibles spécifiques. Inversement, à l'autre extrémité du spectre, celle des personnes non concentrées, le cortex préfrontal est hypoactif et l'attention est captée par le moindre stimulus : tout ce qui se passe autour de vous attire votre attention. Vous dérivez d'un stimulus à l'autre, sans barreur interne pour guider votre attention. Améliorer votre concentration exige donc une activité accrue des cortex préfrontal et pariétal.

Si vous souffrez d'être trop concentré, alors votre objectif devrait être de réduire l'activité du cortex préfrontal. Cela ouvrirait davantage votre esprit à l'information venant de votre environnement, par exemple à cet enfant qui entre dans votre bureau, chez vous, et vous supplie de jouer avec lui. Ce type d'attention se caractérise par un haut niveau de verrouillage de phase face aux stimuli de votre environnement : ces stimuli se synchronisent alors avec les oscillations neuronales en cours. Il en résulte une posture attentionnelle plus réceptive.

Pour améliorer la concentration, je recommande une fois encore la méditation de pleine conscience. Lors de recherches récentes dans mon labo, nous avons découvert que les méditants experts, lorsqu'ils se concentrent simplement sur un objet, montrent un plus haut degré d'activation du cortex préfrontal et du cortex pariétal. Suivez les instructions de la section « Conscience de soi », ci-dessus, pour la respiration de pleine conscience et le scan corporel. Une fois à l'aise avec ces pratiques, vous pouvez passer à la méditation d'attention focalisée, également appelée concentration sur un point :

• Dans une pièce calme, sans rien qui puisse vous divertir, asseyez-vous les yeux ouverts. Trouvez un petit objet comme une pièce de monnaie, un bouton sur votre chemise ou encore les œillets de votre chaussure. Il est important que votre attention se porte sur un objet visuel plutôt que sur votre respiration, votre image corporelle ou tout autre objet mental.

• Focalisez toute votre attention sur cet objet. Maintenez votre regard fixé dessus.

• Si votre attention s'égare, tentez de la ramener en douceur vers cet objet.

Faites cela tous les jours, au départ pendant une dizaine de minutes. Si vous vous apercevez que vous êtes capable de rester concentré sur toute la durée de l'exercice, ou presque, prolongez-le chaque mois d'environ dix minutes, jusqu'à atteindre une heure.

Si vous avez l'impression que votre attention est trop concentrée et souhaitez l'élargir pour mieux vous ouvrir au monde, la méditation de pleine présence peut vous faire progresser vers ce pôle de la dimension Attention. Dans cette méditation également appelée « de surveillance ouverte », votre attention n'est fixée sur aucun objet particulier. Vous cultivez plutôt la conscience de la conscience même. Je recommande de commencer par une forme de méditation d'attention focalisée, en vous concentrant sur votre respiration, ce qui vous procurera déjà une stabilité attentionnelle et rendra plus facile la méditation de surveillance ouverte, dont voici les principales étapes :

- Asseyez-vous dans une pièce calme, sur un siège confortable, le dos droit mais le reste du corps détendu. Gardez les yeux ouverts ou bien fermez-les, selon ce qui vous est le plus facile. Si vous avez les yeux ouverts, baissez-les et laissez-les flotter dans le vague.

- Soyez ouvert à votre environnement et conservez-en une conscience claire. Ayez l'esprit calme et détendu, sans le focaliser sur quoi que ce soit de particulier. Qu'il reste totalement présent, clair, vif et transparent.

- Intéressez-vous en passant au premier objet qui affleure à la surface de votre conscience, sans pour autant vous fixer dessus. Vous devez observer le processus même, peut-être en vous disant : « Tiens, je remarque que la première chose à laquelle je pense alors que je médite est... »

- Accordez toute votre attention à l'objet courant le plus saillant dans votre conscience, en vous focalisant dessus à l'exclusion de toute autre chose, mais sans y penser. Vous en êtes simplement conscient, vous l'observez de façon aussi désintéressée que possible, mais sans l'explorer intellectuellement. Pensez à cet objet d'attention comme si c'était un tableau encadré dans un musée ou une image tirée d'un film, sans grand rapport avec vous.

- Créez un état d'ouverture totale, où l'esprit est aussi vaste que le ciel, capable d'accueillir et d'absorber toute pensée, sentiment ou sensation égarée comme une nouvelle étoile. Quand des pensées surgissent, laissez-les simplement vous traverser l'esprit sans qu'elles n'y déposent aucune trace. Quand vous percevez des bruits, des images, des goûts ou d'autres sensations, laissez-les tels qu'ils sont, sans vous y intéresser, sans les rejeter. Dites-vous que rien de cela ne peut affecter la parfaite sérénité de votre esprit.

• Si vous remarquez que votre esprit se déplace vers une autre pensée ou un autre sentiment, laissez-le faire, autorisez ce nouveau venu à se glisser dans votre conscience. Contrairement aux formes de méditation destinées à renforcer l'attention, vous n'avez pas ici à chasser la pensée « intruse » : laissez votre esprit se tourner vers elle. La principale différence par rapport à la méditation focalisée sur le souffle est que, dans la surveillance ouverte, il n'y a pas de point unique vers lequel rediriger l'attention si elle s'égare. Simplement, vous devenez conscient de ce qui est votre centre d'attention à chaque instant.

• Tournez-vous vers ce nouvel objet d'attention comme vous l'avez fait pour le premier.

• Continuez pendant cinq à dix minutes.

Nombre d'adeptes de cette forme de méditation estiment qu'elle développe une sorte de conscience panoramique, grâce à laquelle ils ont connaissance de leurs pensées et sentiments ainsi que de leur environnement extérieur. Une étude que nous avons réalisée en 2009 explique pourquoi[3]. En utilisant l'électro-encéphalogramme, nous avons découvert que, lorsque les gens pratiquent la méditation de surveillance ouverte, cela module leurs ondes cérébrales d'une manière qui les rend plus réceptifs aux stimuli extérieurs – grâce au verrouillage de phase, marque de l'Attention concentrée. Rappelez-vous la métaphore du lac au chapitre précédent : si vous lancez une pierre dans un lac paisible, vous voyez clairement les ondes se répercuter à la surface de l'eau, mais si le lac est agité, vous aurez du mal à discerner le changement produit par votre caillou. De même, si notre esprit est calme, nous serons réceptifs aux stimuli qui nous parviennent : c'est le verrouillage de phase entre les oscillations corticales et ces stimuli.

Aux États-Unis, nombre de centres proposent des cours de méditation de surveillance ouverte. Vous pouvez aussi trouver des instructions sur Internet, ou vous procurer les CD et les livres commercialisés par ces centres spécialisés. Transformer votre capacité d'attention exige de la pratique, mais comme l'attention est la pierre angulaire de tant d'autres choses, l'effort me paraît justifié. Et je suis sûr que, pour la plupart des gens, les bienfaits se font vite sentir.

Comme pour les autres dimensions, vous pouvez aussi organiser votre environnement en fonction de votre style d'Attention, en minimisant le risque que ce dernier vous empêche d'atteindre vos objectifs. Pour être davantage concentré, vous devez réduire les occasions de distraction. Simplifiez votre environnement, surtout votre lieu de travail, pour éliminer le maximum de stimuli externes. Cela signifie réduire les bruits, surtout les conversations ; si vous pouvez fermer la porte, faites-le. Entraînez-vous à faire une seule chose à la fois. Si vous êtes en train de poster sur Facebook ou d'autres réseaux sociaux, ne faites que cela, sans écouter de la musique en même temps. Quand vous utilisez un ordinateur, n'ouvrez qu'un programme à la fois : un moteur de recherche ou votre boîte aux lettres, mais pas les deux. Si vous utilisez votre traitement de texte, un tableur ou un autre programme, fermez le moteur de recherche et votre boîte aux lettres, et coupez toute alerte sonore vous avertissant des messages qui arrivent.

Si vous êtes au contraire hyperconcentré, vous pouvez essayer de créer un environnement qui vous aide à élargir votre attention. Éparpillez des livres et des magazines, pour être tenté d'en feuilleter un, même si vous êtes censé vous concentrer sur autre chose. Si vous travaillez sur ordinateur, laissez la porte de la pièce ouverte afin d'entendre le monde extérieur, et ayez de la musique en fond sonore. Si vous avez une fenêtre, ne l'obturez pas avec des rideaux ou des stores, et placez votre bureau de manière à pouvoir aisément regarder dehors, où il doit y avoir toutes sortes de distractions. Placez des photos de vos proches à proximité, pour les regarder tout en travaillant. Faites sonner l'alarme de votre téléphone toutes les vingt ou trente minutes afin de briser votre concentration, pour vous forcer à prendre en compte le monde qui vous entoure.

RÉSILIENCE

Au premier abord, il peut paraître étrange de vouloir être plus lent à récupérer face à l'adversité, mais il arrive effectivement que l'on soit trop rapide à récupérer. Pour avoir une vie émotionnelle saine, vous devez pouvoir ressentir vos propres émotions et y réagir, ce qui est difficile si vous passez trop vite d'une chose à une autre. Puisque nous avons tendance à utiliser la durée d'une émotion pour en évaluer l'intensité, rebondir tout de suite après une épreuve risque de vous donner l'impression que vous êtes incapable de vivre les émotions aussi intensément que vous le voudriez. Pour avoir des relations saines, vous devez pouvoir ressentir les émotions des autres et y réagir : si vous êtes extrêmement résilient, les autres peuvent vous percevoir comme dénué de sensibilité ou inaccessible sur le plan émotionnel. Être très rapide à récupérer, après avoir été témoin de la souffrance ou du malheur d'autrui, peut nous empêcher d'éprouver de l'empathie. Une partie de la réponse empathique consiste à sentir la douleur de l'autre. Des recherches récentes montrent que lorsque nous faisons preuve d'empathie, le cerveau active les mêmes réseaux que lorsque nous ressentons nous-mêmes de la douleur, physique ou autre.

Les avantages d'une grande rapidité à récupérer sont plus évidents. Si les échecs vous gâchent la vie pendant une longue période, cela peut vous empêcher d'atteindre vos objectifs et rendre les relations humaines difficiles. Prisonnier de votre bourbier émotionnel, vous risquez d'en venir à négliger votre famille, vos amis et votre travail.

La marque cérébrale des personnes lentes à récupérer est que des signaux moins nombreux ou plus faibles vont du cortex préfrontal à l'amygdale, suite à une faible activité du cortex préfrontal ou à des connexions insuffisantes entre le préfrontal et l'amygdale. Les dépressifs lents à récupérer – la moindre déception, la moindre contrariété les mine – ont une connectivité très faible dans cette zone.

Être rapide à récupérer face à l'adversité, en revanche, est le résultat d'une forte activation du cortex préfrontal gauche en réponse aux épreuves et d'une forte connectivité entre ce cortex et l'amygdale. Si vous pensez avoir besoin de booster votre Résilience, vous devez donc augmenter l'activité de votre cortex préfrontal (surtout du côté gauche) et/ou renforcer les voies neuronales entre ce cortex et votre amygdale. Si vous pensez être tellement résilient que vous avez éliminé une partie de votre réponse émotionnelle naturelle face aux autres, alors votre but est de calmer l'activité du cortex préfrontal et d'affaiblir ses connexions avec l'amygdale.

Pour cultiver la Résilience et récupérer plus vite après un échec, je recommande la méditation de pleine conscience. Parce qu'elle produit un équilibre émotionnel, la pleine conscience vous aide à récupérer, mais pas trop vite (tout comme elle vous aide à vous concentrer, mais pas à l'excès). La pleine conscience affaiblit la cascade d'associations d'idées qui fait qu'un échec nous obsède. Par exemple, la perte de votre emploi peut entraîner les pensées « chômage », « plus de couverture sociale », « perdre la maison » et « je ne peux pas continuer ». La pleine conscience renforce les connexions entre cortex préfrontal et amygdale, favorisant une égalité d'humeur qui vous aide à résister à ce genre de spirale. Quand vos pensées se mettent à bondir d'une catastrophe à la suivante dans cette chaîne de malheurs, vous disposez des moyens mentaux pour marquer une pause, observer cette pente délétère de votre esprit, remarquer que c'est un processus mental intéressant, et ne pas vous laisser entraîner dans l'abîme. Je vous recommande de commencer par une forme simple de méditation, comme la pleine conscience de votre respiration, décrite plus haut.

Si la pratique de la pleine conscience ne vous rapproche pas autant que vous le voudriez du pôle « rapide à récupérer » de la dimension Résilience, la réévaluation cognitive peut vous aider. Cette technique, qui est une forme de thérapie cognitive, apprend aux gens à recadrer l'adversité, jusqu'à leur faire considérer qu'elle n'est ni aussi extrême ni aussi durable qu'ils le croient. Par exemple, si vous avez commis une erreur au travail à cause de laquelle, désespéré, vous vous reprochez de n'être pas bien malin, craignez de répéter la même erreur et de gâcher ainsi votre carrière. C'est ce genre de pensées que la réévaluation cognitive cherche à corriger. Au lieu d'envisager l'erreur comme représentative de votre travail, vous apprenez à la percevoir comme un accident de parcours, qui aurait pu arriver à n'importe qui. Au lieu de croire que cette erreur reflète quelque chose de permanent et de fondamental en vous, vous envisagez d'autres explications possibles : vous étiez dans un mauvais jour, vous n'aviez pas assez dormi la veille, vous êtes faillible comme tout le monde, etc. En contestant la justesse de vos pensées habituelles, la réévaluation cognitive peut vous aider à recadrer les causes de votre comportement, et donc de la détresse qui vous affecte. Ce type d'entraînement cognitif vise directement le cortex préfrontal et provoque une inhibition préfrontale accrue de l'amygdale, ce qui est le modèle cérébral de la Résilience.

Pour vous entraîner à la réévaluation cognitive, mieux vaut vous tourner vers un thérapeute expérimenté. Aaron T. Beck, inventeur de la thérapie cognitive, a fondé le Beck Institute for Cognitive Therapy and Research, à Bala Cynwyd, en Pennsylvanie, qui propose de nombreuses ressources en ligne (www.beckinstitute.org).

Si vous souhaitez au contraire devenir plus lent à récupérer, peut-être pour renforcer votre capacité d'empathie, vous devez affaiblir les connexions entre le cortex préfrontal et l'amygdale. Il existe très peu de recherches à ce sujet, mais une stratégie possible est de vous focaliser sur l'émotion négative ou la douleur que vous ressentez après un échec. Cela peut aider à faire durer l'émotion, au moins un moment, et à augmenter l'activation de votre amygdale. Vous pouvez aussi vous concentrer sur la souffrance d'un tiers, pourquoi pas en la décrivant par écrit : « Aaron est en pleine galère. Son ex-petite amie utilise sa carte de crédit, son emploi de gardien de sécurité est compromis parce qu'il s'est fait surprendre par la police sur un site pédophile, et il risque d'être chassé de l'appartement dont il est locataire. Il est désespéré, et quand il croit que personne ne le voit, il pleure comme un veau. » Utilisez ce type de description pour vous concentrer sur les aspects particuliers de la souffrance que vous voulez éprouver en réaction à la situation d'un tiers. Cet exercice peut se traduire par une activation plus soutenue du cortex cingulaire antérieur, de l'insula et de l'amygdale, circuit impliqué dans la douleur et la détresse.

Vous pouvez aussi pratiquer un type de méditation issu de la tradition bouddhiste tibétaine appelée *tonglen*, qui signifie « prendre et recevoir ». Conçue pour cultiver la compassion, elle consiste à visualiser une autre personne qui souffre, à prendre sa souffrance et à la transformer en compassion. Cette méditation est très efficace pour augmenter l'empathie. Essayez d'abord pendant cinq à dix minutes, quatre ou cinq fois par semaine :

• Visualisez aussi nettement que possible une personne qui souffre. Cela peut être un parent ou un ami qui est malade, un collègue qui a des soucis au travail, un voisin dont le couple bat de l'aile. Plus proche est cette personne, plus claire et plus forte sera la visualisation. (Si vous avez la chance de ne connaître personne qui souffre, essayez de visualiser un type d'individu, un enfant qui meurt de faim au Soudan, un pauvre qui fouille les ordures à Delhi ou un patient atteint du cancer à l'hôpital.)

• Chaque fois que vous inspirez, imaginez que vous absorbez la souffrance de cette personne. Ressentez-la dans votre chair : tout en inspirant, imaginez que sa douleur et son angoisse entrent par vos narines, remontent votre nez et descendent dans vos poumons. S'il est trop difficile d'imaginer que vous vous emparez physiquement de cette souffrance, imaginez qu'elle sort de la personne chaque fois que vous inspirez. Quand vous inspirez, représentez-vous la douleur et l'angoisse qui quittent le corps de cette personne comme le brouillard est chassé par un beau soleil.

• Chaque fois que vous expirez, imaginez que cette souffrance se transforme en compassion. Dirigez cette compassion vers la personne : imaginez votre souffle qui s'avance vers elle, comme un don d'empathie et d'amour qui l'enveloppera et pénétrera en elle pour calmer sa douleur.

Il existe par ailleurs des moyens d'arranger votre environnement pour accueillir différentes formes de Résilience. Pour récupérer plus vite face à l'adversité, essayez de quitter le lieu où l'épreuve s'est produite et pour en rejoindre un autre, moins chargé émotionnellement. Par exemple, si vous venez de vous disputer avec votre conjoint, quittez la zone de combat et allez vous promener dehors, ou au moins sortez de la pièce. Pour rebondir moins vite et sentir la détresse plus longtemps et plus intensément, essayez de faire le contraire : restez dans l'environnement associé à un échec ou une difficulté, ou entourez-vous d'objets qui vous les rappellent. Certaines personnes affirment ne ressentir aucune empathie pour les victimes de catastrophes naturelles. Si vous voulez devenir moins insensible, essayez de coller sur votre frigo des photos de victimes de tsunamis et de séismes, par exemple. Cela pourrait vous aider à ressentir leur souffrance.

INTUITION SOCIALE

En matière d'Intuition sociale, tout le monde cherche certainement à être le plus socialement intuitif possible. La recherche sur l'intelligence émotionnelle et sociale n'affirme-t-elle pas, en effet, qu'avoir cette compétence est synonyme de réussite en amour, au travail et dans la vie en général ? Mais il est aussi possible d'être tellement focalisé sur les indices et événements sociaux que notre vie quotidienne s'en trouve gênée. Si, par exemple, vous ne pouvez interagir avec vos collègues sans saisir derrière les mots toutes les allusions perfides que s'envoient des ennemis jurés, vous risquez d'avoir du mal à évoluer dans ce milieu au mieux de vos capacités.

Le cerveau d'un individu perplexe en termes d'Intuition sociale se caractérise par une faible activité du gyrus fusiforme et par une forte activité de l'amygdale. À l'autre extrémité, on constate un haut degré d'activation du fusiforme et une activité de l'amygdale faible à modérée, ce qui permet au sujet de détecter même des signes sociaux subtils. Améliorer l'Intuition sociale exige de renforcer l'activité du fusiforme et de réduire celle de l'amygdale ; à l'inverse, réduire l'hyperintuition exige de modérer l'activité du fusiforme et de booster celle de l'amygdale.

Pour augmenter l'activité du fusiforme en vue d'avoir une meilleure Intuition sociale, la première chose à faire est d'être attentif. Pour détecter les indices sociaux, surtout les plus subtils, vous devez vous focaliser sur ce qui se passe autour de vous : ton de la voix, langage du corps, expression du visage. C'est avant tout une question d'entraînement :

- Commencez avec des inconnus. Quand vous êtes dehors, en public, choisissez un couple ou un petit groupe d'amis et observez-les discrètement. Soyez très attentif à leur visage, qui communique tant d'informations sociales. N'oubliez pas de regarder le visage des gens quand vous les observez, surtout quand vous interagissez avec eux.

- Essayez de deviner s'ils vont se toucher (ou pas), s'ils vont marcher l'un à côté de l'autre, s'ils se regarderont dans les yeux en parlant.

• Approchez-vous de sorte à pouvoir les écouter (à condition d'être discret ; je vous recommande de faire cet exercice dans un lieu public bondé, une fête, un magasin ou l'entrée d'un cinéma). Vérifiez si leur intonation semble correspondre à ce que dit leur corps ou leur visage.

• Si elle ne correspond pas, c'est sans doute que vous avez mal compris quelque chose. Prenez-en note et appliquez la leçon aux prochaines personnes que vous observerez.

• Quand vous pensez être devenu capable de deviner ce que les gens ressentent, essayez avec vos amis ou vos collègues.

Vous pouvez aussi cultiver l'Intuition sociale par le biais de la méditation de pleine conscience. Dans ce cas, vous pouvez faire de l'observation des signaux sociaux l'objet de votre pleine conscience.

Entraînez-vous maintenant à prêter attention au regard des gens, qui offrent les signaux les plus sûrs quant à leur état émotionnel. Sur www.paulekman.com, Paul Ekman propose une formation aux micro-expressions, ces expressions fugaces du visage qui ponctuent l'interaction sociale. Parce qu'elles sont si brèves, nous passons souvent à côté et nous manquons ainsi des signaux importants. Même si la recherche ne nous a pas encore confirmé si cette formation vous pemettrait de mieux repérer les signaux sociaux, il est probable que tout entraînement à détecter ces indices augmente l'activation de la zone fusiforme et du sillon temporal, zone des lobes temporaux souvent activée en réponse aux stimuli sociaux. En vous rendant plus habile à lire le langage des visages et des yeux, cet entraînement devrait aussi vous pousser à vous y intéresser davantage, ne serait-ce que parce qu'ils sont désormais pleins de sens pour vous.

La voix, la posture et le langage du corps transmettent aussi des indices sociaux et émotionnels. Des exercices spécifiques peuvent augmenter votre sensibilité à ces autres vecteurs de communication :

• Pour renforcer votre sensibilité aux indices vocaux de l'émotion, quand vous êtes dans un lieu public comme le métro, un café, un magasin où des gens bavardent entre eux, ou encore un terminal d'aéroport, fermez les yeux et prêtez attention aux voix qui vous entourent. Écoutez certaines voix, concentrez-vous non sur leur contenu mais sur leur ton.

• Décrivez ce qu'exprime ce ton : sérénité, joie, attente enthousiaste, anxiété, stress, etc. Faites le test en fermant les yeux, puis rouvrez-les pour vérifier comment évolue la situation réelle. Un tête-à-tête interrompu par le départ brusque de l'un des deux interlocuteurs a sans doute été caractérisé par des émotions négatives plutôt que positives.

• Maintenant, faites la même chose en observant les postures et le langage du corps. Quand vous écoutez une conversation, notez comment les interlocuteurs s'orientent l'un vers l'autre, s'ils sont assis ou debout, quels gestes ils font.

• Choisissez un vecteur de communication non verbale – intonation, langage du corps – sur lequel vous vous concentrez pendant une journée entière. Dans le métro, au travail, quand vous observez votre famille, vos amis ou vos collègues, recherchez les occasions de vous détacher de la situation, ne serait-ce qu'une minute, pour être observateur et non participant. Et entraînez-vous aux trois premières étapes décrites ci-dessus, en vous concentrant sur le vecteur choisi.

• Le lendemain, changez de vecteur et répétez l'exercice.

À mon avis, vous serez surpris de constater combien cet exercice simple peut très vite améliorer votre sensibilité aux indices sociaux.

Si, inversement, vous vous sentez débordé par les signaux que les gens émettent en permanence, au point de vouloir vous rapprocher du pôle « perplexe » du spectre de l'Intuition sociale, il faut laisser votre zone fusiforme se reposer. (Entendons-nous bien, il s'agit de recevoir et de percevoir moins de signaux sociaux, pas de réduire leur effet sur vous ; celui-ci est lié à votre Résilience, donc si vous avez l'impression d'être une éponge psychologique, qui absorbe les sentiments de tout votre entourage, à votre détriment, utilisez les exercices qui vous rendront plus rapides à récupérer.) Évitez de regarder les gens dans les yeux. Utilisez votre entraînement à l'attention pour éviter de vous concentrer intensément sur le ton de la voix ou le langage du corps. En sollicitant moins votre aire fusiforme, vous réduirez son activité de base et vous deviendrez moins conscient du langage non verbal des signes sociaux.

Il existe également des moyens de modifier votre environnement pour tenir compte de votre degré d'Intuition sociale. Si vous vous situez parmi les personnes socialement perplexes et que vous ne souhaitez pas changer, organisez vos journées de manière à passer relativement peu de temps avec des gens, surtout des inconnus. Cela limitera les situations où vous vous trompez sur le sens des signes sociaux. Travailler depuis votre domicile ira dans le même sens. En revanche, si vous vous trouvez à l'autre bout du spectre de l'Intuition sociale et que vous vous laissez trop aisément distraire par les indices sociaux, limitez vos interactions sociales à certains moments de la journée où ils ne peuvent pas vous accabler. Interagir avec les autres lors de vos pauses et de vos repas plutôt que tout au long de la journée peut limiter ce genre de perturbations. Si vous êtes étudiant, travailler chez vous plutôt qu'en bibliothèque, au café ou dans quelque autre lieu public, limitera les intrusions sociales.

SENSIBILITÉ AU CONTEXTE

Ne pas savoir évaluer le contexte social peut entraîner, dans certains cas, des réponses émotionnelles inappropriées. Il est bon de ressentir une anxiété extrême dans les situations dangereuses mais pas quand vous êtes en sécurité ; si vous ne faites pas la différence, vous souffrez peut-être de trouble de stress post-traumatique. À l'autre extrémité du spectre – un cas plus rare –, être trop à l'écoute du contexte peut vous faire perdre de vue votre véritable personnalité : vous adaptez systématiquement votre comportement en fonction des circonstances. Dans ce cas, être un peu plus déconnecté ne serait pas mauvais. Les personnes très connectées au contexte tendent à avoir de fortes connexions de l'hippocampe aux zones du cortex préfrontal, qui contrôlent les fonctions exécutives et qui stockent les souvenirs à long terme dans le néocortex. Les personnes déconnectées ont, aux mêmes endroits, des connexions plus faibles.

Très peu de recherches ont été menées sur la manière de renforcer ou d'affaiblir ces connexions. Les meilleurs données dont nous disposons viennent de la recherche sur le TSPT, en particulier sur le traitement appelé « thérapie d'exposition ». Cette intervention consiste à exposer de plus en plus directement la personne aux indices spécifiquement associés au trauma, mais dans un contexte sans danger. Par exemple, si une femme a été agressée dans une rue sombre et a peur chaque fois qu'elle sort de chez elle, le thérapeute peut commencer par lui apprendre un exercice de respiration qui lui permet de rester calme quand elle est confrontée à des sources d'anxiété. Puis il peut lui demander d'imaginer la rue où elle a été agressée. Une fois qu'elle en est devenue capable, le thérapeute peut l'emmener dans le quartier en question, puis dans la rue même, toujours en compagnie de quelqu'un en qui elle a confiance et en plein jour. Si ce quartier est sûr dans la journée, la thérapie aidera la victime à distinguer entre le contexte diurne et nocturne. L'essence de la thérapie d'exposition est d'aider les patients à assimiler peu à peu la sécurité du contexte actuel par opposition au danger du contexte traumatique.

Le succès de la thérapie d'exposition nous permet de penser qu'une bonne stratégie pour renforcer la Sensibilité au contexte consiste à s'habituer peu à peu aux indices qui vous rendent anxieux ou en colère :

- Pour vous détendre, commencez par une simple technique respiratoire empruntée au hatha yoga. Les yeux fermés, prêtez attention à votre respiration comme vous le feriez pour la méditation de pleine conscience, en comptant la durée de chaque inspiration et de chaque expiration.

- Une fois que vous avez compté plusieurs fois, allongez votre cycle de respiration pour qu'il dure une seconde de plus. Continuez à l'allonger tant que vous vous sentez à l'aise, puis maintenez ces respirations longues pendant cinq minutes.
- Remarquez si l'inspiration et l'expiration ont la même durée. Si l'une est plus longue, tentez d'allonger l'autre afin que leur durée soit la même. Faites cela pendant cinq minutes, puis rouvrez les yeux.

Une fois que vous êtes à l'aise avec cet exercice, passez à l'entraînement contextuel. J'utiliserai l'exemple d'un patron qui vous angoisse tellement que vous transpirez rien que de penser à lui, et que ce sentiment négatif affecte votre vie de famille. Le même principe s'applique à toute autre source d'anxiété ou de crainte :

- Dressez la liste des éléments et des comportements qui vous perturbent chez votre patron. Peut-être se plante-t-il devant vous à intervalles réguliers. Peut-être vient-il traîner près de votre bureau vers 16h55, pour être sûr que vous ne partez pas avec une minute d'avance. Peut-être juge-t-il de façon impitoyable tous les travaux que vous lui soumettez. Soyez aussi exact et détaillé que possible.
- Ensuite, dans un contexte sécurisant (chez vous, le week-end), convoquez peu à peu, délicatement, des images mentales associées à votre patron. Représentez-vous exactement à quoi il ressemble lorsqu'il vous observe à la fin de la journée. Imaginez son visage lorsqu'il lit vos rapports.
- En même temps, faites l'exercice de respiration présenté ci-dessus. Continuez jusqu'à ce que vous vous sentiez

à l'aise et détendu alors même que vous imaginez le visage furieux de votre patron et sa façon de se planter devant vous. Consacrez un quart d'heure à cet exercice.

Au bout de quatre séances, vous devriez éprouver les bienfaits de cet entraînement, et vous trouverez que vous n'avez pas perdu votre temps. En améliorant votre capacité à différencier le contexte du travail et celui de votre domicile, cet exercice devrait vous aider à différencier les contextes de façon plus générale, et donc à avoir des réactions émotionnelles plus adaptées à chaque situation. Même si aucune étude n'a encore comparé l'activité cérébrale avant et après ce genre d'entraînement, le fait que la thérapie d'exposition aide les victimes de TSPT suggère qu'elle fonctionne en renforçant les connexions allant de l'hippocampe au cortex préfrontal et à d'autres zones du néocortex.

Aucune recherche n'a cherché expressément à éloigner des gens du pôle « déconnecté » du spectre de la Sensibilité au contexte, aucune étude n'a porté sur les moyens d'affaiblir les connexions de l'hippocampe au cortex préfrontal et au néocortex. Mais si vous pensez qu'être moins connecté vous aiderait à cesser de modifier votre comportement pour l'adapter à chaque contexte nouveau, je vous recommande les exercices qui cultivent la Conscience de soi. En devenant plus conscient de vos pensées, sentiments et sensations corporelles, vous pourrez mieux réguler vos réponses émotionnelles afin qu'elles ne soient plus aussi aisément affectées par le contexte extérieur.

Vous pouvez aussi adapter votre environnement à votre Sensibilité au contexte. Si vous n'êtes pas très connecté, réduisez le nombre de contextes différents que vous fréquentez. Préférez les soirées où il y a beaucoup de gens que vous connaissez, plutôt qu'une foule d'inconnus. Si vous voyagez, essayez de le faire avec un proche ; ainsi, même quand l'environnement physique sera nouveau pour vous, l'environnement social restera familier et confortable. Inversement, si vous pensez être tellement connecté que vous adaptez sans cesse votre comportement à votre environnement, au point de manquer de naturel, essayez de limiter le nombre de contextes dans lesquels vous évoluez afin de réduire les changements que ces situations nouvelles impliquent en vous. Cela vous ramènera au noyau dur de votre esprit, à ce qui, dans votre fonctionnement mental, reste inchangé quel que soit le contexte.

MODIFIER SON CERVEAU EN TRANSFORMANT SON ESPRIT

Tous les exercices proposés dans ce chapitre agissent sur l'esprit pour modifier le cerveau. Qu'ils soient inspirés de traditions contemplatives millénaires ou des techniques psychiatriques du XXIe siècle, ils ont le pouvoir de modifier les systèmes neuronaux qui sous-tendent chacune des six dimensions du style émotionnel. Toute décision de faire évoluer sa position sur le spectre de l'une ou l'autre de ces dimensions ne devrait se prendre qu'après mûre réflexion : votre style émotionnel vous empêche-t-il d'être la personne que vous voulez être et de mener la vie à laquelle vous aspirez ? Pour répondre à cette question, il faut bien sûr être conscient de soi. Or, lorsqu'il s'agit de comprendre nos réactions émotionnelles, la Conscience de soi est une denrée rare. J'espère que les questionnaires du chapitre 3 vous ont aidé sur ce plan. Par ailleurs, celui ou celle que vous êtes aujourd'hui ne détermine pas une fois pour toutes celui ou celle que vous serez demain, j'espère aussi vous l'avoir montré. Chacun crée son propre style émotionnel. Les émotions nous aident à apprécier les autres et le monde qui nous entoure ; elles donnent un sens à notre vie et contribuent à notre accomplissement. Puisse chacun d'entre vous s'épanouir, trouver le bien-être et aider les autres à faire de même.

REMERCIEMENTS

Il ne se passe pas un jour sans que je songe avec une profonde gratitude au groupe de personnes extraordinaires avec qui j'ai le privilège de travailler dans mon laboratoire depuis des années. Ce livre est l'aboutissement de trente-cinq ans de recherches. Quand j'étais étudiant à Harvard, trois de mes mentors, Gary Schwartz, Jerome Kagan et David McClelland, ont joué un rôle-clef en m'enseignant la psychologie telle qu'on la comprenait à l'époque et en m'inspirant le désir de faire ce que je fais aujourd'hui ; je leur dois beaucoup. Ce que j'ai appris alors sert toujours de fondation à mon travail d'aujourd'hui, mais ce qui fait aujourd'hui mon quotidien de scientifique – les méthodes que j'utilise, les concepts qui me guident – n'était, pour sa plus grande part, tout simplement pas envisageable quand j'étais étudiant. Les résultats que j'ai obtenus sont le fruit des efforts d'une armée de jeunes étudiants dévoués, de thésards et de chercheurs envers qui je suis extrêmement reconnaissant. Une liste exhaustive de mes anciens étudiants, doctorants et collaborateurs occuperait bien des pages.

Je sais qu'il existe aussi un « effet de récence », bien connu en psychologie : nous privilégions les informations les plus récentes même si elles ne sont pas les plus importantes. Au risque de commettre cette erreur, je nommerai pourtant quelques membres indispensables de mon labo, qui ont dirigé les projets essentiels décrits dans ce livre. Les études sur les méditants experts, décrites aux chapitres 9 et 10, n'auraient jamais pu être menées à bien sans Antoine Lutz. Antoine a rejoint mon labo en 2002. Il a été le dernier étudiant du grand neurobiologiste Francisco Varela, l'un des fondateurs de la neurophénoménologie, et l'un des premiers défenseurs des neurosciences contemplatives, même si le terme n'existait pas encore à l'époque de Francisco, mort prématurément d'un cancer du foie en 2001.

Notre recherche sur les bases neuronales de la méditation, la régulation des émotions, le style émotionnel et la psychopathologie a été menée par un groupe d'étudiants et de jeunes scientifiques extraordinairement talentueux, avec qui j'ai le privilège de travailler depuis plusieurs années. Parmi eux figuraient Melissa Rosenkranz, Helen Weng, Heleen Slagter, Kim Dalton, Brendon Nacewicz, Andy Tomarken, Daren Jackson, Carien Van Reekum, Tom Johnstone, Heather Urry, Chris Larson, Jack Nitschke, Tim Salomons, Jeff Maxwell, Alex Shackman, Aaron Heller, Drew Fox, Stacy Schaefer, Regina Lapate, Brianna Schuyler, Jamie Hanson, Sharee Light, Jessica Kirkland, Allison Jahn et quelques étudiants plus récents comme David Perlman, Daniel Levenson, Joe Wielgosz et Jenny Liu. La recherche translationnelle menée dans notre nouveau Center for Investigating Healthy Minds a été rendue possible par deux formidables nouvelles scientifiques, Lisa Flook et

Emma Seppela, et par notre professeur de méditation maison, dédiée à la recherche sur les enfants, Laura Pinger.

Outre ces jeunes scientifiques, j'ai eu la chance d'avoir de merveilleux collaborateurs, ici à Madison et dans le monde entier. Je tiens à mentionner ma collaboration avec Paul Ekman, l'un des grands psychologues de l'émotion. Paul s'est intéressé à moi et à ma carrière alors que je n'étais encore qu'étudiant, et nous sommes restés en contact depuis. La série d'études que nous avons réalisée dans les années 1990 a contribué à poser les fondements des neurosciences affectives.

Ici, à l'université du Wisconsin, mon plus ancien collaborateur est mon excellent collègue et ami Ned Kalin. Ned est un psychiatre de talent et un scientifique très créatif. J'ai tant appris à son contact. Carol Ryff dirige l'Institute on Aging ; j'ai travaillé avec elle pour des études sur le vieillissement et le bien-être. Elle est l'une des personnes à avoir souligné l'importance d'un rapprochement entre le monde culturel et le monde psychosocial de la biologie. Bill Busse, à la faculté de médecine, est l'un des experts mondiaux de l'asthme ; sans son implication personnelle, nous n'aurions jamais commencé à étudier l'asthme. Marilyn Essex, de la faculté de psychiatrie, a été une formidable collaboratrice dans le cadre de nos études sur l'adolescence. Elle a recueilli avec ténacité un ensemble de données formidable auprès d'un groupe qu'elle a suivi depuis la naissance, et elle nous a gracieusement permis de faire venir dans notre labo ces individus devenus adolescents pour leur faire passer un scan IRM. Cette collaboration commence tout juste à porter ses fruits. Hill Goldsmith est psychologue du développement et étudie le tempérament des enfants ; il nous a aidés dans nombre de nos études développementales. Marsha Seltzer dirige le Waisman Center, où réside notre Brain Imaging Lab et le Center for Investigating Healthy Minds. Le Waisman Center est un grand centre de recherches interdisciplinaires où travaillent des membres de vingt-six facultés différentes. Marsha est une directrice exceptionnelle et une amie personnelle de longue date. C'est vraiment un honneur et une joie que d'entrer chaque jour dans le Waisman Center.

Outre tous les scientifiques qui ont joué un rôle si important dans ma carrière, il y a le personnel administratif de mon labo, qui s'est montré absolument extraordinaire. Je salue en particulier l'incroyable dévouement d'Isa Dolski, qui m'a accompagné pendant l'essentiel de ma carrière à l'université du Wisconsin. C'est une personnalité radieuse, une travailleuse acharnée, et quelqu'un sur qui je peux compter pour toujours faire le bon choix. Elle a rendu mon travail et ma vie incomparablement plus faciles. Mon assistante administrative, Susan Jensen, est à mes côtés depuis près de dix ans ; elle aussi est une personne merveilleuse, qui travaille avec grâce et dévouement. En 2009, nous avons ouvert le Center for Investigating Healthy Minds, qui coordonne nos nouveaux travaux en neuroscience comparative, décrits aux chapitres 9 et 10. Bonnie Thorne, Mel Charbonneau et notre nouvelle directrice exécutive, Barb Mathison, ont tous été extraordinaires et ont contribué à concrétiser ce rêve. Notre comité consultatif stratégique, présidé par notre principal donateur, Ulco Visser, et où siègent Steve Arnold et Jim Walsh, nous a prodigué ses précieux conseils, particulièrement nécessaires durant les premières étapes, celles de l'élaboration. Notre comité consultatif scientifique – Thupden Jinpa (interprète de Sa Sainteté le dalaï-lama), David Meyer, de l'université du Michigan, et John Dunne, d'Emory University – nous a fait des remarques extrêmement utiles, nous permettant d'éviter quelques erreurs embarrassantes. John, grand spécialiste du bouddhisme, a été un collaborateur essentiel à plusieurs de nos travaux sur la méditation, et son point de vue de savant contemplatif ne fut pas un luxe mais une nécessité pour faire avancer cette recherche.

Certaines traditions contemplatives possèdent le concept de *Sangha*, qui désigne une « communauté » d'individus réunis par l'esprit ou par le cœur. J'ai eu la chance d'avoir un immense *Sangha*, en grande partie grâce à l'excellent travail du Mind and Life Institute, organisme à but non lucratif au conseil d'administration duquel je participe, et qui s'est fixé pour mission d'encourager le dialogue entre la science occidentale et les traditions contemplatives, notamment le bouddhisme. C'est en partie grâce à cet organisme que j'ai eu des contacts aussi fréquents avec deux de mes proches amis, Dan Goleman et Jon Kabat-Zinn, que j'ai tous deux rencontrés au début des années 1970. J'ai connu Matthieu Ricard grâce à Mind and Life, et il est devenu un maître et un ami proche. Adam Engle, fondateur et président du conseil d'administration de Mind and Life, est un ami depuis des décennies, et il a largement contribué au développement des neurosciences contemplatives.

Comme je l'explique tout au long de ce livre, la pratique de la méditation fait partie intégrante de ma vie depuis plus de trente-cinq ans. De nombreuses personnes ont nourri cette facette de moi-même, à commencer par mon premier maître, Goenka, en 1974. Depuis, j'ai eu bien d'autres maîtres influents, dont Joseph Goldstein, Jack Kornfield, Sharon Salzberg, Mingyur Rinpotché et Sa Sainteté le dalaï-lama. Le dalaï-lama a joué dans ma vie un rôle bien plus important que je n'aurais pu l'imaginer. J'ai fait sa connaissance en 1992 et depuis j'ai eu l'honneur et le privilège de le voir à plusieurs reprises chaque année. C'est une grande source d'inspiration, et il m'a beaucoup aidé à orienter mon travail actuel sur les qualités positives de l'esprit.

Mes recherches n'auraient pas été possibles sans le généreux appui de nombreux organismes. L'université du Wisconsin à Madison soutient mon travail depuis que j'y suis arrivé, en 1985. Ma famille et moi, nous adorons maintenant Madison. Les National Institutes of Health m'aident constamment depuis plus de trente ans. Ce soutien est surtout venu, d'abord, du National Institute of Mental Health. Plus récemment, j'ai également été financé par le National Center for Complementary and Alternative Medicine, le National Institute on Aging et le National Institute for Child Health and Human Development, aujourd'hui rebaptisé Eunice Kennedy Shriver National Institute for Child Health and Human Development. Outre les NIH, j'ai aussi eu pour mécènes de nombreuses fondations privées, au fil des années, les principales étant la John D. and Catherine T. MacArthur Foundation et le Fetzer Institute.

La gestation de ce livre a été très longue. Le véritable déclencheur fut mon agent, Linda Loewenthal. Linda a vraiment cru en moi et s'est accrochée même quand, malgré mes bonnes intentions, j'étais tellement accaparé par mes recherches qu'écrire un livre me semblait inenvisageable. Linda m'a aidé à comprendre qu'accepter un coauteur me permettrait d'avancer ; c'est une chance et un honneur pour moi d'avoir pu travailler avec Sharon Begley. Linda a œuvré pour établir ce partenariat, ce dont je la remercie infiniment, ainsi que de bien d'autres choses. Caroline Sutton, de Hudson Street Press, a fait de très importantes suggestions éditoriales, en posant des questions très justes, qui ont permis de rendre ce livre plus clair sur bien des points.

Enfin, je tiens à remercier ma chère famille, envers laquelle je suis si reconnaissant. J'ai une épouse merveilleuse, inspirante, qui me donne chaque jour un merveilleux exemple de compassion. Elle m'a beaucoup appris et continue à beaucoup m'apprendre. Mes enfants, Amelie et Seth, ont aussi été d'incroyables enseignants et m'ont accompagné pendant une grande partie du chemin. Pour leur amour et leur soutien, je les remercie du fond de cœur. Je pense, enfin, à ma mère : elle a 86 ans à l'heure où j'écris ces mots et a toujours été la plus chaude partisane de mon travail. Merci, maman, pour tout ce que tu as fait qui m'a permis d'être là où j'en suis aujourd'hui.

Si ce livre vous aide à devenir un peu plus conscient de votre style émotionnel, alors il aura atteint son but.

De cette prise de conscience pourra naître, ou non, la volonté de changer. Vous qui lisez ce livre, puissiez-vous bénéficier de tout ce qu'il est possible d'en tirer et vous épanouir dans le bien-être.

Richard Davidson,
Madison, Wisconsin, 26 juin 2011

NOTES

Introduction

1. R. J. Davidson, « Affective Style, Psychopathology and Resilience : Brain Mechanisms and Plasticity », *American Psychologist* 55, 2000, p. 1196-1214 ; R. J. Davidson, « Affective Neuroscience and Psychophysiology : Toward a Synthesis », *Psychophysiology* 40, 2003, p. 655-665.

2. Voir www.investigatinghealthyminds.org

3. P. Ekman et R. J. Davidson (dir.), *The Nature of Emotion : Fundamental Questions*, New York, Oxford University Press, 1994.

4. R. J. Davidson, « Affective Style and Affective Disorders : Perspectives from Affective Neuroscience », *Cognition and Emotion* 12, 1998, p. 307-330.

Chapitre 1

1. T. Li, L. A. Lange, X. Li, L. Susswein, B. Bryant, R. Malone, E. M. Lange, T.-Y. Huang, D. W. Stafford et J. P. Evans, « Polymorphisms in the *VKORC1* Gene Are Strongly Associated with Warfarin Dosage Requirements in Patients Receiving Anticoagulation », *Journal of Medical Genetics* 43, 2006, p. 740-744.

2. I. Gauthier, M. J. Tarr, A. W. Anderson, P. Skudlarski et J. C. Gore, « Activation of the Middle Fusiform "Face Area" Increases with Expertise in Recognizing Novel Objects », *Nature Neuroscience* 2, 1999, p. 568-573.

3. N. Kanwisher, J. McDermott et M. M. Chun, « The Fusiform Face Area : A Module in Human Extrastriate Cortex Specialized for Face Perception », *Journal of Neuroscience* 17, 1997, p. 4302-4311.

4. T. Elbert, C. Pantev, C. Weinbruch, B. Rockstroh et E. Taub, « Increased Cortical Representation of the Fingers of the Left Hand in String Players », *Science* 270, 1995, p. 305-307.

5. E. A. Maguire, K. Woollett et H. J. Spiers, « London Taxi Drivers and Bus Drivers : A Structural MRI and Neuropsychological Analysis », *Hippocampus* 16, 2006, p. 1091-1101.

6. A. Pascual-Leone, A. Amedi, F. Fregni et L. B. Merabet, « The Plastic Human Brain Cortex », *Annual Review of Neuroscience* 28, 2005, p. 377-401.

Chapitre 2

1. H. A. Simon, « Motivational and Emotional Controls of Cognition », *Psychology Review* 74, 1967, p. 29-39.

2. C. A. Darwin, *L'Expression des émotions chez l'homme et les animaux* [1872], tr. S. Pozzi et R. Benoist, Paris, Reinwald, 1890.

3. P. Ekman, E. R. Sorenson et W. V. Friesen, « Pan-Cultural Elements in Facial Displays of Emotion », *Science* 164, 1969, p. 86-88 ; S. W. Hiatt, J. J. Campos et R. N. Emde, « Facial Patterning and Infant Emotional Expression : Happiness, Surprise, and Fear », *Child Development* 50, 1979, p. 1020-1035.

4. S. Schachter et J. E. Singer, « Cognitive, Social, and Physiological Determinants of Emotional State », *Psychological Review* 69, 1962, p. 379-399.

5. H. Damasio, T. Grabowski, R. Frank, A. M. Galaburda et A. R. Damasio, « The Return of Phineas Gage : Clues About the Brain from the Skull of a Famous Patient », *Science* 264, 1994, p. 1102-1105.

6. G. Gainotti, « Emotional Behavior and Hemispheric Side of the Lesion », *Cortex* 8, 1972, p. 41-55.

7. G. E. Schwartz, R. J. Davidson et F. Maer, « Right Hemisphere Lateralization for Emotion in the Human Brain : Interactions with Cognition », *Science* 190, 1975, p. 286-288.

8. R. J. Davidson, G. E. Schwartz et L. P. Rothman, « Attentional Style and the Self-Regulation of Mode-Specific Attention : An EEG Study », *Journal of Abnormal Psychology* 85, 1976, p. 611-621.

9. R. J. Davidson et G. E. Schwartz, « Patterns of Cerebral Lateralization During Cardiac Biofeedback Versus the Self-Regulation of Emotion : Sex Differences », *Psychophysiology* 13, 1976, p. 62-68.

10. P. Ekman, R. J. Davidson et W. V. Friesen, « The Duchenne Smile : Emotional Expression and Brain Physiology II », *Journal of Personality and Social Psychology* 58, 1990, p. 342-353.

11. R. J. Davidson et N. A. Fox, « Asymmetrical Brain Activity Discriminates Between Positive Versus Negative Affective Stimuli in Human Infants », *Science* 218, 1982, p. 1235-1237.

12. N. A. Fox et R. J. Davidson, « Taste-Elicited Changes in Facial Signs of Emotion and the Asymmetry of Brain Electrical Activity in Human Newborns » *Neuropsychologia* 24, 1986, p. 417-422.

13. R. J. Davidson et N. A. Fox, « Frontal Brain Asymmetry Predicts Infants' Response to Maternal Separation », *Journal of Abnormal Psychology* 98, 1989, p. 127-131.

14. C. E. Schaffer, R. J. Davidson et C. Saron, « Frontal and Parietal Electroencephalogram Asymmetry in Depressed and Nondepressed Subjects », *Biological Psychiatry* 18, 1983, p. 753-762.

15. T. C. Schneirla, « An Evolutionary and Developmental Theory of Biphasic Processes Underlying Approach and Withdrawal », in *Nebraska Symposium on Motivation, 1959*, M. R. Jones (dir.), Oxford, University of Nebraska Press, 1959, p. 1-42.

16. R. J. Davidson et A. J. Tomarken, « Laterality and Emotion : An Electrophysiological Approach », in F. Boller et J. Grafman (dir.), *Handbook of Neuropsychology*, Amsterdam, Pays-Bas, Elsevier, 1989, p. 419-441.

Chapitre 3

1. S. K. Sutton, R. J. Davidson, B. Donzella, W. Irwin et D. A. Dottl, « Manipulating Affective State Using Extended Picture Presentation », *Psychophysiology* 34, 1997, p. 217-226.

2. D. C. Jackson, C. J. Mueller, I. V. Dolski, K. M. Dalton, J. B. Nitschke, H. L. Urry, M. A. Rosenkranz, C. D. Ryff, B. H. Singer et R. J. Davidson, « Now You Feel It, Now You Don't : Frontal Brain Electrical Asymmetry and Individual Differences in Emotion Regulation », *Psychological Science* 14, 2003, p. 612-617.

3. A. S. Heller, T. Johnstone, A. J. Shackman, S. Light, M. Peterson, G. Kolden, N. Kalin et R. J. Davidson, « Reduced Capacity to Sustain Positive Emotion in Major Depression Reflects Diminished Maintenance of Fronto-Striatal Brain Activation », *Proceedings of the National Academy of Sciences* 106, 2009, p. 22445-22450.

4. K. M. Dalton, B. M. Nacewicz, T. Johnstone, H. S. Shaefer, M. A. Gernsbacher, H. H. Goldsmith, A. L. Alexander et R. J. Davidson, « Gaze Fixation and the Neural Circuitry of Face Processing in Autism », *Nature Neuroscience* 8, 2005, p. 519-526.

5. R. J. Davidson, M. E. Horowitz, G. E. Schwartz et D. M. Goodman, « Lateral Differences in the Latency Between Finger Tapping and the Heartbeat », *Psychophysiology* 18, 1981, p. 36-41 ; S. S. Khalsa, D. Rudrauf, A. R. Damasio, R. J. Davidson, A. Lutz et D. Tranel, « Interoceptive Awareness in Experienced Meditators », *Psychophysiology* 45, 2008, p. 671-677.

6. R. J. Davidson, D. C. Jackson et N. H. Kalin, « Emotion, Plasticity, Context, and Regulation : Perspectives from Affective Neuroscience », *Psychological Bulletin* 126, 2000, p. 890-909.

7. A. Lutz, H. Slagter, N. Rawlings, A. Francis, L. L. Greischar et R. J. Davidson, « Mental Training Enhances Attentional Stability : Neural and Behavioral Evidence », *Journal of Neuroscience* 29, 2009, p. 13418-13427.

8. H. A. Slagter, A. Lutz, L. L. Greischar, A. D. Francis, S. Nieuwenhuis, J. M. Davis et R. J. Davidson, « Mental Training Affects Distribution of Limited Brain Resources », *PLoS Biology* 5, 2007, e138.

Chapitre 4

1. R. J. Davidson, « What Does the Prefrontal Cortex "Do" in Affect : Perspectives in Frontal EEG Asymmetry Research », *Biological Psychology* 67, 2004, p. 219-234.

2. Jackson *et al.*, « Now You Feel It, Now You Don't », art. cit.

3. M. J. Kim et P. J. Whalen, « The Structural Integrity of an Amygdala-Prefrontal Pathway Predicts Trait Anxiety », *Journal of Neuroscience* 29, 2009, p. 11614-11618.

4. Dalton *et al.*, « Gaze Fixation », art. cit.

5. L. J. Young, Z. Wang et T. R. Insel, « Neuroendocrine Bases of Monogamy », *Trends in Neurosciences* 21, 1998, p. 71-75.

6. T. R. Insel, « The Challenge of Translation in Social Neuroscience : A Review of Oxytocin, Vasopressin and Affiliative Behavior », *Neuron* 65, 2010, p. 768-779.

7. I. Labuschagne, K. L. Phan, A. Wood, M. Angstadt, P. Chua, M. Heinrichs, J. C. Stout et P. J. Nathan, « Oxytocin Attenuates

Amygdala Reactivity to Fear in Generalized Social Anxiety Disorder », *Neuropsychopharmacology* 35, 2010, p. 2403-2413.

8. Davidson *et al.*, « Emotion, Plasticity, Context, and Regulation », art. cit.

9. J. A. Oler, A. S. Fox, S. E. Shelton, J. Rogers, T. D. Dyer, R. J. Davidson, W. Shelledy, T. R. Oakes, J. Blangero et N. H. Kalin, « Amygdalar and Hippocampal Substrates of Anxious Temperament Differ in Their Heritability », *Nature* 466, 2010, p. 864-868.

10. C. Ranganath, « A Unified Framework for the Functional Organization of the Medial Temporal Lobes and the Phenomenology of Episodic Memory », *Hippocampus* 20, 2010, p. 1263-1290.

11. D. A. Weinberger, G. E. Schwartz et R. J. Davidson, « Low-Anxious, High-Anxious, and Repressive Coping Styles : Psychometric Patterns and Behavioral and Physiological Responses to Stress », *Journal of Abnormal Psychology* 88, 1979, p. 369-380.

12. A. D. Craig, « Human Feelings : Why Are Some More Aware Than Others ? », *Trends in Cognitive Sciences* 8, 2004, p. 239-241 ; A. D. Craig, « How Do You Feel ? Interoception : The Sense of the Physiological Condition of the Body », *Nature Reviews Neuroscience* 3, 2002, p. 655-666.

13. H. D. Critchley, S. Wiens, P. Rotshtein, A Ohman et R. J. Dolan, « Neural Systems Supporting Interoceptive Awareness », *Nature Neuroscience* 7, 2004, p. 189-195.

14. G. Bird, G. Silani, R. Brindley, S. White, U. Frith et T. Singer, « Empathic Brain Responses in Insula Are Modulated by Levels of Alexithymia but Not Autism », *Brain* 133, 2010, p. 1515-1525.

15. Heller *et al.*, « Reduced Capacity to Sustain Positive Emotion », art. cit.

16. M. L. Kringelbach et K. C. Berridge, « Towards a Functional Neuroanatomy of Pleasure and Happiness », *Trends in Cognitive Sciences* 13, 2009, p. 479-487.

17. K. S. Smith, K. C. Berridge et J. W. Aldridge, « Disentangling Pleasure from Incentive Salience and Learning Signals in Brain Reward Circuitry », *Proceedings of the National Academy of Sciences* 108, 2011, e255-264.

18. A. Lutz, H. A. Slagter, J. D. Dunne et R. J. Davidson, « Attention Regulation and Monitoring in Meditation », *Trends in Cognitive Sciences* 12, 2008, p. 163-169.

19. R. J. Davidson, G. E. Schwartz et L. P. Rothman, « Attentional Style and the Self-Regulation of Mode-Specific Attention : An

Electroencephalographic Study », *Journal of Abnormal Psychology* 85, 1976, p. 611-621.

20. Lutz *et al.*, « Mental Training Enhances Attentional Stability », *Journal of Neurosciences* 29 (42), 2009.

21. *Ibid.*

Chapitre 5

1. De nouvelles études montrent que l'environnement intra-utérin a un effet sur la santé physique, notamment le risque de contracter une maladie cardiaque ou d'autres problèmes à l'âge adulte. Peut-être a-t-il aussi un effet sur les émotions, la personnalité et le tempérament, mais cela reste à prouver. Voir notamment L. Thompson, J. Kemp, P. Wilson, R. Pritchett, H. Minnis, L. Toms-Whittle, C. Puckering, J. Law et C. Gillberg, « What Have Birth Cohort Studies Asked About Genetic, Pre- and Perinatal Exposures and Child and Adolescent Onset Mental Health Outcomes ? A Systematic Review », *European Child and Adolescent Psychiatry* 19, 2010, p. 1-15.

2. K. J. Saudino, « Behavioral Genetics and Child Temperament », *Journal of Developmental and Behavioral Pediatrics* 26, 2005, p. 214-223.

3. C. A. Van Hulle, K. S. Lemery et H. H. Goldsmith, « Wisconsin Twin Panel », *Twin Research* 5, 2002, p. 502-505.

4. K. L. Kopnisky, W. M. Cowan et S. E. Hyman, « Levels of Analysis in Psychiatric Research », *Development and Psychopathology* 14, 2002, p. 437-461.

5. J. Kagan, J. S. Reznick et J. Gibbons, « Inhibited and Uninhibited Types of Children », *Child Development* 60, 1989, p. 838-845.

6. C. E. Schwartz, C. I. Wright, L. M. Shin, J. Kagan et S. L. Rauch, « Inhibited and Uninhibited Infants "Grown Up" : Adult Amygdalar Response to Novelty », *Science* 300, 2003, p. 1952-1953.

7. A. Caspi, J. McClay, T. E. Moffitt, J. Mill, J. Martin, I. W. Craig, A. Taylor et R. Poulton, « Role of Genotype in the Cycle of Violence in Maltreated Children », *Science* 297, 2002, p. 851-854.

8. A. Caspi, K. Sugden, T. E. Moffitt, A. Taylor, I. W. Craig, H. Harrington, J. McClay *et al.*, « Influence of Life Stress on Depression : Moderation by a Polymorphism in the 5-HTT Gene », *Science* 301, 2003, p. 386-389. Ce résultat est controversé, et il s'est avéré plusieurs fois impossible de le reproduire, notamment lors de méta-analyses de grande ampleur. Pour un examen des deux camps, voir

M. R. Munafò, C. Durrant, G. Lewis et J. Flint, « Gene X Environment Interactions at the Serotonin Transporter Locus », *Biological Psychiatry* 65, 2009, p. 211-219 ; N. Risch, R. Herrell, T. Lehner, K. Y. Liang, L. Eaves, J. Hoh, A. Griem, M. Kovacs, J. Ott et K. R. Merikangas, « Interaction Between the Serotonin Transporter Gene (5-HTTLPR), Stressful Life Events, and Risk of Depression : A Meta-Analysis », *JAMA* 301, 2009, p. 2462-2471 ; A. Caspi, A. R. Hariri, A. Holmes, R. Uher et T. E. Moffitt, « Genetic Sensitivity to the Environment : The Case of the Serotonin Transporter Gene and Its Implications for Studying Complex Diseases and Traits », *American Journal of Psychiatry* 167, 2010, p. 509-527.

9. M. J. Meaney, S. Bhatnagar, S. Larocque, C. McCormick, N. Shanks, S. Sharma, J. Smythe, V. Viau et P. M. Plotsky, « Individual Differences in the Hypothalamic-Pituitary-Adrenal Stress Response and the Hypothalamic CRF System », *Annals of the New York Academy of Sciences* 697, 1993, p. 70-85.

10. T. Y. Zhang et M. J. Meaney, « Epigenetics and the Environmental Regulation of the Genome and Its Function », *Annual Review of Psychology* 61, 2010, p. 439-466.

11. I. C. Weaver, N. Cervoni, F. A. Champagne, A. C. D'Alessio, S. Sharma, J. R. Seckl, S. Dymov, M. Szyf et M. J. Meaney, « Epigenetic Programming by Maternal Behavior », *Nature Neuroscience* 7, 2004, p. 847-854.

12. P. O. McGowan, A. Sasaki, A. C. D'Alessio, S. Dymov, B. Labonté, M. Szyf, G. Turecki et M. J. Meaney, « Epigenetic Regulation of the Glucocorticoid Receptor in Human Brain Associates with Childhood Abuse », *Nature Neuroscience* 12, 2009, p. 342-348.

13. M. F. Fraga, E. Ballestar, M. F. Paz, S. Ropero, F. Setien, M. L. Ballestar, D. Heine-Suñer *et al.*, « Epigenetic Differences Arise During the Lifetime of Monozygotic Twins », *Proceedings of the National Academy of Sciences* 102, 2005, p. 10604-10609.

14. R. J. Davidson et M. D. Rickman, « Behavioral Inhibition and the Emotional Circuitry of the Brain : Stability and Plasticity During the Early Childhood Years », in *Extreme Fear, Shyness, and Social Phobia : Origins, Biological Mechanisms and Clinical Outcomes*, L. A. Schmidt et J. Schulkin (dir.), New York, Oxford University Press, 1999, p. 67-87.

Chapitre 6

1. Plutarque, *Vie des hommes illustres*, « Démétrius », tr. Alexis Pierron, Charpentier, 1853.

2. M. M. Mesulam et J. Perry, « The Diagnosis of Love-Sickness : Experimental Psychophysiology Without the Polygraph », *Psychophysiology* 9, 1972, p. 546-551.

3. S. D. Pressman et S. Cohen, « Does Positive Affect Influence Health ? », *Psychological Bulletin* 131, 2005, p. 925-971.

4. D. Kahneman, A. B. Krueger, D. A. Schkade, N. Schwarz et A. A. Stone, « A Survey Method for Characterizing Daily Life Experience : The Day Reconstruction Method », *Science* 306, 2004, p. 1776-1780.

5. A. Steptoe, J. Wardle et M. Marmot, « Positive Affect and Health-Related Neuroendocrine, Cardiovascular and Inflammatory Processes », *Proceedings of the National Academy of Sciences* 102, 2005, p. 6508-6512.

6. S. Cohen, W. J. Doyle, R. B. Turner, C. M. Alper et D. P. Skoner, « Emotional Style and Susceptibility to the Common Cold », *Psychosomatic Medicine* 65, 2003, p. 652-657.

7. D. D. Danner, D. A. Snowdon et W. V. Friesen, « Positive Emotions in Early Life and Longevity : Findings from the Nun Study », *Journal of Personality and Social Psychology* 80, 2001, p. 804-813.

8. G. V. Ostir, K. S. Markides, S. A. Black et J. S. Goodwin, « Emotional Well-Being Predicts Subsequent Functional Independence and Survival », *Journal of the American Geriatrics Society* 48, 2000, p. 473-478.

9. G. V. Ostir, K. S. Markides, M. K. Peek et J. S. Goodwin, « The Association Between Emotional Well-Being and the Incidence of Stroke in Older Adults », *Psychosomatic Medicine* 63, 2001, p. 210-215.

10. Y. Chida et A. Steptoe, « Positive Psychological Well-Being and Mortality : A Quantitative Review of Prospective Observational Studies », *Psychosomatic Medicine* 70, 2008, p. 741-756.

11. D. A. Havas, A. M. Glenberg, K. A. Gutowski, M. J. Lucarelli et R. J. Davidson, « Cosmetic Use of Botulinum Toxin-A Affects Processing of Emotional Language », *Psychological Science* 21, 2010, p. 895-900.

12. L. Y. Liu, C. L. Coe, C. A. Swenson, E. A. Kelly, H. Kita et W. W. Busse, « School Examinations Enhance Airway Inflammation

to Antigen Challenge », *American Journal of Respiratory and Critical Care Medicine* 165, 2002, p. 1062-1067.

13. M. A. Rosenkranz, W. W. Busse, T. Johnstone, C. A. Swenson, G. M. Crisafi, M. M. Jackson, J. A. Bosch, J. F. Sheridan et R. J. Davidson, « Neural Circuitry Underlying the Interaction Between Emotion and Asthma Symptom Exacerbation », *Proceedings of the National Academy of Sciences* 102, 2005, p. 13319-13324.

14. M. A. Rosenkranz et R. J. Davidson, « Affective Neural Circuitry and Mind-Body Influences in Asthma », *NeuroImage* 47, 2009, p. 972-980.

15. D. H. Kang, R. J. Davidson, C. L. Coe, R. E. Wheeler, A. J. Tomarken et W. B. Ershler, « Frontal Brain Asymmetry and Immune Function », *Behavioral Neuroscience* 105, 1991, p. 860-869.

16. R. J. Davidson, C. L. Coe, I. Dolski et B. Donzella, « Individual Differences in Prefrontal Activation Asymmetry Predict Natural Killer Cell Activity at Rest and in Response to Challenge », *Brain, Behavior, and Immunity* 13, 1999, p. 93-108.

17. M. A. Rosenkranz, D. C. Jackson, K. M. Dalton, I. Dolski, C. D. Ryff, B. H. Singer, D. Muller, N. H. Kalin et R. J. Davidson, « Affective Style and *In Vivo* Immune Response : Neurobehavioral Mechanisms », *Proceedings of the National Academy of Sciences* 100, 2003, p. 11148-11152.

18. K. M. Dalton, N. H. Kalin, T. M. Grist et R. J. Davidson, « Neural-Cardiac Coupling in Threat-Evoked Anxiety », *Journal of Cognitive Neuroscience* 17, 2005, p. 969-980.

Chapitre 7

1. P. E. Meehl, « Hedonic Capacity : Some Conjectures », *Bulletin of the Menninger Clinic* 39, 1975, p. 295-307.

2. Ekman *et al.*, « The Duchenne Smile », art. cit.

3. R. T. Schultz, D. J. Grelotti, A. Klin, J. Kleinman, C. Van der Gaag, R. Marois et P. Skudlarski, « The Role of the Fusiform Face Area in Social Cognition : Implications for the Pathobiology of Autism », *Philosophical Transactions of the Royal Society B : Biological Sciences* 358, 2003, p. 415-427.

4. Dalton *et al.*, « Gaze Fixation », art. cit.

5. C. M. Freitag, W. Staal, S. M. Klauck, E. Duketis et R. Waltes, « Genetics of Autistic Disorders : Review and Clinical Implications », *European Child and Adolescent Psychiatry* 19, 2010, p. 169-178.

6. Dalton *et al.*, « Gaze Fixation », art. cit.

7. R. J. Davidson, D. Pizzagalli, J. B. Nitschke et K. M. Putnam, « Depression : Perspectives from Affective Neuroscience », *Annual Review of Psychology* 53, 2002, p. 545-574.

8. R. J. Davidson, C. E. Schaffer et C. Saron, « Effects of Lateralized Presentations of Faces on Self-Reports of Emotion and EEG Asymmetry in Depressed and Non-Depressed Subjects », *Psychophysiology* 22, 1985, p. 353-364.

9. Heller *et al.*, « Reduced Capacity to Sustain Positive Emotion », art. cit.

10. H. L. Urry, J. B. Nitschke, I. Dolski, D. C. Jackson, K. M. Dalton, C. J. Mueller, M. A. Rosenkranz, C. D. Ryff, B. H. Singer et R. J. Davidson, « Making a Life Worth Living : Neural Correlates of Well-Being », *Psychological Science* 15, 2004, p. 367-372.

11. S. K. Sutton et R. J. Davidson, « Prefrontal Brain Asymmetry : A Biological Substrate of the Behavioral Approach and Inhibition Systems », *Psychological Science* 8, 1997, p. 204-210.

12. K. S. Dobson, S. D. Hollon, S. Dimidjian, K. B. Schmaling, R. J. Kohlenberg, R. J. Gallop, S. L. Rizvi, J. K. Gollan, D. L. Dunner et N. S. Jacobson, « Randomized Trial of Behavioral Activation, Cognitive Therapy, and Antidepressant Medication in the Prevention of Relapse and Recurrence in Major Depression », *Journal of Consulting and Clinical Psychology* 76, 2008, p. 468-477.

13. G. S. Dichter, J. N. Felder, C. Petty, J. Bizzell, M. Ernst et M. J. Smoski, « The Effects of Psychotherapy on Neural Responses to Rewards in Major Depression », *Biological Psychiatry* 66, 2009, p. 886-897.

14. A. M. Kelly, D. S. Margulies et F. X. Castellanos, « Recent Advances in Structural and Functional Brain Imaging Studies of Attention-Deficit/Hyperactivity Disorder », *Current Psychiatry Reports* 9, 2007, p. 401-407.

15. C. Dockstader, W. Gaetz, D. Cheyne, F. Wang, F. X. Castellanos et R. Tannock, « MEG Event-Related Desynchronization and Synchronization Deficits During Basic Somatosensory Processing in Individuals with ADHD », *Behavioral and Brain Functions* 4, 2008, p. 8.

16. O. Tucha, L. Tucha, G. Kaumann, S. König, K. M. Lange, D. Stasik, Z. Streather, T. Engelschalk et K. W. Lange, « Training of Attention Functions in Children with Attention Deficit Hyperactivity Disorder », *Attention Deficit and Hyperactivity Disorders*, 20 mai 2011.

Chapitre 8

1. A. Pascual-Leone et F. Torres, « Plasticity of the Sensorimotor Cortex Representation of the Reading Finger in Braille Readers », *Brain* 116, 1993, p. 39-52 ; A. Pascual-Leone, A. Cammarota, E. M. Wassermann, J. P. Brasil-Neto, L. G. Cohen et M. Hallett, « Modulation of Motor Cortical Outputs to the Reading Hand of Braille Readers », *Annals of Neurology* 34, 1993, p. 33-37.

2. N. Sadato, A. Pascual-Leone, J. Grafman, V. Ibañez, M. P. Deiber, G. Dold et M. Hallett, « Activation of the Primary Visual Cortex by Braille Reading in Blind Subjects », *Nature* 380, 1996, p. 526-528.

3. L. R. Baxter Jr., J. M. Schwartz, K. S. Bergman, M. P. Szuba, B. H. Guze, J. C. Mazziotta, A. Alazraki *et al.*, « Caudate Glucose Metabolic Rate Changes with Both Drug and Behavior Therapy for Obsessive-Compulsive Disorder », *Archives of General Psychiatry* 49, 1992, p. 681-689.

4. Sharon Begley, *Entraîner votre esprit, transformer votre cerveau : comment la science de pointe révèle le potentiel extraordinaire de la neuroplasticité*, Outremont, Ariane, 2008, p. 27.

5. *Ibid.*, p. 28.

6. *Ibid.*, p. 99.

7. Cité dans D. H. Lowenstein et J. M. Parent, « Brain, Heal Thyself », *Science* 283, 1999, p. 1126-1127.

8. Caroline Fraser, « The Raid at Silver Spring », *The New Yorker*, 19 avril 1993.

9. T. P. Pons, P. E. Garraghty, A. K. Ommaya, J. H. Kaas, E. Taub et M. Mishkin, « Massive Cortical Reorganization After Sensory Deafferentation in Adult Macaques », *Science* 252, 1991, p. 1857-1860.

10. M. M. Merzenich, R. J. Nelson, J. H. Kaas, M. P. Stryker, W. M. Jenkins, J. M. Zook, M. S. Cynader et A. Schoppmann, « Variability in Hand Surface Representations in Areas 3b and 1 in Adult Owl and Squirrel Monkeys », *Journal of Comparative Neurology* 258, 1987, p. 281-296.

11. R. J. Nudo, G. W. Milliken, W. M. Jenkins et M. M. Merzenich, « Use-Dependent Alterations of Movement Representations in Primary Motor Cortex of Adult Squirrel Monkeys », *Journal of Neuroscience* 16, 1996, p. 785-807.

12. H. J. Neville, A. Schmidt et M. Kutas, « Altered Visual-Evoked Potentials in Congenitally Deaf Adults », *Brain Research* 266, 1983, p. 127-132.

13. D. Bavelier, A. Tomann, C. Hutton, T. Mitchell, D. Corina, G. Liu et H. Neville, « Visual Attention to the Periphery Is Enhanced in Congenitally Deaf Individuals », *Journal of Neuroscience* 20, 2000, p. 1-6.

14. Sadato *et al.*, « Activation of the Primary Visual Cortex », art. cit.

15. B. Röder, W. Teder-Sälejärvi, A. Sterr, F. Rösler, S. A. Hillyard et H. J. Neville, « Improved Auditory Spatial Tuning in Blind Humans », *Nature* 400, 1999, p. 162-166.

16. William James, *Précis de psychologie*, tr. E. Baudin et G. Bertier, Paris, Rivière, 1921, p. 15.

17. A. Amedi, N. Raz, P. Pianka, R. Malach et E. Zohary, « Early "Visual" Cortex Activation Correlates with Superior Verbal Memory Performance in the Blind », *Nature Neuroscience* 6, 2003, p. 758-766.

18. A. Amedi, A. Floel, S. Knecht, E. Zohary et L. G. Cohen, « Transcranial Magnetic Stimulation of the Occipital Pole Interferes with Verbal Processing in Blind Subjects », *Nature Neuroscience* 7, 2004, p. 1266-1270.

19. A. Pascual-Leone et R. Hamilton, « The Metamodal Organization of the Brain », *Progress in Brain Research* 134, 2001, p. 427-445.

20. S. Begley, *Entraîner votre esprit, transformer votre cerveau*, op. cit., p. 139.

21. E. Taub, G. Uswatte, D. K. King, D. Morris, J. E. Crago et A. Chatterjee, « A Placebo-Controlled Trial of Constraint-Induced Movement Therapy for Upper Extremity After Stroke », *Stroke* 37, 2006, p. 1045-1049.

22. S. Begley, *Entraîner votre esprit, transformer votre cerveau*, op. cit., p. 142-143.

23. Elbert *et al.*, « Increased Cortical Representation », art. cit.

24. Pascual-Leone *et al.*, « The Plastic Human Brain Cortex », art. cit.

25. N. Thera, *Satipatthana, le cœur de la méditation bouddhiste, l'art de cultiver l'harmonie et l'équilibre de l'esprit*, tr. M. Benoît, Paris, Maisonneuve, p. 31.

26. J. M. Schwartz et S. Begley, *The Mind and the Brain : Neuroplasticity and the Power of Mental Force*, New York, Regan Books, 2002.

27. Baxter *et al.*, « Caudate Glucose Metabolic Rate Changes », art. cit.

28. K. Goldapple, Z. Segal, C. Garson, M. Lau, P. Bieling, S. Kennedy et H. Mayberg, « Modulation of Cortical-Limbic Pathways

in Major Depression : Treatment-Specific Effects of Cognitive Behavior Therapy », *Archives of General Psychiatry* 61, 2004, p. 34-41.

Chapitre 9

1. R. J. Davidson, D. J. Goleman et G. E. Schwartz, « Attentional and Affective Concomitants of Meditation : A Cross-Sectional Study », *Journal of Abnormal Psychology* 85, 1976, p. 235-238.

Chapitre 10

1. R. J. Davidson, J. Kabat-Zinn, J. Schumacher, M. A. Rosenkranz, D. Muller, S. F. Santorelli, F. Urbanowski, A. Harrington, K. Bonus et J. F. Sheridan, « Alterations in Brain and Immune Function Produced by Mindfulness Meditation », *Psychosomatic Medicine* 65, 2003, p. 564-570.

2. Slagter *et al.*, « Mental Training Affects Distribution of Limited Brain Resources », art. cit. ; H. A. Slagter, A. Lutz, L. L. Greischar, S. Nieuwenhuis et R. J. Davidson, « Theta Phase Synchrony and Conscious Target Perception : Impact of Intensive Mental Training », *Journal of Cognitive Neuroscience* 21, 2009, p. 1536-1549 ; Lutz *et al.*, « Mental Training Enhances Attentional Stability », art. cit.

3. C. E. Kerr, S. R. Jones, Q. Wan, D. L. Pritchett, R. H. Wasserman, A. Wexler, J. J. Villanueva *et al.*, « Effects of Mindfulness Meditation Training on Anticipatory Alpha Modulation in Primary Somatosensory Cortex », *Brain Research Bulletin* 85, 2011, p. 96-103.

4. A. Lutz, L. L. Greischar, N. B. Rawlings, M. Ricard et R. J. Davidson, « Long-Term Meditators Self-Induce High-Amplitude Synchrony During Mental Practice », *Proceedings of the National Academy of Sciences* 101, 2004, p. 16369-16373.

5. A. Lutz, J. A. Brefczynski-Lewis, T. Johnstone et R. J. Davidson, « Voluntary Regulation of the Neural Circuitry of Emotion by Compassion Meditation : Effects of Expertise », *PLoS One* 3, 2008, e1897.

6. J. A. Brefczynski-Lewis, A. Lutz, H. S. Schaefer, D. B. Levinson et R. J. Davidson, « Neural Correlates of Attentional Expertise in Long-Term Meditation Practitioners », *Proceedings of the National Academy of Sciences* 104, 2007, p. 11483-11488.

Chapitre 11

1. G. A. Fava et E. Tomba, « Increasing Psychological Well-Being and Resilience by Psychotherapeutic Methods », *Journal of Personality* 77, 2009, p. 1903-1934.

2. B. K. Hölzel, U. Ott, T. Gard, H. Hempel, M. Weygandt, K. Morgen et D. Vaitl, « Investigation of Mindfulness Meditation Practitioners with Voxel-Based Morphometry », *Social Cognitive and Affective Neuroscience* 3, 2008, p. 55-61.

3. Lutz *et al.*, « Mental Training Enhances Attentional Stability », art. cit.

TABLE DES MATIÈRES

Introduction 7

1. **On n'a pas tous le même cerveau** 23
   Les six dimensions du style émotionnel 28
   Des cas particuliers 32
   L'esprit et le cerveau 34
   Vous êtes parfait : maintenant, changez ! 39
2. **La découverte du style émotionnel** 42
   Faites de beaux rêves ! 45
   En route pour Harvard 53
   Quand vient l'inspiration 57
   Gauche, droite, gauche, droite 60
   Excédrine : casse-tête carabiné 65
   Un sourire révélateur 71
   La vérité sort du cerveau des enfants 77
   Un cerveau déprimé 82
   Tous différents 85
3. **Quel est votre style émotionnel ?** 88
   Résilience 89
   Perspective 96
   Intuition sociale 100
   Conscience de soi 105
   Sensibilité au contexte 109
   Attention 113

4. Le fondement cérébral du style émotionnel 123
   Le cerveau résilient 125
   Le cerveau socialement intuitif 131
   Le cerveau sensible au contexte 135
   Le cerveau conscient de soi 141
   Le cerveau positif ou négatif 145
   Le cerveau attentif 152

5. Le style émotionnel n'est pas immuable 160
   L'ADN émotionnel 161
   Timide de naissance ? 164
   Le triomphe de la culture sur la nature 167
   Robie le robot 178
   Adieu, tempérament ! 185
   Heureux les doux,
      car ils hériteront de... la témérité 192

6. Le style émotionnel et la santé 197
   La médecine comportementale 199
   Ne soyez pas malade, soyez heureux ! 203
   Le Botox et la connexion corps-cerveau 217
   L'asthme, un modèle pour les connexions
      esprit-cerveau-corps 220
   Style émotionnel et immunité 228
   La connexion cœur-cerveau 231
   L'esprit incarné 234

**7. Le normal et le pathologique à la lumière
des émotions** 236
   L'avenir de la psychiatrie 240
   Le spectre de l'autisme 242
   Pourquoi les autistes évitent le contact visuel 247
   C'est de famille ? 251
   Petite typologie cérébrale de la dépression 253
   La dépression et la dimension Perspective 256
   En avant ! 261
   Style d'attention et TDAH 266

8. La plasticité cérébrale ... 274
Un dogme gravé dans le marbre ... 276
Les singes de Silver Spring ... 279
Voir le tonnerre, entendre l'éclair ... 283
La neuroplasticité à l'hôpital ... 288
Victoire de l'esprit sur la matière ... 293

9. Comment j'ai fait mon coming out de méditant ... 298
Voyage en Inde ... 301
Quand la méditation rencontre la science ... 307
Des moines au labo ... 320

10. Le moine dans la machine ... 331
La réduction du stress par la pleine conscience ... 333
Une retraite de recherche ... 342
Peut-on s'entraîner à la compassion ? ... 351
Concentrez-vous, s'il vous plaît, Rinpoché ... 357
L'amour bienveillant observé par IRM ... 362
La compassion à grande vitesse ... 365

11. Comment transformer votre style émotionnel ... 374
Perspective ... 381
Conscience de soi ... 388
Attention ... 395
Résilience ... 401
Intuition sociale ... 407
Sensibilité au contexte ... 412
Modifier son cerveau en transformant son esprit ... 416

Remerciements ... 419

Notes ... 427

**Ce produit est issu de forêts gérées durablement
et de sources contrôlées.**

12733

Composition
NORD COMPO

Achevé d'imprimer en Slovaquie
par NOVOPRINT
le 26 octobre 2021

Dépôt légal septembre 2019
EAN 9782290214251
OTP L21EPBN000498**A005**

ÉDITIONS J'AI LU
87, quai Panhard-et-Levassor, 75013 Paris

Diffusion France et étranger : Flammarion